U0946866

科研项目经费管理制度法治化研究

徐暾 ◎ 著

Research on the Legalization of
the Management System for Scientific Research Project Funds

上海人民出版社

本书受上海市哲学社会科学规划项目（2020BFX019）资助

目录 CONTENTS

序　一

“自主创新”已经成为新时代发展的主旋律！伴随着研发经费投入强度的持续提高，围绕进一步提高科研投入与产出效益，国家出台了一系列旨在遏制科研腐败和激发科研人员科研创新活力的新规，开启了破除阻碍科技创新的制度藩篱，创新科研项目经费管理体制机制的新一轮改革。就目前的改革政策而言，无论是科研项目经费治理理念还是具体的管理制度，都更加契合科学研究的基本规律，相较于传统的权力本位的经费管理模式，无疑是一种巨大的突破。但不可否认的是，当前的经费治理改革本质上仍是一种“政策之治”。政策性文件由于欠缺稳定性、系统性与可操作性，难以真正突破有关科研项目经费管理体制机制的障碍，因此改革的政策效果并不显著。为此，在法治视域下，发挥领域研究范式中多部门法与多学科合作规制的优势，理性认识科研项目经费管理体制机制的矛盾与转型，促使科研项目经费管理在法治框架内进行，“以法律的形式巩固改革成果，以制度化的约束构建稳固的体制”是深化科研项目经费管理体制机制改革的时代命题。基于此，本书在对我国科研项目经费管理的规范性文本与司法实践进行梳理与总结的基础上，以法学理论逻辑为指导，为建构我国科研项目经费管理的法治化体系具有很大的理论与实践价值。

在我看来，本书的亮点与创新点至少体现在以下三个方面。第一，研究的内容具备系统性。以第一章科研项目经费管理的法律文本与实践为例，作者不仅通过梳理我国科研项目经费管理的法律文本，深刻总结了我国科研项目经费管理法律文本所呈现出的阶段性特点，而且通过考察与分析科研项目经费管理的规范性文件，进一步揭示了科研项目经费管理文本的制度短板。更为难得的是，作者还对套取科研项目经费行为的司法实务样态、定罪逻辑与量刑实践等进行了深度的考察，从大量一手的、较大样本的实证数据出发，探究科研人员套取科研项目经费行为的刑事制裁现状，并通过文本与数据两个途径系统地揭示了套取科研项目经费犯罪案件在当下中国理论研究与司法实践中的真实图景。第二，研究的观点具有创新性。作者在对我国科研项目经费管理现状进行系统分析的基础上，对于一些问题提出了富有启发意义的独到见解，如作者提出了采用价值平衡理论对科研项目经费管理法治化的理论逻辑进行释明、运用比例原则对科研项目经费管理的法治化体系进行阶层化改造、引入三维适用标准对套取科研项目经费行为“入罪化”进行重新解释，以及从实体与程序层面对科研项目经费管理的法治化进行体系建构等等。最后，研究的方法具备科学性。科学的研究方法是研究成果产生积极意义的前提，作者综合运用统计分析、深度访谈等多种方法，对科研项目经费管理的法律文本、实务样态及其改革思路开展多方位、多角度、多层次的系统考察，从而形成综合的、全面的研究评述，对科研项目经费管理法治化的实质与目标进行了厘清，以期进一步推动我国科研项目经费管理的法治化改革。

综观此书，作者下了很大的功夫，收集了大量域外发达国家关于科研项目经费管理的法律文本，还采集了大量一手的、较大样本的实证数据。在我主持的“高校科研经费使用管理腐败问题研究”项目中，其作为主要参与人之一，多次参与高校科研处、文科处、财务处关于科研项目经费管理的座谈会，并前往南京、徐州等地对因套取科研项目经费而被刑事追责的服刑人员进行结构化访谈，同时还采集了大量有关科研项目经费管理与使用的调查问卷，反映出该书具有扎实的实证基础。从全书逻辑架构来看，该书一共分为五个章节，按照“文本与实践”—“难题与检视”—“法理逻辑及展开”—“法治化实质与目标”—“法治化体系建构”的思路进行结构设计，并将科研权力与科研权利的协调与平衡作为研究的内在理路，体现了该书严密的逻辑论证思路，具有可读性。

本书作者徐暾，是我在南京大学指导的博士研究生。他平时勤勉好学，刻苦钻研，尊敬师长，为人诚实、厚道；他法学理论功底扎实，熟练使用多种社会科学统计软件进行实证研究，科研能力较强，能综合运用法学、心理学、教育学、统计学的知识对科研项目经费管理的法治化问题展开探讨，显示了他扎实的理论功底和较强的科研能力。在其著作即将付梓出版之际，作为他的博士生导师，我感到由衷的高兴，并祝愿徐暾在今后的工作和学习当中再接再厉，奉献出更好的学术作品，是为序！

狄小华

南京大学法学院教授、博士生导师

2021 年 11 月 12 日

序　二

科研项目经费作为保障科研项目不断推进的重要物质基础，能否有效规范科研项目经费的管理与使用关涉科研领域的健康有序发展。因此，研究科研项目经费管理的法治化问题既有重大的理论意义，又具有现实针对性。徐暾博士通过对从事科研工作的高校教师、办理过科研腐败案件的公安司法人员以及正在服刑的科研腐败人员等不同群体进行调研的基础上，经过深入研究，完成了《科研项目经费管理制度法治化研究》一书，该书为构建我国科研项目经费管理改革的法治化体系提供了一定的理论借鉴。

以往关于科研项目经费管理中的法治化研究，大多囿于对科研项目经费管理制度的法教义学分析，重点在于论述科研项目经费管理改革中的法治化基础及其实现路径。徐暾博士的这部著作在法教义学之外另辟路径，通过采集大量一手的、较大样本的实证数据，并多角度、全方位引入社会学、心理学和统计学等交叉学科的知识体系，对我国科研项目经费的法治化实践与困境进行了考察和分析，以期将科研项目经费管理的法治化问题从规范层面拓展至统计数据层面，这具有较好的创新价值。在开展实证研究的同时，本书还注重科研项目经费管理法治化的理论阐释与体系建构，尤其是强调运用比例原则、三维适用标准对科研项目经费管理的法治化体系进行阶层化改造，这同样具有重要的理论与实践意义。科研项目经费管理的法治化是一项复杂艰难的系统性工程，需要在科研权力和科研权利之间寻求一个平衡的支点。在这个支点的基础上，完善科研项目经费管理法治化的制度设计，以保障科研工作的健康有序开展。那么，如何建构科研项目经费管理的法治化体系，才能兼顾科研权力和科研权利的价值平衡呢？作者通过研究认为，应当积极地将比例原则贯穿于科研项目经费管理的法律治理之中，用比例原则来指导科研项目经费的规范化治理。因此，国家对科研人员套取科研项目经费行为进行制裁时，应当考虑除刑事措施之外的其他措施是否也可以达到规范科研秩序的目的。亦即，应当在追究科研人员套取科研项目经费的刑事责任之前设置民事处罚、行政处罚等前置程序，只有在追究科研人员的民事责任、行政责任之后，仍需要弥补社会所受损害的情形才可追究刑事责任。在此基础上，本书引入三维适用标准对套取科研项目经费行为"入罪化"进行重新解释，以保障刑事制裁作为科研项目经费管理的最后规制手段。

科研项目经费管理的法律治理是一项系统性的工程，尤其是对于科研项目经费管理中的法律责任探讨，不仅需要从实体法角度进行探讨，还应当以一种程序性的思维，对科研项目经费的使用与支出程序、科研责任追究程序、权利救济程序作出相应的完善，从而为科研秩序的健康发展提供程序性支撑，这是本书的另一重要创新点。在本书中，作者不但对科研项目经费的使用与支出程序进行了探讨，还详细阐述了套取科研项目经费的民事责任、行政责任与刑事责任的追责程序，如提出明确科研预算的调整权限与程序、改革科研项目经费的拨付机制、规范科研项目经费的报销流程、明确职务违法和职务犯罪的二元结构来实现对刑事责任追究的合理阻隔等观点，都很有创新意义。进一步来讲，本书还提出了科研人员权利的司法救济机制，并围绕科研权力部门的责任机制、科研领域的仲裁制度、听证制度、行政复议和申诉制度提出了具体的思路，这对于我国科研项目经费管理的法治化改革具有较强的研究价值。当然，书中的一些观点，可能还有进一步探讨的空间，也请读者和专家多指正。

本人在徐暾博士从事博士后研究期间担任其合作导师，他的优点是擅长法律实证研究，掌握了系统的社会科学研究方法，能够在充分关注司法实践的基础上，利用定量方法挖掘、整理、分析和运用各种数据，并据此进行理论阐述，撰写了一些量化程度较高的实证研究论文。如今他的首部专著即将出版，这对于徐暾而言，是其博士后研究期间的一个小结，更是从事科研工作的一个崭新开始。希望他再接再厉，延续务实的研究精神，在今后的工作中取得更好的成绩。

是为序。

林喜芬

上海交通大学凯原法学院教授、博士生导师

2021 年 11 月 12 日

导 论

一、选题的背景和意义

我国每年的科研项目经费支出保持着持续的高增长率。据统计,2019 年我国科研项目经费支出总量为 21 737 亿元,比上年增长 10.5%①;2020 年科研项目经费支出更是达到 24 426 亿元,比上年增长 10.3%。②随着我国科研项目经费支出的不断加大,科研人员因套取科研项目经费而被司法机关立案调查的案件也呈增长态势。③套取科研项目经费犯罪的案件亦引发了社会各界的高度关注,对于这些案件的处理也引起了理论界和实务界的争议和讨论。科研项目经费作为保障科研项目不断推进的重要物质基础,能否有效规范科研项目经费的管理与使用关涉科研领域的健康有序发展。因此,如何有效实现科研项目经费管理的法治化,推进科研领域的健康有序发展亦随之成为一个重要的议题。

长期以来,我国科研项目经费的管理体制机制并未走出“计划”与“平

---

① 国家统计局:《中华人民共和国 2019 年国民经济和社会发展统计公报》,载国家统计局网,http://www.stats.gov.cn/tjsj/zxfb/202002/t20200228_1728913.html,2021 年 4 月 10 日访问。

② 国家统计局:《中华人民共和国 2020 年国民经济和社会发展统计公报》,载国家统计局网,http://www.stats.gov.cn/tjsj/zxfb/202102/t20210227_1814154.html,2021 年 4 月 10 日访问。

③ 参见姜涛:《科研人员的刑法定位:从宪法教义学视域的思考》,载《中国法学》2017 年第 1 期,第 171 页。

均”的思维[①]，存在“权力导向”的行政管控思路，具有明显的时代局限性和滞后性，造成科研人员的科研项目经费自由支配权得不到应有的保障。一是科研项目经费的管理存在“重物轻人”的理念。提高科研水平是高等教育的重要职责，但开展科研活动是科研人员的权利而非义务，因而科研主管机关一般以对拟资助科研项目发放科研项目经费的形式来激励科研人员从事科学研究的积极性，即通过科研主管部门、项目承担单位、科研人员共同签订科技计划项目合同，约定科研人员在完成特定科研任务的同时，可获得直接或间接的权益，如享有科研奖励、拥有科研成果的知识产权等权益。[②]然而，从我国当前科研项目经费的管理体制来看，科研项目经费管理中的人力资本支出一直受到严格的控制，只占到了总支出的5%—15%左右，并且作为正式编制的科研人员不能领取到该费用。[③]虽然近年来出台的一系列科研项目经费改革文件在一定程度上提高了这一比例，但作为正式在编的科研人员仍然无法直接获得本应享有的劳动报酬，造成科研人员辛苦的劳动付出及其所获得的科研成果得不到应有的尊重。如2016年中共中央办公厅、国务院办公厅发布的《关于进一步完善中央财政科研项目资金管理等政策的若干意见》(中办发〔2016〕50号)规定:“对参与项目研究的研究生、博士后、访问学者以及项目聘用的研究人员、科研辅助人员等均可开支劳务费，劳务费预算不设比例限制，由项目依托单位和科研人员据实编制。”从上述文件可以看出，目前我国科研项目经费支出的条目中并没有包括本应包括的、体现科研人员智力投入的劳动报酬。相较而言，国外发达国家科研管理机构在科研项目经

① 参见蒋悟真:《科研管理政策改革释放的法治信号解读——以〈关于优化科研管理提升科研绩效若干措施的通知〉为例》,《法学》2018年第10期，第120页。

② 参见蒋悟真:《纵向科研项目经费管理的法律治理》,载《法商研究》2018年第5期，第38页。

③ 参见谈琳:《解决科研“人头费”问题不妨从科学分类着手》,载《科技日报》2016年4月19日，第007版。

费的支出条目中都规定了较高比例的人力资本费用，将科研人员的劳务费用列为科研项目经费的重点支出内容，从而保证了科研创新的质量。[1]然而，反观我国科研人员的薪酬制度，在某些领域尚不足以补偿科研人员为开展科学研究所付出的额外的、大量的时间与精力，因此，规定科研人员属于国家工作人员并不能从中提取劳务费的制度与科研创新规律相违背。二是科研项目经费的使用存在"重管控而轻激励"的理念。当前我国科研项目经费的使用与支出遵循的是一种"预算规范化的治理进路"，即科研人员使用科研项目经费的范围应事先列举明确且受到一定的比例限制，如 2014 年《国务院关于改进加强中央财政科研项目和资金管理的若干意见》(国发〔2014〕11 号)明确规定："科研项目申请单位应当按规定科学合理、实事求是地编制项目预算，各类科技计划项目的支出科目和标准原则上应与科研预算保持一致。"为改革上述弊端，2018 年国务院《关于优化科研管理提升科研绩效若干措施的通知》(国发〔2018〕、2019 年中共教育部党组《关于抓好赋予科研管理更大自主权有关文件贯彻落实工作的通知》(教党函〔2019〕37 号)等规范性文件 25 号)在一定程度上赋予了科研人员更大的人财物自主支配权，以调整科研人员对科研项目经费的支配与使用权限。但遗憾的是，现行的科研项目经费管理体制机制仍然未能体现出以科研权利保护为目的的改革目标，如科研人员的成果转化激励机制未能有效落实，科研项目的间接经费仍然存在着比例限制等，这意味着我国关于科研项目经费管理体制改革的效果极其有限，有待进一步解决当前科研项目经费管理体制的难题。

由是观之，当前我国科研项目经费的管理体制仍然处于严格的科研权力管控模式之下，不但将科研项目经费的公共财产属性作为法律治理的优先考察因素，而且在使用与监督科研项目经费时，与行政管理经费一

---

① 参见叶继元:《美国社会科学研究经费的管理及其启示》，载《甘肃社会科学》2011 年第 4 期，第 46—48 页。

样，都要受到行政主管部门的事前监督以及财务、审计等职能部门的事后监督。[①]在这种严格的权力管控模式下，根本无法体现科研权利保护的根本价值目的与内涵，使得科研人员在很多情况下只能选择“曲线救国”的方式违规套取难以弥补的科研项目经费，致使科研人员从事科学研究的刑事风险不断增大，甚至游走于犯罪的边缘，导致那些无职称晋升压力的科研人员再无开展科研活动的兴趣与动力，这些现象均值得我们予以高度的重视与反思。

鉴于此，本书尝试从文本与数据考察入手，以刑事司法判决文书与实证调研的数据为样本，采用数据统计分析、集体座谈与个别访谈相结合的形式，对科研人员套取科研项目经费行为的刑事司法实践进行考察，并就科研项目经费管理的法治化困境进行探究与检视，在此基础上对科研项目经费管理的法治化逻辑进行阐释，寻求借助法理逻辑开拓科研项目经费治理理念革新的空间，以明晰科研项目经费管理法治化的实质与目标，进而优化科研项目经费规范化治理的制度设计，切实保障科研工作的健康有序开展。

二、研究综述

在国外，特别是西方发达国家，偶有关于科研腐败的报道，少有专门的关于套取科研项目经费犯罪的刑事治理研究，但不乏科研项目经费管理中的法律治理研究。综观域外发达国家科研项目经费管理中的法律治理体系，大多是以“事前完善的监督体系、事后多元化的治理方式”来规范国家科研项目经费的管理与使用。如美国，对于国家科研项目经费的申请、分配、使用及评估有一套成熟的事前监督程序，即采用“院系专门人员

① 参见任剑涛：《财政监督与政府执行力——对〈利马宣言〉的扩展性解读》，载《中国行政管理》2011 年第 6 期，第 38 页。

监督——校基金管理机构监督——审计监督”的三道关口，并引入利益冲突防止办法于科研管理当中，以达到国家科研项目经费使用的全过程监督。[①]同时，针对科研人员套取国家科研项目经费的行为，根据程度不同相应采取暂停拨款、书面承诺改正、终止资助资格、通报批评及移交司法部门等多元化的治理措施。[②]在英国，科研管理机构主要通过三种途径来实现对科研项目经费的管理与使用，并进行有效监督：一是在研究理事会内部设置管理委员会，由其负责科研项目经费的规划与使用；二是研究理事会定期对科研项目经费的管理与使用情况进行评估；三是对科研项目经费的管理与使用开展年度审计工作，除研究理事会内部自行审计外，还聘请第三方进行独立审计，并接受国家审计署的审计。[③]在德国，国家科研项目经费的管理与使用主要采取议会与联邦审计院的外部监督、科研项目经费监督检查委员会的审计监督、科研项目经费使用单位的内部审计监督三大体系为国家科研项目经费的管理与使用保驾护航；同时，针对违反国家科研项目经费使用条款的行为，视情况不同分别采取撤销科研项目、收回全部或部分科研项目经费、要求科研单位返回经济收益及提交司法机关等治理措施。[④]在日本，科研项目经费主要围绕“学术标准”进行分配与管理，科研项目的申请、审批与评价等环节皆围绕学术逻辑展开。

---

① *See* Barry Bozeman & Jan Youtie, *Socio-economic impacts and public value of government-funded research: Lessons from four US National Science Foundation initiatives*, Research Policy, Vol.46:1387, pp.1387—1398(2017)；林小春：《美国怎样防范科研项目经费腐败》，载《中国纪检监察报》2014年11月9日，第004版。

② *See* National Science Foundation, *Chapter IX-Reconsideration/Suspension and Termination/Disputes/Research Misconduct*, at https://www.nsf.gov/pubs/2002/nsf02151/gpm9.jsp (Last visited on May 25, 2021).

③ *See* Aldo Geuna & Ben R. Martin, *University Research Evaluation and Funding: An International Comparison*, Minerva, Vol.41:277, pp.277—304(2003)；刘娅：《英国部分公立科研机构经费管理研究》，载《世界科技研究与发展》2008年第1期，第107—112页；朱海伦、张缨、宋伟：《英国科研项目经费统筹监管的经验与启示：以AASG为例》，载《科技管理研究》2018年第6期，第12—17页。

④ 参见胡蕊：《德国是这样监督科研项目经费的》，载《中国会计报》2015年8月14日，第009版。

同时，对于科研项目经费使用的监督方面，除了内部的财务监督之外，还聘请专门的财务机构进行财务审计，并通过公布《独立行政法人白皮书》形式，将科研项目经费的管理与使用过程透明化，以接受公众的监督。此外，对于科研人员违反规定使用科研项目经费的，将取消其2—5年内申请科研项目经费的资格，并责令其退还全部或部分的科研项目经费。[①]

在国内，科研人员因套取国家科研项目经费而被司法机关立案调查的案件频频出现，引起了社会各界的关注与震动。[②]从被关押近4年的原某大学副校长刑满后出狱[③]，到清华大学某教授涉嫌贪污科研项目经费被提起公诉16个月后撤诉[④]，再到被羁押5年多的某院士贪污科研项目经费贪腐案被法院宣判等[⑤]，科研人员因套取科研项目经费犯罪的案件引发了社会各界的高度关注，对于这些案件的处理也引起了理论界和实务界的争议和讨论。围绕"科研人员套取国家科研项目经费是否入罪"这一问题，学界存在激烈争论，主要有三种观点：第一种观点认为，科研人员套取国家科研项目经费行为不应作为犯罪处理。其理由是：(1)科研人员从事科研活动并非属于从事公务，因而不属于国家工作人员，也没有贪污罪的"职务上的便利"可以利用。(2)科研人员套取科研项目经费行为即使手段不当甚至非法，其取得科研项目经费的结果一般也没有给国家财政带来损失。(3)科研项目经费实际上是国家科研主管部门与科研负责

① 参见刘娅、王玲：《日本公共科研体系经费机制研究》，载《科技进步与对策》2010年第4期，第99—106页；丁建洋：《学术取向：日本"科研费"制度演进与运行的基本逻辑——日本大学高层次科学创新能力形成的一个视角》，载《清华大学教育研究》2014年第1期，第63—75页。

② 参见姜涛：《科研人员的刑法定位：从宪法教义学视域的思考》，载《中国法学》2017年第1期，第171页。

③ 参见匿名：《原浙江大学副校长褚健贪污1.3亿，只坐4年牢，案件背后引人沉思》，载搜狐网，http://www.sohu.com/a/232671397_99988005.shtml，2020年10月6日访问。

④ 参见李微敖：《北京检方撤诉清华大学付林教授案》，载凤凰网，http://finance.ifeng.com/a/20180921/16518904_0.shtml，2021年1月7日访问。

⑤ 参见孙满桃、巩银凯：《"最年轻院士"李宁贪污案宣判：被判12年罚金300万元》，载光明网，http://legal.gmw.cn/2020-01/03/content_33454929.htm，2020年12月8日访问。

人之间通过签订科研合同所支付的“对价”，因而对于科研人员套取科研项目经费的行为应当适用合同法的违约责任，不宜以刑法中的贪污罪加以追究。[①]第二种观点认为，在目前的科研管理体制下，科研人员套取科研项目经费行为可以为现行刑法中的贪污罪所评价。其理由是：(1)科研项目经费属于公款，一是纵向项目经费来自国家财政的拨款，那么通过国家财政拨款的各项资金理当属于国有财产；二是横向项目即使来自民营企业，只要进入国有单位管理的，在刑法性质上均应属于国有财产。因此，无论是纵向项目经费还是横向项目经费，只要这一财产处于国有单位的管理之下，就应当属于公款。(2)科研人员在管理与使用科研项目经费时，从经费拨发入账、申领到核销等多个环节，都属于学校科研项目经费公款管理的一个重要环节，属于典型的经手“公共财物”的行为，应属于公务活动。(3)科研项目负责人或成员具备套取科研项目经费的“职务之便”。一是科研项目负责人或成员虽然形式上不直接管理科研项目经费，但具有调拨、支配、转移、使用或以其他方式支配科研项目经费的主管权；二是科研负责人或成员虽然不负责科研项目经费的管理和处置，但由于工作上的需要，对科研项目经费具有一定的经手权。[②]第三种观点认为，科研人员套取科研项目经费的行为不应一律入罪，只有那些违规使用项目经费数额巨大、情节恶劣或者担任行政职务的课题组负责人，才能被定性为贪污犯罪。其理由是：(1)科研人员套取科研项目经费情节一般、危害一般且非担任行政职务的课题组负责人，根据其行为状况、生活圈及职业领域以及被侵害的规范特性等情况，难以认定其存在省察套取科研项

① 参见肖中华：《科研人员套取国家科研项目经费不应认定为贪污罪》，载《法治研究》2014 年第 9 期，第 53—57 页；姜涛：《科研人员的刑法定位：从宪法教义学视域的思考》，载《中国法学》2017 年第 1 期，第 170—188 页；朱涛：《科研人员“贪污”课题经费的民法解析——以科技计划项合同属性为基础》，载《北方法学》2018 年第 1 期，第 48—58 页。

② 参见孙国祥：《套取并占有科研项目经费的刑法性质研究》，载《法学论坛》2016 年第 2 期，第 145—151 页。

目经费行为不法性的机会，因而阻却责任，不构成犯罪。(2)针对套取科研项目经费数额巨大、情节恶劣且担任行政职务的项目负责人，综合考察其职业领域及生活圈等情况，其认识到套取科研项目经费行为的违法性的可能性要大得多，并且套取少则十几万，多则几百上千万的“大额”科研项目经费，其违法性是显而易见的，因此对其进行刑事制裁具备正当性与合理性。①

针对科研人员套取国家科研项目经费这一现象及问题，众多学者纷纷作了全方位、多角度的解读。从科研项目经费治理理念的角度来看，有学者指出，科研项目经费管理一直忽视人力资本的投入，造成科研人员在完成科研工作的同时，不得不为生活发愁与分散精力，这使得一些科研人员不惜冒险在科研项目经费上打主意。②也有学者指出，我国科研项目经费管理中“重物轻人”的理念未能得到彻底扭转，实践中科研人员的薪酬水平普遍较低，日常所得不足以补偿科研人员为开展科学研究所付出的额外的、大量的时间与精力成本，这造成科研人员自由支配科研项目经费的权利依旧处于权利管控的“枷锁”之中。③还有学者认为，当前我国科研项目经费管理的制度设计尚未区分科研宽容与问责之间的关系，致使科研人员被问责的惩罚性过度，而科研容错的激励性不足，由此导致科研人员成为贪污罪的高危人群。④

从科研项目经费治理方式的角度来看，有学者认为，我国科研项目经费资助体系不健全、科研项目经费绩效评价体系缺失、结余经费处理方式

---

① 参见刘科：《套取国家财政拨款科研项目经费行为定罪中的疑难问题研究》，载《法学杂志》2015 年第 7 期，第 95—104 页。

② 参见李祥、熊枫：《论高校科研项目经费法律治理及其限度——兼与〈科研项目经费违规使用的法律责任〉一文商榷》，载《学术界》2016 年第 11 期，第 116 页。

③ 参见蒋悟真：《纵向科研项目经费管理的法律治理》，载《法商研究》2018 年第 5 期，第 38 页。

④ 参见郭创拓：《科研宽容制度改革法治化的困境及其破解之道》，载《法学论坛》2020 年第 6 期，第 70 页。

单一、科研诚信机制尚未建立等问题都造成科研项目经费的管理与使用存在风险，这不仅造成科研项目经费的巨大浪费，更致使科研人员游走于科研犯罪的边缘，成为贪腐犯罪的“高危人群”。①也有学者指出，当前国家对于科研项目经费的管理与使用，与行政管理经费在公共财政监督方面法律并未作出区别化的对待，都要受到“政府财政部门的事前监督、政府各个执行（职能）部门的财政执行与审计部门的事后监督”，形成了科研项目经费管理的高度行政化，这种行政治理模式直接造成科研项目经费的管理与使用存在巨大的风险。②

从科研项目经费的责任追究角度来看，有学者认为我国现行科研项目经费的责任追究机制未遵循科研规律，直接追究科研人员的刑事责任过于严厉，并且仅规定科研人员经费使用行为的法律责任，欠缺其他主体的法律责任。③也有学者提出，由于科研项目经费管理制度不健全，权力管控模式下的课题负责人、依托单位的实际责任难以明确，特别是人们对科研项目经费支配自由与行政监管关系的认识难以统一。因此，在强力反腐的大背景下，司法实务部门对科研人员套取科研项目经费的行为更倾向于以贪污罪论处，但惩治效果较差，引发了科研人员特别是高校教师的质疑与抱怨，甚至打击了其从事科研活动的积极性。④还有学者认为在《国家监察法》出台前，科研人员套取科研项目经费行为主要通过适用《刑法》和《刑事诉讼法》来追究刑事责任的，由于没有用“职务违法”的概念来形成对“职务犯罪”的合理阻隔与界分，这必然会导致以贪污罪定罪量刑

① 参见张驰：《财政科研结余经费的类型化治理》，载《政法论丛》2018 年第 4 期，第 93—97 页。

② 参见蒋悟真：《纵向科研项目经费管理的法律治理》，载《法商研究》2018 年第 5 期，第 39 页。

③ 参见蒋悟真：《科研项目经费规范化治理的法理元素考察》，载《政治与法律》2019 年第 9 期，第 23 页。

④ 参见狄小华：《突破科研项目经费管理困境的法治路径》，载《社会科学辑刊》2020 第 5 期，第 79 页。

为代表的刑事扩张。①

针对我国科研项目经费管理中的法律治理难题，众多学者纷纷提出了相应的改革建议与进路，以探索出既符合公共财政管理的基本要求又契合科研活动基本规律的科研项目经费管理法治化道路。具体来说：其一，革新科研项目经费管理的法律治理理念。有学者认为，欲实现科研项目经费治理的有效性，先要确保科研项目经费的治理理念契合科研项目经费的运作机理，在治理的过程中应注重实现社会公共利益的最大化，同时最大程度地保障公民科研权利的行使。②也有学者提出，从我国《宪法》第 47 条第二句可以推导出国家应当保障作为积极权利的学术自由，那么科研项目经费的管理依赖于下位法制度的形成，作为积极权利的学术自由对科研项目经费管理制度产生一定的下限制约，国家的立法、行政等一切公权力活动必须在满足宪法要求的基础上构建科研项经费的管理制度，才是合宪的。③还有学者指出，有效规范科研项目经费管理制度的核心是科研契约关系，而信任是科研契约关系蕴含的必然之意，因此，科研项目经费法律治理的关键是如何创设制度性条件，以科研自治共同体为抓手，在提高科研人员学术自律的同时，强化科研人员与科研项目经费管理机构之间的信任关系，以此取代全方位的权力管控制度。④

其二，完善科研项目经费的治理方式。有学者认为，应当对科研项目进行分类管理，对基础前沿、公益性、市场导向类科研项目作不同的预算编制规则，同时，还应当结合科研规律继续简化预算编制条目，明确科研

---

① 参见王旭：《论套取高校科研项目经费治理的〈国家监察法〉适用》，载《法学杂志》2020 年第 7 期，第 46—47 页。

② 参见张驰：《财政科研结余经费的类型化治理》，载《政法论丛》2018 年第 4 期，第 95 页。

③ 参见湛中乐、黄宇骁：《国家科研项目经费制度的宪法学释义》，载《政治与法律》2019 年第 9 期，第 7 页。

④ 参见谢郁：《科研项目经费制度的法理反思：规范基础与信任关系》，载《法学杂志》2020 年第 7 期，第 62 页。

人力补偿的标准，进一步理顺编制条目的负面清单，如此才能真正提升科研项目的预算治理能力。①也有学者认为，应当建立科研报酬的普遍激励机制，并结合政府“放管服”改革和社会诚信体系建设，建立以信任为基调、个人自律为基础、学术自治为重心、行政监管为保障的科研项目经费管理制度，从而形成完善的科研项目经费管理与使用的法律治理机制。②还有学者提出，应当以保障科研权利为线索，通过具化科研项目经费的契约属性、区别对待不同类型的科研项目监管、避免经费预算“一刀切”、明确科研项目经费代管部门的权力和义务、认同科研人员与机构的科研经营行为以及完善“信用—责任—奖励”机制等措施来提升我国科研项目经费的治理品质，确保科研项目经费激励效果的高效发挥。③

其三，重构科研项目经费的法律追责机制。有学者提出，在当前科研人员套取科研项目经费行为被评价为贪污罪的案件中，行为人利用的是其行政负责人或课题组负责人的职务便利，然而，对于一般科研人员而言，由于不具有违法性认识错误的可避免性，因而阻却责任，不构成犯罪。④也有学者认为，科研活动作为宪法规定的公民的基本权利，属于与公权力无关的范畴，因而不能因为科研项目经费姓“公”而将科研人员所从事的科研活动解读为从事公务，进而将科研人员认定为刑法意义上的国家工作人员，因此科研人员套取科研项目经费的行为不应被刑法中的贪污罪所评价。⑤还有学者指出，在科研项目经费的治理中，应当根据套

---

① 参见胡明：《科研项目经费预算改革的困境及其法治出路》，载《政治与法律》2019年第9期，第28—38页。

② 参见狄小华：《突破科研项目经费管理困境的法治路径》，载《社会科学辑刊》2020第5期，第80—81页。

③ 参见丰霏：《科研权利视阈下的科研项目经费使用制度变革》，载《法学论坛》2020年第6期，第64—66页。

④ 参见刘科：《套取国家财政拨款科研项目经费行为定罪中的疑难问题研究》，载《法学杂志》2015年第7期，95—104页。

⑤ 参见姜涛：《科研人员的刑法定位：从宪法教义学视域的思考》，载《中国法学》2017年第1期，第170—188页。

取科研项目经费行为的社会危害性来制定科学的阶梯式的法律责任规范，即在追究科研人员套取科研项目经费的刑事责任之前设置民事处理、行政处罚的前置程序，以最大程度地保护科研人员的合法权益，确保科研目的的实现。①

其四，优化科研项目经费的治理程序。有学者认为，科研项目经费的法律治理应以权利为导向，应当将科研管理机关的职能由"管制"转向"服务"，科研项目经费的治理重心由"权力"转向"责任"，通过改革科研项目经费的报销程序、构建科研项目经费的绩效评价程序、完善科研项目经费管理的信息公开机制来优化我国科研项目经费的治理程序，以回应现行科研项目经费管理体制革新的现实诉求。②也有学者从《国家监察法》的角度提出了优化科研项目经费的治理程序，即通过构建日常监督与调查处置的程序结构、职务违法与职务犯罪的行为模式结构、政务责任与刑事责任的法律后果结构三重二元结构来实现反对公权力腐败与充分尊重科研自由两个目标的平衡与统一。③

综上所述，我国学者对于科研项目经费管理中的法律治理问题进行了较为深入的探讨与分析，并围绕治理理念、治理方式、法律责任及治理程序等路径提出了改革的建议与设想。应当说，关于科研项目经费管理中的法治化问题，学者们从不同的侧面均展开了详细的论证与分析。然而，遗憾的是，目前已有的研究基本上都是从法教义学的视角进行思考与研究，并未立足于实证考察的角度来关注科研项目经费管理法治化的实践效果，或者有学者虽采用了实证的研究方法，但是研究并不充分，并未

---

① 参见蒋悟真：《科研项目经费规范化治理的法理元素考察》，载《政治与法律》2019 年第 9 期，第 24—25 页。

② 参见蒋悟真、郭创拓：《迈向科研自由的科研项目经费治理入法问题探讨》，载《政法论丛》2018 年第 4 期，第 78—79 页。

③ 参见王旭：《论套取高校科研项目经费治理的〈国家监察法〉适用》，载《法学杂志》2020 年第 7 期，第 53—55 页。

多角度、全方位引入社会学、心理学和统计学等外来学科的知识体系，缺乏在我国司法实践框架下对科研项目经费的法治化实践与困境进行近距离的考察和分析，这就不能有效地对我国科研项目经费管理的法治化逻辑进行充分探讨与分析，以进一步探究科研项目经费管理法治化的实质，从而构筑我国科研项目经费管理体制机制改革的法治化体系，助力创新型国家建设。

三、研究主题与架构

科研项目经费的管理与使用涉及多部门法律的综合治理，其最终的成果必然体现在制度层面的设计与完善上，应当利用具有可操作性的制度条款对科研项目经费的管理和使用进行规范与体系建构。①在我国，由于国家过于重视保护科研项目经费的公款属性，因此，科研项目经费的管理与使用一直遵循着传统的权力管控路径，在这种严格的管控模式下，致使科研人员从事科学研究的刑事风险不断增大，严重挫伤了科研人员从事科研创新的动力。②因此，无论是理论界还是实务界，协调科研项目经费管理中的科研权力与科研权利、科研项目经费支配权与科研责任追究机制之间的平衡是科研项目经费管理的应然改革方向。那么，自中华人民共和国成立以来，我国科研项目经费管理的立法文本发生了哪些变化？针对科研人员套取科研项目经费行为动用刑事制裁手段是否规范了科研领域的秩序，提升了科研绩效？在全面释放科研活力的改革背景下，如何优化科研项目经费管理法治化的制度设计，以保障科研工作的健康有序开展？这些问题皆是本书所着重探讨的内容，也是本书的基本研究架构。

---

① 参见蒋悟真、郭创拓：《迈向科研自由的科研项目经费治理入法问题探讨》，载《政法论丛》2018年第4期，第73页。

② 参见蒋悟真：《纵向科研项目管理的法律治理》，载《法商研究》2018年第5期，第36—37页。

具体而言，本书一共分为五个章节，其总体架构按照“文本与实践—难题与检视—法理逻辑及展开—法治化实质与目标—法治化体系建构”的思路进行结构设计，主要内容简介如下：

第一章为科研项目经费管理的法律文本与实践，分为三个方面的内容。一是对我国科研项目经费管理的法律文本进行梳理，主要是对我国科研项目经费管理的法律文本进行了系统性梳理，并对其中表现出的阶段性特点进行了囊括与总结。在此基础上，我们对科研项目经费管理的规范性文件进行考察与分析，进一步揭示了科研项目经费管理文本的制度短板，即科研项目经费管理中的科研权力过于扩张、科研项目经费管理中的科研权利保护目的缺失以及科研项目经费管理中的法律责任追究过于笼统。二是对套取科研项目经费行为的司法实务样态进行考察，就科研人员套取科研项目经费的样本来源、涉案主体、涉案手段、涉案项目及裁判实践进行整体上的分析，以探究科研人员套取科研项目经费行为的刑事制裁现状。三是对套取科研项目经费行为的定罪逻辑与量刑实践进行深度考察，结合学理分析与司法实践，分别就科研项目经费是否属于公款、科研人员是否属于刑法上的国家工作人员、科研人员套取科研项目经费是否利用了职务之便等问题进行了深入探究。此外，还详细考察了套取科研项目经费行为的量刑实践，对套取科研项目经费犯罪案件中数额要件的适用及影响套取科研项目经费犯罪案件量刑的情节要件进行了审视与检视，以明示套取科研项目经费犯罪案件在当下中国司法实践中的真实图景，提炼出套取科研项目经费犯罪案件中现有量刑机制的实践经验与偏误。

第二章为科研项目经费管理法治化的难题与检视，分为三个方面的内容。其一，本书结合我国具体的司法实际，对科研项目经费管理的法治化难题进行了分析，主要从套取科研项目经费行为的刑法应对与司法制裁两个方面进行整体考察。在刑法应对层面，我们主要剖析了当前套取科研项目经费行为“入罪”的正当性遭受“质疑”的原因；在司法制裁方面，我们主要从科研主体身份、科研项目类型、项目经费数额三个方面剖析了现有的制裁“误区”，以探讨我国科研项目经费管理的法律治理是否需要改革以及是否有改革上的空间和余地。其二，对科研项目经费管理的法治化难题所带来的消极影响进行了考察，主要从权力属性异化、权利保护虚置、实体错误风险三个层面进行考察。在权力属性异化层面，主要从科研项目经费管理的服务、指导、监督权力属性异化为行政管控权的进路进行分析；在权利保护虚置层面，主要从以契约为前提的科研项目经费管理体制虚置化、以信任为基调的科研协作机制虚置化两个方面进行分析；在实体错误风险层面，主要从职务侦查（调查）→起诉→审判的诉讼程序惯性思维进行分析与探讨。其三，对科研项目经费管理的法治化难题进行根源探究与制度检视。在科研项目经费管理法治化难题的诱因探究层面，主要从科研路线自主决策权受到科研项目预算编制权的制约、科研项目经费自由支配权受到科研项目经费监督权的制约、“轻事前预防、重事后治理”的科研项目经费管理体制机制三个方面进行分析与探究；在科研项目经费管理法治化难题的制度审视层面，主要从科研项目经费管理中的科研权力与科研权利无法协调一致、科研权利保护与法律责任追究机制难以兼容并蓄两个方面进行考察，以期从根源上破解科研项目经费管理的法律治理难题。

第三章为科研项目经费管理法治化的逻辑及其展开，分为两个方面的内容。一方面，对科研项目经费管理法治化的理论逻辑进行阐述，主要从科研项目经费管理中的科研权力配置、科研权利构成和法律责任类型进行考察与分析。一是通过对我国科研项目经费的管理体制机制进行考察，可以将科研项目经费管理的科研权力分解为科研项目预算编制权与科研项目经费监督权，欲实现科研项目经费管理的法治化，就需要厘清各项科研权力的配置基准，规范及优化科研项目经费管理各阶段中科研权力的管理权限。二是从我国近年来出台的一系列法律法规及规范性文件来看，强调科研权利的保护是科研项目经费管理法治化的核心，这意味着国家应当强调保障科研人员自主决策科研路线以及自由支配科研项目经费的权利，进而确保科研项目经费管理的法律治理符合科研规律。三是从法律责任的角度进行剖析，司法机关对于科研人员套取科研项目经费的行为进行追责时，可能存在着民事法律责任、行政法律责任与刑事法律责任等法律责任类型。另一方面，在前述基础上，进一步对科研项目经费管理法治化的逻辑进行展开，即对科研项目经费管理的科研权力与科研权利之间进行价值平衡，明晰科研项目经费管理中科研权利保护的重要性，进而打造以科研权利保护目的为本位的多元法律责任追究机制。

第四章为科研项目经费管理法治化的实质与目标，分为两个方面的内容。一方面，对科研项目经费管理法治化的实质进行了释明与分析，主要从宪法的层面解释科研项目经费管理法治化的体系，强调科研权利具有刑法保护的优先性。在此基础上，对科研项目经费管理的法治化进行了合理定位，强调科研权力与科研权利的作用应当在各自的原则框架范围内得到最大限度的发挥，真正实现权力谦抑与权利本位的合理互动，以此确保科研项目经费管理法治化中权利(力)的动态均衡与统一。同时，需要将科研项目经费管理的法治化定位在惩罚与激励两个功能的基础之上，即通过合理设定具体责任来对套取科研项目经费的行为进行惩罚和规制，以及通过建立相应的科研项目经费的激励制度来促进科研活动的良性发展。另一方面，厘清与确定科研项目经费管理法治化的目标，主要体现为构建科研自由的保障机制、建立科研绩效的激励机制、完善科研宽容的维护机制、健全科研责任的追究机制四个方面。具言之：一是从科研权利(力)的优化设置、科研责任的合理厘定两个层面来构建科研自由的保障机制，形成以科研自由精神为基础的科研项目经费管理体制机制。

二是从建立科学的科研绩效评价体系、以赋权的形式激发科研人员的科研创新活力、完善科研绩效评价结果的应用机制三个层面来建立科研绩效的激励机制，构建起兼顾国家创新目标和科研人员需要的科研绩效激励体系和机制。三是从实体认定、程序操作两个层面来完善科研宽容的维护机制，真正使科研容错免责权成为一种具有可操作性的具体权利。四是从科研项目经费管理的诚信机制、多元化的科研责任追究机制、赋予科研人员一定的救济权三个层面来健全科研责任的追究机制，以此实现科研人员在合规使用科研项目经费上保持着更高程度的自律与诚信，确保科研项目经费管理的法律责任追究机制符合科学研究的规律。

第五章为科研项目经费管理法治化的体系建构，分为三个方面的内容。第一，对科研项目经费管理法治化的理念进行革新。理念是制度设计的基石，没有正确理念引导的制度设计是盲动的、恣意的。制度的效能能否发挥出来，往往仰赖与制度相匹配的理念。据此，只有将科研权力与科研权利、科研权利保护目的与法律责任追究机制的合致性作为科研项目经费管理法治化的价值导向，才能从根源上减少科研项目经费管理的法律治理难题。在此基础上，强调将比例原则贯穿于科研项目经费管理的法律治理之中，用比例原则来指导科研项目经费的规范化治理。亦即，科研项目经费管理的法律治理应当协调好科研权力与科研权利之间的比例关系；同时，对科研人员套取科研项目经费行为进行制裁时，应当考虑除刑事措施之外的其他措施是否也可以达到规范科研秩序的目的。第二，对科研项目经费管理的法治化进行实体规范。一是根据科研人员套取科研项目经费行为的社会危害性及科研人员的人身危险性等因素，制定阶层化的法律追责机制，即构建“以民事行政法律规制为主、刑事制裁作为最后手段”的多元法律制裁体系。二是对科研人员套取科研项目经费行为“入罪化”作重新解释，即从涉案主体、涉案项目、涉案数额上严格严格区分套取科研项目经费行为“罪与非罪”的界限，并在此基础上确立套取科研项目经费行为入罪化的三维适用标准，将科研人员的主体特征、套取的经费性质及数额、科研贡献及套取情节等因素纳入考量之中，确保套取科研项目经费行为入罪具有合法性和正当性。三是对套取科研项目经费案件的量刑机制进行完善，即由政策模式转向法理模式，转变量刑的模式；以犯罪数额架设罪刑阶梯，统一量刑的规则；完善犯罪情节的功能配置，更新量刑的理念，从而使套取科研项目经费犯罪案件与其他贪污腐败类犯罪的量刑标准走向“有差别的统一”。第三，建立科研项目经费管理法治化的程序性保障机制，即以一种程序性的思维，对科研项目经费的使用与支出程序、科研责任追究程序、权利救济程序作出相应的完善或建构，从而为科研秩序的健康发展提供程序性支撑。一是规范科研项目经费的使用与支出程序，从明确科研预算的调整权限与程序、改革科研项目经费的拨付机制、规范科研项目经费的报销流程等方面进行规范。二是建立阶层化的科研责任追究程序，从民事责任、行政责任与刑事责任的追责程序角度来进行探讨与完善，进而为司法实践提供明确的依据。三是从科研项目经费管理的内部救济机制与外部救济机制来完善科研人员权利的司法救济机制。从科研项目经费管理的内部救济机制来看，应当在相关的科研法律文本中对科研权力主体的法律责任予以明确，以及健全科研项目经费管理的信息公开机制，通过信息公开来约束科研权力的管控机制。从科研项目经费管理的外部救济机制来看，需要依据科研人员在接受科研主管部门在科研项目经费管理过程中所出现的权益受损情形，采取相应的权利救济方式。具言之，可以从科研仲裁制度，听证制度，行政复议、复核和申诉制度等方面来构建与完善科研人员权利的外部救济机制。

综上所述，依循本书研究架构，通过考察我国科研项目经费管理的法律文本与实践，释明现阶段科研项目经费管理的法治困境，并在科研项目经费管理法治化的理论逻辑指导下，明确科研项目经费管理法治化的实质与目标，从而建构科研项目经费管理的法治化体系，这不仅具有重大的实践意义，也具有巨大的理论价值。其根本的理论意义在于有助于确保科研项目经费的管理与使用回归科学研究的基本规律，助力创新型国家建设，进而为我国科研项目经费管理的法治化改革提供坚实的理论根基。基于这一问题意识，笔者认为，我国科研项目经费管理的法治化缺乏宪法层面的引导，这在科研项目经费的管理与使用上有着最集中的表现。因而，推进科研项目经费管理的法治化改革有待于宪法层面的引导。据此，科研权力与科研权利之间的冲突与平衡构成了本书的内在理路。

所谓权力，主要包含两层含义：一是政治上的强制力量，如国家权力，包括立法权、司法权和行政权等；二是职责范围内的支配力量，它同一定的职务相联系。[①]而权利是指在一定规范的保障和约束下，主体为实现自身的价值、利益和主张，按照自己的意愿和意思自主行为的正当资格。[②]权利是与权力相伴而生的，因此，对于权力问题的探讨必然涉及权利主张的问题，同样地，研究科研项目经费管理中的科研权力问题，也离不开对于科研权利的关注。申言之，对科研权力与科研权利关系的认识是推进科研项目经费管理法治化的基础。具体而言：其一，科研权利意味着科研自由，具有制约科研权力的激励性。从权利的本质来看，科研权利代表着科研利益的获得与科研自由的拥有。“权利的本质特征是权利主体能够具有一定的自由，自由和权利几乎具有同等的意义，有了一定的权利就意味着有一定的自由选择和不受干涉的空间，自由始终是每个人追求的重要价值，主体在行使权利时不受非法干涉。”[③]科研权力管控的实

① 参见杨云霞：《话语“权利”抑或“权力”：辨析与再认识》，载《人民论坛·学术前沿》2021年第6期，第94—102页。

② 参见胡甲刚、陶军：《大学教师学术权利的内涵解析》，载《国家教育行政学院学报》2019年第4期，第73页。

③ 蔡宝刚：《权利制约权力何以可能的法理解答》，《求是学刊》2019年第5期，第102页。

质就是通过行政权力的行使实现对科研项目经费使用的严格控制，造成科研人员的科研项目经费自由支配权得不到应有的保障，使得科研人员从事科研活动缺乏必要的“尊重”，并未从根本上体现对科研权利的保护价值。因此，通过科研权利来制约科研权力实现科研人员对自身和科研自由的维护，是在行使剥夺那些干预科研自由行为的权利，使得科研人员通过行使科研权利获得一定的自由和利益，而有了自由和利益的保证，能够充分调动科研人员从事科研活动的积极性，并激励每一名科研人员出于自由和利益而投入到科研权利保护的行动之中。

其二，科研权利是面对科研权力的管控模式而形成的防御性保护，科研权利保护的边界线就是科研权力的界限所在，即科研权利的保护旨在保障科研人员对其科研活动的自主决定利益，从而防御因科研活动被行政管控而侵害既有的自由权。一方面，科研权利的保护体现了对科研人员尊严的保障。人性尊严的前提，在于人之为人的独立自主，缺乏科研权利约束的科研权力极易侵蚀科研活动的本身规律。一旦科研活动失去自主性，科研人员就变成了被行政管控的对象，不再拥有从事科研活动的自由权。另一方面，科研权利的保护还可以体现为对科研权力迷思的警醒。科研权力的极端强化容易引起权力的迷思，这容易造成科研项目经费的使用与支出变成对科研预算的绝对遵从，不可以有任何的变动。事实上，科研活动具有不确定性、或然性的特点，随着科研活动的不断开展，科研人员有权利思考并改变科研技术路线，并随之调整科研项目经费的支出条目。因此，主张科研权利的保护，就是要警惕并反对科研权力的过度扩张，保障科研人员从事科研活动的尊严与自由，从而促进科研领域的健康发展。

有鉴于此，本书将科研权利与科研权力的协调与平衡作为研究的内在理路，通过制度规范对科研项目经费管理体制进行理念上、实体上以及程序上的体系建构，以促使科研项目经费管理的法治化改革能够最大化地保障科研人员从事科研活动的自由权，激发科研人员的科研热情，保证科研领域秩序的良性发展。综上所述，本书对科研项目经费管理法治化的总体思路如图1所示。

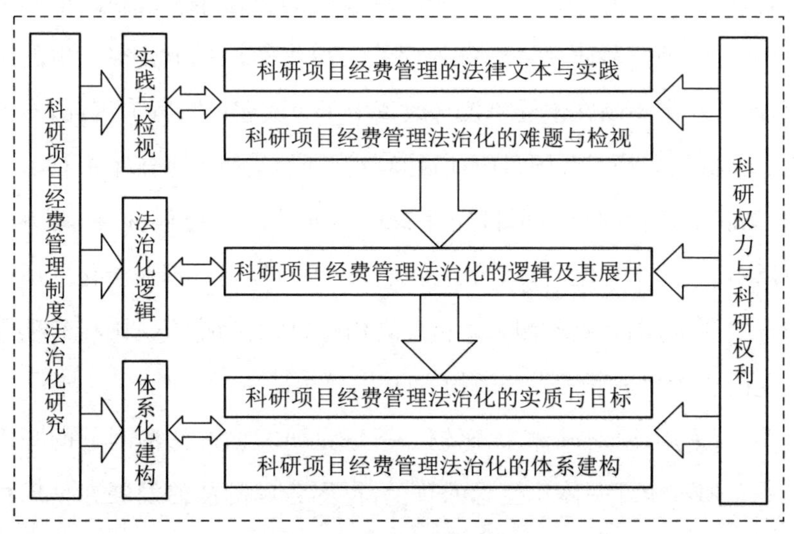

图1　本书的总体思路图

四、研究方法

本书将综合运用多种研究方法，并尽量引证丰富详实的国内外相关资料，以使本书的研究能在前人已有成果的基础上，作进一步的纵向延伸并提出富有创造力的改革建议。

第一，采用规范分析法。法学研究是一项十分严谨的科学工作，研究科研项目经费的管理与使用问题无法脱离现存的法律制度展开研究，因此，欲全面研究科研项目经费管理的法律文本、法治困境及理论逻辑等情况，就应当全面梳理科研项目经费管理的立法脉络，以及对科研项目经费管理的法治化理论作全面的分析与总结，同时对科研项目经费管理法治化的体系进行建构。为使本书的研究基础更加扎实，本书在整理相关立法脉络、司法实践及理论基础时，按照一定的逻辑勾连，对科研项目经费管理的法律文本、司法实践、法治困境、理论逻辑及体系建构逐步渐次展开递进式的探讨与释明。

第二，采用历史分析法。任何法律制度的出现与发展都有其深刻的社会背景与特定的国情背景，科研项目经费的管理体制机制改革亦是如此。事实上，我国科研项目经费管理的法治化不是一个凭空产生的法律概念，而是一个不断在饱受争议与改革中予以完善的过程。因此，本书采用历史分析的方法对我国科研项目经费管理的法律治理体系进行梳理与总结，彻底了解我国科研项目经费管理制度的演进历程，检视其历史动脉，总结其中的不足之处，以揭示我国科研项目经费管理法治化的历史轨迹与现实图景，以达到预测未来目标之构想，从而为推进我国科研项目经费管理的法治化进程提供努力的方向。

第三，采用比较分析法。比较分析法是研究西方法治问题的常用方法之一。随着全球一体化概念的普及，世界各国的法治发展亦呈现相互借鉴、相互融合之趋势。因而，在研究我国科研项目经费管理的法治化问题时，就需要通过比较分析的方法，对西方发达国家的科研项目经费管理体制及其法治化机制进行比较分析。据此，本书通过全面梳理大陆法系及英美法系等先进国家关于科研项目经费管理中的法律治理文本，以及对域外科研项目经费的法治实践进行考察，以加深对相关问题的深化及认识，期望从中总结出对我国科研项目经费管理的法治化有借鉴意义的内容。

第四，采用统计分析法。近年来，随着社会科学方法在法学研究领域的引入，运用统计分析方法来研究法学中的问题成为一种热门方法。过去我们研究法学问题更多依赖于法释义学的分析方法，通过对某一法律制度进行解释与价值剖析，以实现对法律问题的深入解读。而统计分析方法是指通过对某一法律研究对象的规模、速度、范围、程度等数量关系的分析研究，认识和揭示事物间的相互关系、变化规律和发展趋势，借以达到对事物的正确解释和预测的一种研究方法。换言之，统计分析法就是运用数学方式，建立数学模型，对通过调查获取的各种数据及资料进行数理统计和分析，形成定量的结论。据此，本书通过 Arachnid 爬虫软件从中国裁判文书网爬取套取科研项目经费犯罪的刑事案件，然后提取相关的法律变量，并结合运用 SPSS 统计软件对这些案件的实务样态进行数据分析与全方位评估，以探析科研人员套取科研项目经费行为的实务样态及其深层次原因，并找出影响科研人员套取科研项目经费行为的制度根源。

第五，采用深度访谈法。深度访谈法是指结合某一司法实践问题，通过对采访对象面对面地交谈来了解采访对象的心理和行为的基本研究方法。针对科研项目经费管理中的法律治理问题，本书将采访对象分为两类人群：一类人群是从事科研活动的科研人员，了解他们对当前科研项目经费管理体制机制的看法；另一类人群是因套取科研项目经费而被定罪处罚的贪腐人员，了解他们违规套取科研项目经费的成因。据此，本书选择全国省份各地高校，分文科、理科和工科三类学科，对不同学科的管理者和使用者分别进行结构性访谈分别，并抽样确定 500 名以上承担科研工作的教师进行问卷调查，以了解他们对当前科研项目经费管理体制机制的看法及其改革建议。此外，对北京、山东和江苏等地近年查处的正在服刑的科研贪腐人员进行结构性访谈，了解他们违规套取科研项目经费的原因和对当前科研项目经费管理与使用的理解及做法，以及就科研项目经费管理中的法治化改革提出建设性的意见。

综上所述，本书综合运用多种方法，对科研项目经费管理的法律文本、实务样态及其改革思路开展多方位、多角度、多层次的系统考察，从而形成综合的、全面的研究评述，对科研项目经费管理法治化的实质与目标进行厘清，对科研项目经费管理的法治化进行体系建构，以期进一步推动我国科研项目经费管理的法治化改革。

五、研究创新与不足

（一）研究的创新点

1. 采集了大量一手的、较大样本的实证数据

数据是实证研究区别于其他类型研究的本质特征，即某项实证研究所依赖的数据决定了这项研究的具体方法，同时也决定了该项研究所能达到的广度与深度。亦即，"如何在科学性低于简单随机抽样的系统抽样、分层抽样、整群抽样等一系列方法中，结合研究主题和刑事司法的具体情境，选择相对较佳的抽样方法，是实证研究者应当重点关注的问题"。①因此，本书采集了大量一手的、较大样本的实证数据，以保证研究中数据的质量。具体而言：其一，采集了我国有关科研人员套取科研项目经费犯罪数据信息的全样本文书，内容涵盖人口统计学信息、套取手段、审计情况、罪名信息、涉案金额、辩护情况、诉讼期限、强制措施等 72 个项目；其二，采集了 500 份以上科研项目经费管理与使用状况的数据信息，内容涵盖科研人员的基本信息、科研工作情况、除科研外其他工作情况、科研项目承担情况、对科研项目经费管理的了解和态度、自我评价等信息；其三，对 50 名以上法官、检察官以及正在服刑的科研贪腐人员进行了深度访谈，揭示了我国有关科研人员套取科研项目经费犯罪的司法实践状况。

2. 采用价值平衡理论对科研项目经费管理法治化的理论逻辑进行了释明

欲实现科研项目经费管理的法治化，需要明确科研项目经费管理中科研权力的配置属性以及科研权利的构成部分。唯有如此，才能更好地优化各项科研行政管理权力与保障科研人员从事科研活动的各项权利。具言之，通过对我国科研项目经费管理体制机制进行考察，可以将科研项

① 何挺：《刑事司法实证研究：以数据及其运用为中心的探讨》，载《中国法学》2016 年第 4 期，第 211 页。

目经费管理的科研权力分解为科研项目预算编制权与科研项目经费监督权，而科研权利可以分解为科研路线自主决策权与科研项目经费自由支配权。从我国现行有关科研项目经费的管理体制机制来看，科研项目经费管理的宗旨仍然是强调国家的行政主导性和科研权力性，而忽视了科研人员的主体性地位和本应具有的科研权利。亦即，现行的科研项目经费管理无法合理协调好科研权力与科研权利之间的关系，导致科研项目经费管理法律治理关系的失衡。据此，欲消弭科研权力与科研权利之间的张力，应强调对科研权利保护的目的，在保障科研自由与科研权利的基础上，对两者之间的关系进行调整，以实现科研权力与科研权利的平衡，进而建立动态平衡的法权结构。换言之，兼顾科研权力与科研权利之间的价值平衡对于实现科技创新体制机制具有重要的意义，这就要求在科研项目经费的管理中，科研权力的干预具有正当性，防止权力的滥用与扩张；与此同时，强调对科研权利的保护，通过科研权利保护来塑造权力约束机制，使科研权力的干预能保持在合理的限度之内。

3. 运用比例原则对科研项目经费管理的法治化体系进行阶层化改造

比例原则被称为现代公法上的“帝王条款”，滥觞于 19 世纪的德国警察法学，最初主要用于规制警察权力，其主要功能是规制国家权力，凡国家权力能够触及的领域，都可以适用比例原则。[①]科研项目经费的法律治理作为国家治理制度的一个重要组成部分，“只有将其上升为宪法的框架之内，才能定型化、精细化与规范化，才能增强执行力和运行力”。[②]亦即，科研项目经费管理的法律治理与比例原则具有逻辑上的契合性。因而，我们应积极地将比例原则贯穿于科研项目经费管理的法律治理之中，用比例原则来指导科研项目经费的规范化治理。据此，国家对科研人员套

① 参见梅扬:《比例原则的适用范围与限度》，载《法学研究》2020 年第 2 期，第 57 页。

② 参见张文显:《法治化是国家治理现代化的必由之路》，载《法制与社会发展》2014 年第 5 期，第 8 页。

取科研项目经费行为进行制裁时，应当考虑除刑事措施之外的其他措施是否也可以达到规范科研秩序的目的。通过样本案例考察发现，我国科研人员套取科研项目经费的行为在审判实践中往往被贪污罪所评价，这种不考虑科研活动特殊性与科研权利保护的法律评价并不恰当。事实上，在我国现行法律体系中，除了追究刑事责任外，还有民事责任、行政责任等责任类型来吸收与规范科研人员套取科研项目经费的行为。详言之，应当在追究科研人员套取科研项目经费的刑事责任之前设置民事处罚、行政处罚的前置程序，只有在追究科研人员的民事责任、行政责任之后，仍需要弥补社会所受损害的情形才可追究刑事责任。据此，未来科研项目经费管理的法治化改革路径，应当强调比例原则的坚持，根据科研人员套取科研项目经费行为的社会危害性及科研人员的人身危险性等因素，制定阶层化的法律治理体系，即构建“以民事与行政法律规制为主、刑事制裁作为最后手段”的多元法律治理体系。

4. 引入三维适用标准对套取科研项目经费行为“入罪化”进行重新解释

根据最高人民检察院《关于充分发挥检察职能依法保障和促进科技创新的意见》(高检发〔2016〕9 号)的相关规定，检察机关在查办科研人员套取科研项目经费案件时，需慎重考虑套取科研项目经费行为对科研创新领域所造成的社会影响以及科研人员的主体特征等因素。然而，司法实践中往往难以彻底贯彻这一规定，其主要原因是司法机关在查办套取科研项目经费犯罪案件时往往会参照其他贪污类犯罪进行处理，而没有考虑到科研领域的独特性。据此，本书主张引入三维适用标准对套取科研项目经费行为“入罪化”进行重新解释。具言之：一是司法机关在审理套取科研项目经费案件时，应重点考量科研被告人的主体特征。相较于一般科研人员而言，具有一定行政级别的科研人员在套取科研项目经费时存在省察违法性认识错误的可避免性，因而可以追究刑事上的责任。

因此，对套取科研项目经费行为进行定罪处罚的前提是具有一定行政级别的科研人员。二是在考量科研人员主体特征的基础上，重点把握套取的科研项目经费性质及数额。鉴于科研规律的独特性，对于科研人员套取横向项目经费行为不应动用刑法的手段进行制裁；同样，对于科研人员虽套取纵向项目经费但涉案数额较少的，由于造成的社会危害性较小，也不应作入罪处理。相反，对套取大数额纵向项目经费的行为作入罪处理具有一定的正当性。因此，检察机关在查办案件时，应在确定主体身份的基础上，重点考察科研人员套取纵向项目经费的数额是否巨大。三是在综合考量科研人员主体特征、套取经费性质与数额的基础上，重点考察科研人员的科研成果完成程度、科研贡献、社会评价及套取情节是否恶劣等因素，最终作出是否入罪的认定。申言之，对那些真实地从事科研活动且顺利地完成了科研项目，只是在从事科研过程中变通使用科研项目经费的科研人员，不应作犯罪处理；只有对那些以违规手段套取纵向项目经费数额巨大，恶意不完成科研项目，或者以科学研究为名，实为骗取科研立项并挥霍、套取国家财政拨款的科研项目经费，严重扰乱科研秩序或危害科研创新发展的行为，才可以按照贪污罪进行定罪处罚。

5. 从实体与程序层面对科研项目经费管理的法治化进行体系建构

科研项目经费管理的法律治理是一项复杂艰难的系统性工程，需要在科研权力和科研权利之间寻求一个平衡的支点，在这个支点的基础上，从实体和程序层面分别对科研项目经费管理的法律治理难题进行协同应对。唯有如此，才能不断修正和解决科研项目经费管理中的法治化难题，从而保证科研活动的健康有序发展，使科研活动回归科学研究规律。一方面，应当对科研项目经费管理的法治化体系进行实体规范，建构科研权力与科研权利之间动态平衡的法权结构，限制科研权力的扩张与恣意，切实保障科研人员的基本权利。这实际上就是要求国家在动用公权力的手段侵犯科研人员的基本权利时，应当秉持审慎、理性的思维，对科研人员套取科研项目经费的行为进行责任追究时，应当采用多元化的法律治理手段，同时严格区分套取科研项目经费行为“罪与非罪”的界限，慎用刑法的手段对其进行定罪处罚，只有对具有一定行政级别、套取纵向项目经费数额多以及主观恶性深的人员，才可被刑法上的贪污罪所评价。同时，还需完善套取科研项目经费犯罪行为的量刑机制，进而使科研贪腐类犯罪与其他贪腐类犯罪的量刑标准有所区分，走向“有差别的统一”。另一方面，为有效实现科研项目经费管理中科研权力与科研权利的兼顾与平衡，最大限度地推进科研项目经费管理的法治化进程，除了对科研项目经费管理的法律治理体系进行实体规范外，亦应当以一种程序性的思维，通过明确科研预算的调整权限与程序、改革科研项目经费的拨付机制、规范科研项目经费的报销流程来规范科研项目经费的使用与支出程序；以及明确套取科研项目经费的民事责任、行政责任与刑事责任的追责程序和完善科研人员权利的司法救济机制，保证科研主管部门或其他教育行政部门对相关科研人员进行责任追究的合法性受到法院的审查与控制，使得科研人员的权利实现得到司法保障，从而为科研秩序的健康发展提供程序性支撑。

（二）研究的不足之处

本书的研究不足之处主要体现在研究方法和研究内容两个方面。具体来说：第一，在研究方法上，受套取科研项目经费犯罪案件的样本量过少，可能会影响套取科研项目经费行为的刑事治理实践考察的准确性与可靠性。此外，针对近年查处的正在服刑的科研贪腐人员进行结构性访谈时，在获取第一手的资料过程中经常会出现访谈对象避讳、避重就轻、或不配合等情况，这加大了取样和考察的难度，故存在调研不甚充分的问题。第二，在研究内容上，本书虽试图在梳理与考察科研项目经费管理的法律文本与司法实践之基础上，通过揭示科研项目经费管理的法治化难题，释明科研项目经费管理法治化的理论逻辑，以明确科研项目经费管理法治化的实质与目标，进而建构科研项目经费管理的法治化体系。然而，关于科研项目经费管理的立法、实践与理论中的问题可能涉及方方面面，本书亦会难免以偏概全。虽然本书以科研权力与科研权利的合致性作为贯穿本研究的内在理路，紧扣本书的研究主线。尽管如此，由于科研项目经费管理的法治化改革是一项复杂艰难的系统性工程，涉及宪法、民法、行政法及刑事法等多个部门法领域。因此，笔者认为，在研究内容的阐述与研究观点的创新上，亦会存在泛泛而谈、不够精准等问题。

第一章　科研项目经费管理的法律文本与实践

科研项目经费的管理与使用是一项综合性的治理举措，涉及多项事务间的协调与执行。①因而科研项目经费的法治化最终必然体现在制度层面上，依据科学有效且具司法操作性的规范性文本对科研项目经费的管理与使用进行约制。基于这一认识，本章通过在规范层面上对我国科研项目经费管理的法律文本进行梳理，对科研项目经费管理体制机制的改革进行多层次、多角度的深入思考，力求从政策层面与发展战略层面上探析科研项目经费管理的法治化要义。当然，观察一项制度，仅评价其法律条文显然并不充分，关注实践中的具体经验和规则当属必须，此即从"书本中的法"转向"行动中的法"。亦即，司法实践是具体制度的最终平台，也是检验制度效能的最后依据。②据此，本书收集了有关科研人员套取科研项目经费的54份刑事司法判决文书，通过数据统计分析、集体座谈与个别访谈相结合的形式，对套取科研项目经费的主体、手段、项目等进行了实践考察，借此来探究我国科研人员套取科研项目经费行为的司

① *See* Pernelle A Smits & Jean-Louis Denis, *How research funding agencies support science integration into policy and practice: An international overview*, Smits and Denis Implementation Science, Vol.9:1, pp.1—12(2014).

② 参见郭烁：《取保候审适用的影响性因素实证研究》，载《政法论坛》2017年第5期，第158页。

法实务样态，以期能更为深入地理解我国科研项目经费管理的文本与实践。

第一节　科研项目经费管理的法律文本与制度短板

厘清科研项目经费管理与使用的制度沿革，有助于全面考察我国科研项目经费治理法律关系的构成要素，实现科研项目经费管理中权力(利)、义务配置的规范化，从而有助于构建契合科研活动基本规律的科研项目经费管理的法治化框架。“以史为鉴，可以知兴替。”当下关于我国科研项目经费管理模式的法治化改革之探讨不能脱离其形成的历史背景。

一、科研项目经费管理的法律文本及其解读

1949 年，中华人民共和国成立后，我国开启了法治建设的新纪元。1986 年，为推动中国科技体制改革，变革科研项目经费的拨款方式，国务院决定成立国家自然科学基金委员会，其中国家科学基金会的基金，主要来自国家财政的拨款，同时也接受国内外单位和个人的捐赠。然而，在当时背景下，国家并没有出台相关的科研项目经费管理与使用政策，可见当时科研项目经费的管理与使用方式仍然受制于计划经济体制的影响。

1999 年 8 月，为将中国建设成为更加繁荣富强的社会主义现代化国家，解决科技与经济脱节的问题，进一步提高国民经济整体素质和综合国力、实现跨越式发展的紧迫要求，中共中央、国务院出台了《关于加强技术创新，发展高科技，实现产业化的决定》(中发〔1999〕14 号)，明确指出要完善科研人员的管理制度，鼓励转化科技成果，并正确评价科技成果与进行科技奖励，同时强化对知识产权的管理和保护。在此基础上，国家相关部门出台了一系列关于科研项目经费管理的规范性文件，如 2001 年

12 月科技部、财政部、国家计委、国家经贸委出台了《关于国家科研计划实施课题制管理的规定》，2005 年 6 月教育部、财政部出台了《关于进一步加强高校科研经费管理的若干意见》（教财〔2005〕11 号），2007 年 4 月财政部、全国哲学社会科学规划领导小组出台了《国家社会科学基金项目经费管理办法》（财教〔2007〕30 号）等，以进一步明确学校科研、财务等部门及项目负责人在科研经费使用与管理中的职责和权限，建立健全科研经费管理责任制，强调科研项目经费的预算管理制度，实行科研项目经费的预算评估或评审机制。

2007 年 12 月，第十届全国人民代表大会常务委员会第三十一次会议通过《中华人民共和国科学技术进步法》，对科研项目经费的管理与使用有了新的规定，即审计机关、财政部门应当依法对财政性科学技术资金的管理和使用情况进行监督检查，对于虚报、冒领、贪污、挪用、截留用于科学技术进步的财政性资金，依照有关财政违法行为处罚处分的规定责令改正，追回有关财政性资金和违法所得，依法给予行政处罚；对直接负责的主管人员和其他直接责任人员依法给予处分。造成财产损失或者其他损害的，依法承担民事责任；构成犯罪的，依法追究刑事责任。2011 年 12 月，为进一步规范科研项目经费的管理制度，教育部出台了《关于进一步贯彻执行国家科研经费管理政策　加强高校科研经费管理的通知》（教财〔2011〕12 号），明确了高校科研人员在从事科研活动时，应当严格执行科研经费使用的相关规定，加强科研经费大额支出管理，以及建立和完善科研预算审核和科研经费会计核算制度。2014 年 3 月，国务院《关于改进加强中央财政科研项目和资金管理的若干意见》（国发〔2014〕11 号）再次重申了上述规定，并进一步明确了要规范科研项目的预算编制，完善科研预算编制指南和评估评审工作细则，以及财政部门按照核定收支、定额或者定项补助、超支不补、结转和结余按规定使用的原则，合理安排科研院所和高等学校等事业单位预算；同时，科研人员和项目承担单位要依法依规使用项目资金，不得擅自调整外拨资金，不得利用虚假票据套取资金，不得通过编造虚假合同、虚构人员名单等方式虚报冒领相关科研项目经费。

总体而言，这一时期科研项目经费的管理与使用一直遵循着传统的权力管控路径，即科研行政主管部门不但将科研项目经费的公共财产属性作为法律治理的优先考量因素，而且在管理与使用科研项目经费时，与行政管理经费体制一样，都要受到行政主管部门的事前监督以及财务、审计等职能部门的事后监督。①由此可见，在这种严格的科研权力管控模式下，关于科研项目经费的管理与使用政策并未体现出科研权利保护目的的价值内涵，在该模式下科研人员使用科研项目经费的困难与刑事风险是巨大的，使部分科研人员对科研项目经费的管理与使用产生"恐惧感"，严重挫伤了科研人员从事科研创新的动力。②

可喜的是，针对我国科研项目经费项目管理与使用的权力管控式弊端，近年来中央与地方相关部门陆续颁布了一系列旨在释放科研活力的改革性措施，以对严格的科研管控模式进行"松绑"，释放以科研权利保护为目的的法治信号。如 2016 年 7 月，中共中央办公厅、国务院办公厅印发了《关于进一步完善中央财政科研项目资金管理等政策的若干意见》（中办发〔2016〕50 号），明确指出科研主管行政部门要简政放权、放管结合、优化服务，改革和创新科研经费使用和管理方式，促进形成充满活力的科技管理和运行机制，以深化改革更好激发广大科研人员积极性。在此基础上，财政部、科技部、教育部、发展改革委《关于进一步做好中央财政科研项目资金管理等政策贯彻落实工作的通知》（财科教〔2017〕6 号）、

① 参见任剑涛：《财政监督与政府执行力——对〈利马宣言〉的扩展性解读》，载《中国行政管理》2011 年第 6 期，第 38 页。

② 参见蒋悟真：《纵向科研项目管理的法律治理》，载《法商研究》2018 年第 5 期，第 36—37 页。

科技部、财政部、人力资源社会保障部关于印发《中央级科研事业单位绩效评价暂行办法》的通知(国科发创〔2017〕330号)、国务院《关于优化科研管理提升科研绩效若干措施的通知》(国发〔2018〕25号)进一步重申了这一规定,并明确指出要开展简化科研项目经费预算编制试点,即除设备费外,其他费用只提供基本测算说明,不提供明细。同时,扩大科研经费使用自主权试点,赋予科研单位科研项目经费管理使用自主权,允许试点单位从基本科研业务费、中科院战略性先导科技专项经费等稳定支持科研经费中提取不超过20%作为奖励经费,由单位探索完善科研项目资金的激励引导机制。2021年国务院办公厅《关于改革完善中央财政科研经费管理的若干意见》(国办发〔2021〕32号)更是明确强调要扩大经费包干制实施范围,鼓励有关部门和地方在从事基础性、前沿性、公益性研究的独立法人科研机构开展经费包干制试点。同时,加大科研人员的激励力度,创新财政科研经费投入与支持方式,以进一步激发科研人员的创造性和创新活力,促进科技事业的发展。申言之,上述规范性文件的出台昭示着我国的科研管理体制由"权力管控型"迈向"多方参与型",即由"传统的科研权力管控性思维"迈向新型的"尊重科研权利的服务性思维"。①从上述规范性文件所释放出的信号可以发现,立法者通过"尊重科研自由权"与"提升科研绩效目的"来实现科研项目经费管理与使用的激励政策,以保障科研人员应有的科研权利,实现科研质效的提升,这一意图至少在上述科研项目经费规范性法律文本的取向上是非常明显的。

综上所述,近年来党中央、国务院等相关部门出台的关于科研项目经费管理与使用的一系列政策性文件与规范性文件,破除了以往"计划"与"平均"的管理思维,也更加契合科学研究的本质规律。申言之,相较于以往的"权力导向"的科研项目经费管理模式,无疑是一种巨大的突破。然

① 参见蒋悟真:《科研管理政策改革释放的法治信号解读——以〈关于优化科研管理提升科研绩效若干措施的通知〉为例》,载《法学》2018年第10期,第120页。

而，不可否认的是，当前关于科研项目经费管理的改革在本质上仍是一种“政策之治”，是一种属于“媒体热议、立法积极跟进”的压力型改革，缺乏应有的“慎重与全面”，亦未从根源上对科研自由、科研权利、科研责任、权利救济等问题进行制度回应。因此，从规范层面来看，当前关于科研项目经费管理的规范性文本仍然没有体现符合科研专业性、自主性的特点，导致科研项目经费的管理体制与运行机制仍然存在着一系列的困境与难题，科研项目经费的支出与使用行为依然存在着不可预期性，这极大地增加了科研人员管理与使用科研项目经费的风险。①

二、科研项目经费管理文本的制度短板揭示

通过前述法律文本考察发现，虽然近年来国家有关部门陆续发布了一系列规范科研管理的立法性文件②，以实现科研秩序的有序规范，但这些改革性的法治文件仍然在一定程度上体现了科研项目经费的权力管控模式。由于科学研究存在着一定的不确定性与未知的风险，这种不确定性风险必然要求立法层面作相应的范式转变。具体来说，当前我国科研项目经费管理中的科研权力仍然过于扩张、科研权利保护目的依然未能实现以及科研项目经费管理中的法律责任追究还是过于笼统，造成了科研项目经费的管理政策与法律治理不同步，导致科研人员普遍对科研项目经费的管理与使用存在顾虑，甚至对科研项目经费的支出与使用产生了“恐惧感”。申言之，现行关于科研项目经费的管理体制机制仍并不完备，制度供给的短板依旧明显，这不利于科研秩序的有效规范。具体而言：

---

① 参见蒋悟真：《科研项目经费管理改革的法治化路径》，载《中国法学》2020年第3期，第186页。

② 参见《中华人民共和国科技进步法》《中华人民共和国预算法》《中华人民共和国促进科技成果转化法》《国家社会科学基金项目资金管理办法》（财教〔2016〕304号）、《国家自然科学基金资助项目资金管理办法》（财教〔2015〕15号）等。

其一，科研项目经费管理中的科研权力仍然过于扩张。科研项目经费作为一种公共资源，政府有义务对科研项目经费的管理与使用进行管控与监督，以履行作为国家公共财产受托人之职责。①然而，从我国近年来出台的一系列关于科研管理的规范性文件可以看出，科研项目经费的管理制度仍是按照行政化管理模式来管理各项经费的支出与使用行为的。如中共中央办公厅、国务院办公厅印发的《关于进一步完善中央财政科研项目资金管理等政策的若干意见》（中办发〔2016〕50 号）指出，根据科研活动规律和特点，改进预算编制方法，下放预算调剂权限，在项目总预算不变的情况下，将直接费用中的材料费、测试化验加工费、燃料动力费、出版/文献/信息传播/知识产权事务费及其他支出预算调剂权下放给项目承担单位。这一改革政策虽然大大提升了科研人员编制科研预算科目的灵活性与自由度，但科研人员在科研项目经费的使用与支出时，仍旧受到了科研预算科目的限制。由于科研活动具有不确定性和或然性的特点，因而随着科研技术路线的改变，科研项目经费的使用与支出范围可能也会作出调整，并且这一支出范围可能会突破不同预算科目的限制，即中央下放预算调剂权限的改革并不能从根本上解决科研项目经费的自由支配权问题。又如，财政部、科技部、教育部、发展改革委《关于进一步做好中央财政科研项目资金管理等政策贯彻落实工作的通知》（财科教〔2017〕6 号）提出项目承担单位应当建立健全劳务费管理办法，进一步细化访问学者、项目聘用研究人员的管理要求，规范对访问学者、项目聘用研究人员的资格认定、审批或备案、公开公示程序，明确管理责任，细化岗位设立、工作协议、劳务费标准和发放办法等日常管理规定。这意味着在科研实践中，科研项目预算支出仍旧缺乏对科研人员人力资本投入的重视。亦即，当前科研项目经费的管理体制改革虽然明确强调要健全劳务费管

① 参见蒋悟真：《纵向科研项目经费管理的法律治理》，载《法商研究》2018 年第 5 期，第 39 页。

理办法，对于劳务费的发放不限比例，但同时又限定劳务费的发放对象只是能是“参与项目研究的研究生、博士后、访问学者以及项目聘用的研究人员、科研辅助人员”，而项目负责人只能在间接费用中提取绩效支出，而不能直接列支劳务费用。[①]由是观之，当前我国科研项目经费管理体制机制依旧与行政经费的管理体制机制呈现高度的一致与吻合[②]，进而造成科研项目经费管理中的权力管控机能过于扩张。申言之，当前科研项目经费的预算编制行为仍过于僵硬，严苛、死板的科研项目预算编制机制给科研人员戴上了“紧箍咒”，造成科研人员在从事科研活动的过程中被动“制造”经费的使用与支出行为。此外，科研项目经费的监督行为依旧过于严苛，仍过于注重“过程控制”导向的科研项目经费管理制度，使得科研主管部门的“权力异化”现象严重，科研主管部门过于注重对科研项目经费的管理职能，而忽视服务与指导职能，并由此导致科研项目经费的使用效率低下。[③]

其二，科研项目经费管理中的科研权利保护目的依然未能实现。“国家现代化的基础是科技现代化，宪法把科研自由作为公民的基本权利，这从立法上鼓励公民从事科研活动，这是科技现代化的重要保障。”[④]据此，科研自由作为一种典型的社会权，是一种“经由国家的自由”，亦是科研人员的基本权利。然而，从我国的相关立法来看，当前我国关于科研权利保护的立法内容过于抽象和空泛，缺乏具体的实施细则，致使科研人员在从事科研活动中的各项权利得不到有效的保障。具体而言，从立法层面来

① 参见胡明：《科研项目经费预算改革的困境及其法治出路》，载《政治与法律》2019 年第 9 期，第 34 页。

② 参见杨小军：《科研项目经费管理要尊重科研规律》，载《检察日报》2014 年 5 月 14 日，第 007 版。

③ 参见蒋悟真：《迈向科研自由的科研项目经费治理入法问题探讨》，载《政法论丛》2018 年第 4 期，第 78 页。

④ 姜涛：《科研人员的刑法定位：从宪法教义学视域的思考》，载《中国法学》2017 年第 1 期，第 185 页。

看，我国《宪法》明确规定了科研人员具有自由从事科学研究、文学艺术与其他文化活动的权利；《科学技术进步法》又进一步规定国家应当保障科研人员从事科学研究开发的自由，保护科研人员进行科学探索与自主技术创新的合法权益，上述立法皆明示了科研自主权是作为公民的基本权利而存在的。在此基础上，中共中央办公厅、国务院办公厅印发的《关于进一步完善中央财政科研项目资金管理等政策的若干意见》（中办发〔2016〕50 号）明确指出，要坚持以人为本，调动科研人员积极性和创造性为出发点和落脚点，强化激励机制，加大激励力度，激发创新创造活力。2019 年政府工作报告更是进一步强调科技创新本质上是人的创造性活动，要充分尊重和信任科研人员，赋予创新团队和领军人才更大的人财物支配权和技术路线决策权。然而，针对科研人员在科学研究过程中到底具有哪些人财物支配权和科研路线自主决策权，尤其是当科研路线自主决策权与科研项目预算编制权发生冲突时，如何协调科研路线自主决策权与科研项目预算编制权之间的关系，上述规范性文件均未作出详细的规定与进一步的解释，由此导致科研路线自主决策权的保护立法之宣示意义大于实践意义。[①]同时，科研项目的人财物支配权保障依然过于空泛，近几年出台的规范性文件强调要赋予科研人员更大的人财物自主支配权，减轻科研人员负担，充分释放创新活力，调动科研人员积极性，提升原始创新能力和关键领域核心技术攻关能力。然而，在科研实践中，对于科研项目经费的使用与支出，却又严格按照《预算法》和《科学技术进步法》的相关规定执行，遵循的是一种综合性的“预算规范化治理进路”，体现出行政化权力管控色彩。因此，无论是大力提倡深化科研领域的放管服改革，还是着重强调赋予科研人员更大的人财物支配权和技术路线决策权，如果相关的科研项目经费管理法治化改革不能立足于科研自由、科

① 参见蒋悟真、郭创拓：《迈向科研自由的科研项目经费治理入法问题探讨》，载《政法论丛》2018 年第 4 期，第 73 页。

研契约精神的基础之上，那就有可能导致科研项目经费管理制度实施的低效，从而阻碍科研项目经费管理制度法治化改革的进程。

其三，科研项目经费管理中的法律责任追究机制还是过于笼统。法律责任是指由特定法律事实所引起的对损害予以补偿、强制履行或接受惩罚的特殊义务。从我国有关科研项目经费管理的法律、规范性文件来看，国家对于科研人员套取科研项目经费行为的责任追究主要以《预算法》《科学技术进步法》为法律依据。具言之，我国《预算法》第十章与《科学技术进步法》第七章均详细规定了科研项目经费使用中需承担法律责任的行为，即针对科研人员套取科研项目经费的行为，倘若造成了物质财产损失的，依法承担民事责任与行政责任；构成犯罪行为的，依法追究其刑事责任。近些年来，在国家不断深化科研项目经费管理体制改革、强调尊重科研规律与科研自由的背景下，国家出台了一系列释放科研活力的改革性文件，刑事司法政策领域亦随着国家科研政策的调整而发生了变化。2016 年 7 月，最高人民检察院出台了《关于充分发挥检察职能依法保障和促进科技创新的意见》(高检发〔2016〕9 号)，提出要积极发挥查办和预防职务犯罪职能，为科技创新营造良好法治环境，强调检察机关在查办科研人员套取科研项目经费案件时，要充分考虑科技创新工作的体制机制和行业特点，在办案中要正确区分罪与非罪界限，对于身兼行政职务的科研人员特别是学术带头人，要区分其科研人员与公务人员的身份，特别是要区分科技创新活动与公务管理的界限，坚持罪刑法定原则和刑法谦抑性原则，禁止以刑事手段插手民事经济纠纷。不难看出，上述法律责任追究模式可以使人们能直观理解和把握科研人员套取科研项目经费行为的法律制裁整体状况，但是上述立法性文件仍然过于笼统含混。如《预算法》《科学技术进步法》将科研人员套取科研项目经费行为的行政处罚、民事处理和刑事制裁放在一起规定，这容易模糊三者之间的界限，从而增加了立法的模糊性，导致对套取科研项目经费行为的民事、行政与刑事制裁边界不清晰。最高人民检察院《关于充分发挥检察职能依法保障和促进科技创新的意见》强调检察机关在查办案件时要正确区分罪与非罪界限，但到底如何作出罪与非罪的界限区分，以及具体适用何种标准进行入罪处理，上述规范性文件均未作出详细的规定与进一步的解释，由此导致科研项目经费管理中的法律责任追究机制仍旧过于宽泛，科研人员在管理与使用科研项目经费时依然面临着极大的刑事风险。

综上所述，我国仍未构建起符合科学研究规律的科研项目经费管理文本，而是将科研项目经费置于“公共财产”的保护框架之下，并同时准用一系列的行政化规章来管理与监督科研项目经费的使用与支出。正是由于科研项目经费的公共财产保护属性与法律治理机制缺失的双重作用下，致使我国科研项目经费管理的科研权力过于扩张、科研权利保护目的缺失以及法律责任追究机制过于笼统，这不仅导致现行科研项目经费管理的运行机制不顺畅，而且也加剧了科研人员管理与使用科研项目经费的刑事风险，造成科研人员套取科研项目经费犯罪的案件频频发生。

第二节　套取科研项目经费行为的刑事治理实践考察

已如前述，由于科研项目经费的管理体制一直存在行政权力的管控模式，致使我国科研人员因套取科研项目经费而被司法机关立案调查的案件呈增长的态势。[①]据此，有必要对我国科研人员套取科研项目经费行为的刑事治理实践进行实证考察，探索其实践规律，以期为完善我国科研项目经费管理的法治化路径提供依据。

---

① 参见姜涛：《科研人员的刑法定位：从宪法教义学视域的思考》，载《中国法学》2017年第1期，第171页。

一、统计样本：样本来源及样本数量的确定

为了能够对套取科研项目经费行为的刑事司法实践有较为直观的认识，本节通过梳理科研人员因套取科研项目经费而犯罪的刑事判决文书，借此来探究套取科研项目经费行为的司法现状。笔者在“北大法宝司法案例库”的“刑事案件”界面，以“科研人员”“科研项目经费”为关键词，共检索到 124 条记录，其中有 70 条记录与科研人员套取科研项目经费行为无关联，通过剔除无关联数据和重复数据，在检索范围内甄别有效样本案例 54 份（被告人数 66 人）。这些样本案例基本上可穷尽已公开获知的案件信息，本节将以此作为分析的基础样本，具体详见表 1-1。

表 1-1　科研人员套取科研项目经费犯罪案件统计①

姓　名	职　务	罪　名	判决结果	姓　名	职　务	罪　名	判决结果
陈某旭	高校某学院院长	贪污罪	10 年	薛某某	国企普通科员	贪污罪	（缓刑）1 年
陈某某	高校教师	贪污罪	2 年	杨某某	高校教师	贪污罪	7 年
丁某宝	特检院院长	贪污罪	11 年 6 个月	杨某勇	高校财务人员	贪污罪	（缓刑）2 年
韩某某	国企科研人员	贪污罪	（缓刑）3 年	张某某	高校教师	贪污罪	4 年 6 个月
梁某某	国企某处主任	贪污罪	免予刑事处罚	张某某	医院医师	贪污罪	1 年 3 个月
刘某平	高校实验动物中心主任	贪污罪	13 年	张某军	林科院某研究所所长	贪污罪	3 年 6 个月
张某光	高校行政管理部主管	贪污罪	6 年	陈某某	高校研究生院副院长	贪污罪	2 年 6 个月
尹某圣	高校实验师	贪污罪	2 年	王某某	高校某系副主任	贪污罪	（缓刑）1 年

① 在统计过程中笔者发现，在公布的科研人员套取科研项目经费犯罪案件信息中，有些被告人除贪污科研项目经费外，还涉及其他罪行，由于主题所需，本节只梳理与套取科研项目经费犯罪有关的定罪与量刑信息。此外，在有些案件中，裁判文书未列出被告人具体姓名，在此以“姓氏 + ××”来代替。对于具体个案的案情，可以直接通过网络查找。

(续表)

姓　名	职　务	罪　名	判决结果	姓　名	职　务	罪　名	判决结果
宋某强	高校某学院院长	贪污罪	10 年 6 个月	黄某某	高校教师	贪污罪	(缓刑) 1 年
王某某	国企农研所所长	贪污罪	免予刑事处罚	耿某某	高校实验师	贪污罪	(缓刑) 2 年
张某新	高校某国家重点实验室副主任	贪污罪	11 年	李某某	研究所所长	贪污罪	免予刑事处罚
赵某某	国企副总农艺师	贪污罪	免予刑事处罚	李　某	高校教师	贪污罪	(缓刑) 5 年
何某斌	高校党委常委兼校长助理	贪污罪	有期徒刑 4 年	刘某华	高校财务人员	贪污罪	13 年
康某某	国企某中心主任	贪污罪	1 年 2 个月	刘　某	高校党委副书记、纪委书记	贪污罪	3 年
李　某	高校重点实验室主任、企业总经理	贪污罪	12 年	廖某兴	高校副校长	贪污罪	6 年
张　某	高校教师、企业副总	贪污罪	5 年 8 个月	钱某某	国企规划与信息所所长	贪污罪	(缓刑) 3 年
李某涛	高校学院党委书记	贪污罪	11 年	周某华	气象局局长	贪污罪	1 年
王　某	高校博士生	贪污罪	11 年	田某某	高校科技处、人事处处长	贪污罪	免予刑事处罚
王某月	高校教研室主任	贪污罪	5 年	王某海	高校教师	贪污罪	10 年 6 个月
庞　某	国企科室主任	贪污罪	免予刑事处罚	徐某某	高校教师	贪污罪	3 年
潭某明	研究所副所长	贪污罪	(缓刑)1 年 6 个月	张某某	研究所副所长	贪污罪	免予刑事处罚
赵某至	国企某处主任	贪污罪	6 年	张某兰	高校规划与学科建设处副处长	贪污罪	3 年

（续表）

姓　名	职　务	罪　名	判决结果	姓　名	职　务	罪　名	判决结果
姜　某	高校某处副处长	贪污罪	4 年	赵某某	某国企规划与信息研究所经济专业组长	贪污罪	免予刑事处罚
卢某某	国企某研究室主任	贪污罪	1 年 2 个月	郭某彪	高校某学院副院长	贪污罪	3 年
罗某刚	县委农村工作领导小组办公室主任	贪污罪	8 个月	陈　某	高校某实验室副主任	贪污罪	（缓刑）2 年
吴某义	高校某学院院长	贪污罪	3 年 6 个月	王某忠	高校教师	贪污罪	免予刑事处罚
高某某	高校教师	贪污罪	1 年 6 个月	吉某某	医院副院长	贪污罪	（缓刑）5 个月
李某玉	国企科长	贪污罪	（缓刑）4 年	纪　某	某区副区长	贪污罪	3 年 6 个月
马某军	林科院木材所副所长	贪污罪	3 年 6 个月	齐　某	高校研究生院学科建设管理科科长	贪污罪	11 个月
邱某某	医院医师	贪污罪	（缓刑）3 年	唐某岭	国企法定代表人	贪污罪	10 年
孙某某	医院医师	贪污罪	（缓刑）2 年	吴某文	高校校长	贪污罪	9 年
肖某森	高校某学院院长	贪污罪	免予刑事处罚	徐某英	企业董事长	贪污罪	（缓刑）3 年
谢　某	研究所所长助理	贪污罪	3 年 6 个月	宗　某	高校某学院院长	贪污罪	（缓刑）3 年

结合表 1-1 和样本判决文书中的信息，我们可以发现，基本上所有套取科研项目经费的被告人都以贪污罪定罪处理，其裁判逻辑可以归结为：涉案的科研人员均为国家工作人员，符合贪污罪的主体身份；科研人员存在着套取科研项目经费的职务便利，主观方面为故意；科研人员客观上以编造虚假合同、开具虚假发票和编制虚假账目等手段套取科研项目经费并非法占为己有，符合贪污罪的客观要件；套取科研项目经费使国有资产

受到了重大损失。

从量刑分布的情况来看，统计的66名涉案人员中，有10名人员免于刑事处罚；其余56名人员都被判处有期徒刑，其中15名人员被判处缓刑，13名人员被判处3年以下（含3年）有期徒刑，18名人员被判处3年以上至10年以下（含10年）有期徒刑，10名人员被判处10年以上有期徒刑。从裁判结果来看，套取科研项目经费犯罪的刑罚裁量整体偏轻，其中有37.9%的科研人员被免于刑事处罚或判处缓刑，相较于高官贪腐人员①，科研贪腐人员有期徒刑刑期普遍较短，最高刑期为13年，无判处无期徒刑和死刑人员。

二、套取科研项目经费行为的实务样态

（一）涉案主体：职务、年龄和非犯罪认知分析

科研项目经费一般源于国家财政的拨款与资助，要获得国家大额资助的科研项目，通常是具备一定职务的科研人员或课题组负责人，而对科研基地或实验室的科研项目经费具有审批和使用权的通常为各级部门领导，由此，套取科研项目经费犯罪的主体呈现“三高”特征。一是部门负责人占比高。66名涉案的科研人员中，具有一定职务级别的行政负责人有47人，占比71.2%；一般科研人员只有19人，占比28.8%。相较于一般科研人员来说，担任行政职务的科研人员一般申请的课题项目更多，经费更为充足，因此套取科研项目经费的概率更大。二是中青年骨干占比高。在66名涉案科研人员当中，有48人的年龄明确。其中最小年龄为31岁，最大年龄为65岁，平均年龄为46.6岁，50岁以下的科研人员为套取科研项目经费的高发群体，占比75.8%。中青年科研人员是申报并承担科研项目的主力军，并且大部分中青年人员都担任着一定的行政领导职

① 参见孙超然：《论贪污罪、受贿罪中的“情节”——以高官贪腐案中裁判考量因素的实证分析为切入点》，载《政治与法律》2015年第10期，第45—60页。

务，由于承担的科研项目多，科研项目经费庞大，加上他们中大多数人不懂科研财务管理知识。因此，大部分人员只注重科研项目的推进与科技成果的完成情况，而忽视对科研项目经费的合规使用与管理，所以中青年骨干人员的刑事风险概率较大，成为套取科研项目经费犯罪的高发人群。三是非犯罪认知占比高。66 名科研被告人中，其中有 40 名科研人员作无罪辩护，他们认为自己没有非法占有的故意，因此其套取科研项目经费的行为不构成犯罪，说明大部分科研人员普遍存在一种认识，即科研项目经费在自己手上，只要能够按照要求完成预定科研成果，至于科研项目经费怎么开销那是自己的事情，并不认为套取或变相使用科研项目经费是违法犯罪行为。

（二）涉案手段：套取项目经费手段的实践考察

不论所申报的科研项目是纵向项目还是横向项目，也不论科研项目经费来自国家财政还是地方财政，科研项目经费皆在国有单位的管控之下，科研项目经费所有权属于国有资产。科研人员若要套取科研项目经费，则必须以合规的形式掩盖其非法占有的目的，由此，套取科研项目经费的作案手段呈现“三虚”特征。一是编造“虚假合同”。实践中，科研人员在套取科研项目经费时所编造的虚假合同各式各样，其中编造虚假设备采购合同、虚假技术服务合同、虚假重大项目任务合同的频率最高，分别占比 39.1%、20.3%、15.9%。一般而言，科研项目经费的使用大都发生在设备采购、技术服务与建筑工程等方面，因此科研人员编造虚假合同时多数采用上述合同类型，以实现套取科研项目经费的目的。二是编制“虚假账目”。实践中，科研人员大多通过虚编设备采购费用、劳务费用与工程建设费用来实现套取科研项目经费的目的，其占比分别为 34.7%、25.0%与 11.1%，这反映了科研人员在套取科研项目经费时编制的虚假账目与虚假合同类型差不多，都是为了达到躲避财务部门的形式审查，实现套取科研项目经费的目的。三是开具“虚假发票”。若要合规报销科研项目经费，除了需要合同及账目等材料外，还需要相应的配套发票，如此才能达到套取科研项目经费的目的。因此，科研人员开具虚假发票的类型与编造虚假合同及账目一致。数据显示，虚开购买试剂耗材发票、虚开工程发票、虚开技术服务发票的频率最高，分别占比 57.6%、12.1%和 9.1%。需要说明的是，实务中科研人员通过劳务费项目套取科研项目经费无需开具发票，只要从财务部门领取表格并填写劳务费发放表，经相关领导签字后就可以申领到该费用。

（三）涉案项目：学科背景与项目级别探究

与科研项目经费较少的社科项目不同，科技类项目因涉及大型设备及精密仪器的购置，所以科研项目经费动辄百万、千万甚至亿万，巨大的经费也为腐败犯罪创造了条件，因此，涉案项目呈现“三多”的特点。一是工医项目多。从学科分布来看，工科数量占比 50.7%，医科数量占比 25.4%，工医项目合计占比 76.1%，这说明工医项目是套取科研项目经费犯罪的高发领域，因工医学科的研发项目大多涉及重点实验，需要购置大型的实验器材等设备，因而需要大额经费资助，所以工医项目负责人在购置相关科研设备上就会选择高价格并附回扣款的经销商，以此变相将科研项目经费转化为私人所有。二是纵向项目多。从项目委托单位与承担单位之间的关系来看，科研项目可分为纵向项目与横向项目两类。纵向项目是指由国家机关指定科研主管机构代表政府立项的课题项目，而横向项目是指企事业单位作为课题的发布者，提供经费资助科研活动的行为。一般而言，纵向项目的宗旨是为了社会的公共利益，因而纵向项目的科研项目经费在性质上应属于“公款”，该款的使用与支出必须合规合法，倘若科研人员在使用纵向项目经费时违反相关法律规定，变相套取纵向项目经费应需承担刑事责任。数据显示，66 名科研人员都是因为套取纵向项目的经费而受到刑事追责，其中有 8 名人员的科研项目也涉及横向项目。三是重大项目多。科研人员所申报项目级别的高低能反映出该项目是否为重大项目。数据显示,科研人员套取科研项目经费的项目大多为国家级重大项目,占比68.6%,其中涉案的国家级重大项目主要包括国家哲学社会科学基金项目、国家自然科学基金项目、国家教育部与科技部项目等,这些项目的共同特点是资金量大、项目周期长。

第三节　套取科研项目经费行为的定罪逻辑与量刑实践

从上述司法实践来看,当前我国科研人员套取科研项目经费犯罪的涉案主体呈现"三高"、涉案手段呈现"三虚"和涉案项目呈现"三多"现象。那么,欲深入探究科研项目经费管理中的法律治理问题,剖析套取科研项目经费行为的定罪逻辑与量刑实践是必由之路。为此,我们从套取科研项目经费行为的定罪逻辑与量刑实践两个层面入手进行分析。

一、套取科研项目经费行为的定罪逻辑

(一)科研项目经费属于公款

通过前述考察发现,基本上所有套取科研项目经费的被告人都以贪污罪定罪处理。根据我国《刑法》第382条规定:"国家工作人员利用职务上的便利,侵吞、窃取、骗取或者以其他手段非法占有公共财物的,是贪污罪。"这意味着实践中法院认定科研人员套取科研项目经费行为构成贪污罪的内在逻辑是,科研项目经费在性质上应属于"公共财产",科研人员通过不正当手段套取了属于"公共财产"的科研项目经费,致使国家受到重大损失,因此需要承担刑事责任。针对这一逻辑,学界上纷纷展开了探讨。有学者认为,根据我国目前科研项目经费的管理体制以及相关的法律规定,科研项目经费在性质上应当属于"公共财产"。因为科研项目经费的用途是特定的,该款项不是直接拨发给科研人员个人管理的,而是进

入单位的账户，由单位管理下的财物，且科研项目经费的使用和核销应当符合相关财务规章的要求，因此，对科研人员套取科研项目经费的行为以贪污罪处理具有法律上的正当性。①也有学者认为，科研项目经费实际上是国家有关部门与项目负责人之间通过科研合同所约定，并由国家有关部门提供给科研人员用于“购买”其智力成果及补助相关支出的费用，因而，这种基于科研合同而取得的项目经费不再属于“公共财产”，而是由国家有关部门审定的，科研人员从事科学研究的“对价”，据此，不管科研人员套取科研项目经费的手段是否正当，其违反的纯粹是科研项目经费管理制度，其危害性不及国家财产所有权。②

笔者认为，科研项目经费是否属于“公款”，应当作具体的分析。已如前述，根据项目委托单位与承担单位之间的关系来看，科研项目分为纵向项目与横向项目两类。一般来说，纵向项目经费来源于国家财政拨款，通过国家财政拨款设立的各项专项资金在性质上应当属于“公共财产”，因此科研人员套取纵向项目经费被贪污罪评价具有一定的合理性。然而，法院将横向项目经费认定为“公共财产”则存有不妥之处，原因是横向项目是指企事业单位作为课题的发布者，提供经费资助科研活动的行为，可以视为企事业单位与科研人员之间的一种特殊合同，应属于私法契约范畴，受到民法的规制与调整，可以将其理解为“花钱买科研成果”，只要科研人员按合同要求完成科研成果，发布单位提供科研项目经费，即视为合同履行完毕，因此针对套取横向项目经费的行为应当通过民法予以规制，无须承担刑事责任。这就必然要求司法机关在审理套取科研项目经费案件时，区分横向项目与纵向项目之间的法律性质，对科研人员套取横向项

① 参见孙国祥：《套取并占有科研项目经费的刑法性质研究》，载《法学论坛》2016 年第 2 期，第 145—147 页。

② 参见肖中华：《科研人员套取国家科研项目经费不应认定为贪污罪》，载《法治研究》2014 年第 9 期，第 56 页；朱涛：《科研人员“贪污”课题经费的民法解析——以科技计划项目合同属性为基础》，载《北方法学》2018 年第 1 期，第 56—57 页。

目科研项目经费的行为，不应认定为犯罪行为。

（二）科研人员属于刑法上的国家工作人员

科研人员套取科研项目经费成立贪污罪，往往需要满足国家工作人员这一身份。亦即，只有具备国家工作人员的主体身份才能成立贪污犯罪。前述案例表明，法院认定科研人员套取科研项目经费行为构成贪污罪的逻辑是科研人员在管理与使用科研项目经费时，需要进行申领与核销项目经费活动，这是学校科研项目经费公款管理的一个重要环节，属于典型的公务活动行为，因而科研人员的身份能够成为刑法上的国家工作人员。[①]如陈某旭贪污案中，判决书中明确指出被告人陈某旭作为浙江大学环境与资源学院常务副院长、浙江大学水环境学院院长的身份，利用国家科技重大专项苕溪课题总负责人的职务便利套取国拨科研项目经费900余万元，并在判决理由中明确了其作为"国有事业单位中从事公务人员"的身份。[②]对此，有学者提出了不同的观点，认为科研活动应当属于技术性劳务，并没有组织、协调、监督和管理等权力性工作，因而不可以被解释为"公务活动"。理由是科研人员管理与使用科研项目经费的行为应当属于与课题委托机关之间的一种私法行为，属于契约的范畴，这决定了科研项目经费的管理与使用属于与公权力无关的范畴；同时，科研活动是属于公民的基本权利的范畴，那么将科研人员从事科研活动理解为从事公务活动存在逻辑上的混乱。据此，将科研人员从事科研活动的行为解释为从事公务并进而认定其属于国家工作人员的逻辑存在着解释上的问题。[③]

笔者认为，在此有必要区分具有一定行政职务级别的科研人员与一

---

① 参见孙国祥：《套取并占有科研项目经费的刑法性质研究》，载《法学论坛》2016年第2期，第149页。

② 参见浙江省杭州市中级人民法院（2013）浙杭刑初字第36号刑事判决书。

③ 参见姜涛：《科研人员的刑法定位：从宪法教义学视域的思考》，载《中国法学》2017年第1期，第181—183页。

般科研人员两种身份。就一般科研人员而言，由于其只从事具体的科研工作，而科研工作只是属于对事物规律的探索性活动，它属于公民的基本权利的范畴，与公务活动没有任何关系。因此，国家有义务采取积极的措施来保障这种权利的实现，更不能将这种合法行使基本权利的行为解释为犯罪行为。然而，对于有一定行政职务级别的科研人员而言，无论是院长、研究所所长、研究室主任等，他们不仅要从事科学研究的活动，而且还担任行政管理事务，行使一定的管理职权，即具有一定行政职务级别的科研人员承担了多重角色，同时包含了从事科学研究的活动和具有管理性质的公务活动。因而，这些人员在行使管理职权时属于国家工作人员，其利用行政职权侵吞公共财物的，无疑成立贪污罪。①据此，将具有一定行政职务级别的科研人员认定为刑法上的国家工作人员具有一定的合理性与正当性。

（三）科研人员套取科研项目经费利用了职务之便

前述案例显示，涉及科研项目经费的案件，其罪名通常是贪污罪，这需要涉案科研人员存在着套取科研项目经费的职务便利，即具有主管、管理、经手公共财产的职务之便。如姜某贪污案中，判决书中明确指出被告人姜某原系大连民族学院科技处副处长，负责十余个科研项目的研发和科研项目经费的管理使用，其利用经手管理科研项目经费的便利条件，骗取国家科研项目经费 458 630 元，并在判决理由中明确“其身为国家工作人员，利用职务上的便利，骗取国家科研项目经费且数额巨大”的行为。②对此，有学者对科研人员套取科研项目经费利用了职务之便进行了解释，即“职务之便”的内容表现为与公共财产的管理有关，包括利用职务上主管、管理、经手公共财产的权力和方便条件。具言之，科研人员虽然

① 参见刘科：《套取国家财政拨款科研项目经费行为定罪中的疑难问题研究》，载《法学杂志》2015 年第 7 期，第 96 页。

② 参见大连经济技术开发区人民法院（2015）开刑初字第 253 号刑事判决书。

不直接管理项目经费，但具有调拨、支配、转移、使用或以其他方式支配科研项目经费的主管权；同时，科研人员虽然不负责公共财产的管理和处置，但由于工作上的需要，其具有领取、支出等经办公共财产流转事务的经手权。①

笔者认为，科研人员套取科研项目经费行为是否利用了职务之便，亦应当根据不同的主体身份作具体的分析。已如前述，科研人员套取科研项目经费行为基本上被贪污罪所评价，而贪污罪属于真正的身份犯，且侵害的法益乃是国家工作人员职务行为的廉洁性。一般而言，在具体认定科研贪腐案中是否利用了“职务之便”，先要判定科研人员是否具有公共事务管理职权从而具有控制或支配公共财产的权力，再判定科研人员是否利用了控制、支配公共财产的权力将公共财产非法占为己有。对于一般科研人员而言，其在从事科研活动的过程中，只是按照合同约定以发票报销的方式在单位的监督下使用科研项目经费，该经费从某种意义上属于对科研人员劳务付出的补贴，或是实现科研自由的物质保障。因此，一般科研人员并不承担对公共财产的保证人义务，其管理和使用科研项目经费的行为与公共事务管理职权无关，谈不上利用了“职务上的便利”。然而，对于具有一定行政职务级别的科研人员而言，由于其承担了多重角色，既从事科研活动，又从事了大量的管理性事务，可以将其理解为从事公务活动并处于公共财产的保证人地位。倘若具有一定行政职务级别的科研人员利用了其保证人的地位，做出了背离保证人“廉洁”“奉公”义务的行为，则可以认定其利用了“职务上的便利”。②事实上，前述样本案例中，占比71.2%的涉案科研人员为具备一定职务的科研人员，这在一定程

① 参见孙国祥：《套取并占有科研项目经费的刑法性质研究》，载《法学论坛》2016年第2期，第149—150页。

② 参见姜涛：《科研人员的刑法定位：从宪法教义学视域的思考》，载《中国法学》2017年第1期，第182—183页。

度上说明实践中司法机关主要还是对担任行政职务的科研人员进行定罪并判处了刑罚。

二、套取科研项目经费行为的量刑实践

（一）数额要件的适用

科研人员套取科研项目经费行为是科研领域内的贪利性犯罪，因此贪污数额是决定行为社会危害性的基本要素。立法上，我国1997年《刑法》对贪污罪规定了四档法定刑，其法定刑的主要依据是贪污的数额。《刑法修正案（九）》出台之后，对贪污罪则是采用了数额要件与情节要件并重的量刑模式。与此同时，最高人民法院、最高人民检察院《关于办理贪污贿赂刑事案件适用法律若干问题的解释》（法释〔2016〕9号）对数额要件与情节要件等标准予以了量化规定。应当说，《刑法修正案（九）》前后的立体精神均体现了对贪污罪处罚的“计赃量刑”模式，只不过是在量刑规定上由“数额中心论”转变为“数额与情节并重论”。实践中，有学者以贪污案件判决书的实证分析为基础，考察我国法院对贪污罪量刑的实然状况，发现在司法实践中，法官裁量贪污罪的基准刑时表现出明显的唯数额论倾向。①由此可见，我国立法上以犯罪数额来确定法定刑幅度，司法中也都是以犯罪数额为基准来决定罪和刑。②那么，数额要件在科研人员套取科研项目经费案件的裁判中，会是一种什么样的状况？法官在审理此类案件时如何考量数额要素的量刑功能呢？带着这一疑问，本节对66名科研贪腐人员的涉案数额和刑期进行了分析，表1-2提供了该问题的概貌。

---

① 参见王刚：《我国贪污受贿罪量刑存在的问题和完善建议——以200份贪污受贿案件判决书的实证分析为基础》，载《湖北社会科学》2016年第11期，第121—132页。

② 参见李炜：《贪污贿赂犯罪死刑制度争议问题研究》，载《河北法学》2012年第6期，第179—183页。

表 1-2 科研人员套取科研项目经费犯罪案件中犯罪数额与裁判结果的统计概况

姓　名	涉案数额（万元）	判决结果	案　　号
陈某旭	945.50	10 年	浙江省杭州市中级人民法院(2013)浙杭刑初字第 36 号刑事判决书
陈某某	30.94	2 年	武汉市洪山区人民法院(2014)鄂洪山刑初字第 00983 号刑事判决书
丁某宝	84.70	11 年 6 个月	浙江省杭州市中级人民法院(2014)浙杭刑终字第 851 号刑事判决书
韩某某	9.67	(缓刑)3 年	大连市西岗区人民法院(2014)西刑初字第 349 号刑事判决书
梁某某	3.04	免予刑事处罚	大连市西岗区人民法院(2014)西刑初字第 328 号刑事判决书
刘某平	341.80	13 年	山东省高级人民法院(2014)鲁刑二终字第 53 号刑事裁定书
张某光	168.95	6 年	山东省高级人民法院(2014)鲁刑二终字第 53 号刑事裁定书
尹某圣	47.55	2 年	山东省高级人民法院(2014)鲁刑二终字第 53 号刑事裁定书
宋某强	68	10 年 6 个月	北京市第一中级人民法院(2014)一中刑终字第 1160 号刑事判决书
王某某	1.69	免予刑事处罚	吉林省乾安县人民法院(2014)乾刑初字第 59 号刑事判决书
张某新	70.5	11 年	北京市第一中级人民法院(2014)一中刑终字第 3611 号刑事裁定书
赵某某	2.80	免予刑事处罚	吉林省前郭尔罗斯蒙古族自治县人民法院(2014)前刑初字第 200 号刑事判决书
何某斌	128.78	4 年	湖南省宁乡县人民法院(2015)宁刑初字第 00468 号刑事判决书
康某某	9.08	1 年 2 个月	北京市西城区人民法院(2015)西刑初字第 766 号刑事判决书
李　某	3 410.99	12 年	吉林省松原市中级人民法院(2015)松刑初字第 15 号刑事判决书
张　某	3 410.99	5 年 8 个月	吉林省松原市中级人民法院(2015)松刑初字第 15 号刑事判决书
李某涛	75.76	11 年	北京市第三中级人民法院(2015)三中刑终字第 00426 号刑事裁定书

（续表）

姓　名	涉案数额（万元）	判决结果	案　　号
王　某	75.76	11 年	北京市第三中级人民法院(2015)三中刑终字第 00426 号刑事裁定书
王某月	75.76	5 年	北京市第三中级人民法院(2015)三中刑终字第 00426 号刑事裁定书
庞　某	2.54	免予刑事处罚	浙江省嘉兴市南湖区人民法院(2015)嘉南刑初字第 241 号刑事判决书
潭某明	4.33	(缓刑)1 年 6 个月	河南省开封市禹王台区人民法院(2015)禹刑初字第 83 号刑事判决书
赵某至	61.37	6 年	辽宁省大连市中级人民法院(2015)大刑二终字第 298 号刑事裁定书
姜　某	45.86	4 年	辽宁省大连市中级人民法院(2016)辽 02 刑终 537 号刑事裁定书
卢某某	8	1 年 2 个月	湖北省武汉市中级人民法院(2016)鄂 01 刑终 215 号刑事判决书
罗某刚	6	8 个月	四川省合江县人民法院(2016)川 0522 刑初 74 号刑事判决书
吴某义	38.14	3 年 6 个月	北京市第三中级人民法院(2016)京 03 刑终 720 号刑事裁定书
高某某	18.64	1 年 6 个月	北京市第三中级人民法院(2016)京 03 刑终 643 号刑事裁定书
李某玉	19.56	(缓刑)4 年	云南省丘北县人民法院(2016)2626 刑初 218 号刑事判决书
马某军	52	3 年 6 个月	长春经济技术开发区人民法院(2016)吉 0191 刑初 234 号刑事判决书
邱某某	30.82	(缓刑)3 年	山东省济南市历下区人民法院(2016)鲁 0102 刑初 766 号刑事判决书
孙某某	17.17	(缓刑)2 年	山东省济南市历下区人民法院(2016)鲁 0102 刑初 758 号刑事判决书
肖某森	8.24	免予刑事处罚	北京市第一中级人民法院(2016)京 01 刑终 195 号刑事裁定书
谢　某	56.94	3 年 6 个月	长春经济技术开发区人民法院(2015)长经开刑初字第 190 号刑事判决书
薛某某	32.50	(缓刑)1 年	长春经济技术开发区人民法院(2015)长经开刑初字第 190 号刑事判决书

（续表）

姓　名	涉案数额（万元）	判决结果	案　　号
杨某某	330	7年	江苏省徐州市云龙区人民法院(2016)苏0303刑初288号刑事判决书
杨某勇	8.07	(缓刑)2年	福建省福州市仓山区人民法院(2016)闽0104刑初995号刑事判决书
张某某	120	4年6个月	江苏省徐州市云龙区人民法院(2016)苏0303刑初178号刑事判决书
张某某	19.43	1年3个月	山东省济南市历下区人民法院(2016)鲁0102刑初769号刑事判决书
张某军	45.30	3年6个月	长春经济技术开发区人民法院(2016)吉0191刑初214号刑事判决书
陈某某	50	2年6个月	山东省济南市中级人民法院(2017)鲁01刑终14号刑事判决书
王某某	50	(缓刑)1年	山东省济南市中级人民法院(2017)鲁01刑终14号刑事判决书
黄某某	50	(缓刑)1年	山东省济南市中级人民法院(2017)鲁01刑终14号刑事判决书
耿某某	50	(缓刑)2年	山东省济南市中级人民法院(2017)鲁01刑终14号刑事判决书
李某某	17.44	免予刑事处罚	河北省文安县人民法院(2017)冀1026刑初383号刑事判决书
李　某	47	(缓刑)5年	天津市西青区人民法院(2017)津0111刑初488号刑事判决书
刘某华	1 340	13年	北京市高级人民法院(2017)京刑终242号刑事裁定书
刘　某	20	3年	四川省乐山市中级人民法院(2017)川11刑终69号刑事裁定书
廖某兴	402.80	6年	连云港市中级人民法院(2017)苏07刑初48号刑事判决书
钱某某	30	(缓刑)3年	河北省文安县人民法院(2017)冀1026刑初385号刑事判决书
周某华	8.15	1年	江苏省高级人民法院(2017)苏刑终333号刑事判决书
田某某	11.27	免予刑事处罚	沈阳市大东区人民法院(2017)辽0104刑初72号刑事判决书

（续表）

姓　名	涉案数额（万元）	判决结果	案　　号
王某海	314	10 年 6 个月	北京市高级人民法院（2017）京刑终 229 号刑事裁定书
徐某某	30	3 年	山东省济南市中级人民法院（2017）鲁 01 刑终 361 号刑事判决书
张某某	16.50	免予刑事处罚	河北省文安县人民法院（2017）冀 1026 刑初 382 号刑事判决书
张某兰	50	3 年	辽宁省沈阳市中级人民法院（2017）辽 01 刑终 22 号刑事裁定书
赵某某	6.14	免予刑事处罚	河北省文安县人民法院（2017）冀 1026 刑初 386 号刑事判决书
郭某彪	82	3 年	福建省高级人民法院（2018）闽刑终 232 号刑事判决书
陈　某	82	（缓刑）2 年	福建省高级人民法院（2018）闽刑终 232 号刑事判决书
王某忠	82	免予刑事处罚	福建省高级人民法院（2018）闽刑终 232 号刑事判决书
吉某某	4.43	（缓刑）5 个月	山西省阳城县人民法院（2018）晋 0522 刑初 196 号刑事判决书
纪　某	68.5	3 年 6 个月	广东省高级人民法院（2018）粤刑终 395 号刑事裁定书
齐　某	8.93	11 个月	江西省景德镇市中级人民法院（2018）赣 02 刑终 16 号刑事裁定书
唐某岭	314	10 年	北京市高级人民法院（2018）京刑终 80 号刑事裁定书
吴某文	581.67	9 年	浙江省高级人民法院（2018）浙刑终 27 号刑事裁定书
徐某英	281.87	（缓刑）3 年	浙江省高级人民法院（2018）浙刑终 27 号刑事裁定书
宗　某	10	（缓刑）2 年	大连市中级人民法院（2018）辽 02 刑终 52 号刑事判决书

从表 1-2 可以看出，相对于官员贪腐案来说，科研人员套取科研项目经费犯罪案件中涉案金额相对偏低①，涉案最高数额为李某等贪污案

① 参见孙超然：《论贪污罪、受贿罪中的“情节”——以高官贪腐案中裁判考量因素的实证分析为切入点》，载《政治与法律》2015 年第 10 期，第 45—60 页。

3 410.99 万元，涉案最低数额为 1.69 万元。[①]从科研人员套取科研项目经费犯罪案件的涉案数额和判决结果来看，似乎犯罪数额与刑期之间不存在显著的关联关系。一般来说，对相同或相似犯罪数额判处类似的刑期是同案同判、保持刑罚公正性的必然要求。当然，在贪污犯罪案件中，犯罪数额并不是法官在刑罚裁量时唯一的考量因素，情节要素也是量刑的重要依据。亦即，受犯罪情节的影响，相同的数额判处不一样的刑罚结果也未必违反刑罚的公正性。因此，只有综合考虑犯罪数额、情节要素与刑期之间的关联程度，才能作出公正的判决结果，从而避免罪刑失衡问题。典型的罪刑失衡主要表现为：一是对数额相差较大、情节相似的案件判处类似的刑罚；二是对数额类似、情节类似的案件判处不同的刑罚。其中第一种情形的典型案例，如浙江省陈某旭案与北京市宋某强案。从时间上看，两案皆是《刑法修正案（九）》颁布之前的案例。在陈某旭贪污案中，其贪污科研项目经费 945.5 万元，具退赃情节，法院判处有期徒刑 10 年；[②]在宋某强贪污案中，其贪污科研项目经费 68 万元，具退赃情节，法院判处有期徒刑 10 年 6 个月。[③]第二种情形的典型案例如山东省张某某案与河北省李某某案。从时间上看，两案皆是《刑法修正案（九）》颁布之后的案例。在张某某贪污案中，其贪污科研项目经费 19.43 万元，具立功和退赃情节，被判处有期徒刑 1 年 3 个月[④]；在李某某贪污案中，其贪污科研项目经费 17.44 万元，具自首和退赃情节，被免予刑事处罚。[⑤]从上述案例的判决结果来看，基于类似的情节基础之上，判决的轻重程度似乎与涉案数额之间并无必然的联系，犯罪数额决定裁量基准刑的基础作用并

① 参见吉林省松原市中级人民法院(2015)松刑初字第 15 号刑事判决书；吉林省乾安县人民法院(2014)乾刑初字第 59 号刑事判决书。

② 参见浙江省杭州市中级人民法院(2013)浙杭刑初字第 36 号刑事判决书。

③ 参见北京市第一中级人民法院(2014)一中刑终字第 1160 号刑事判决书。

④ 参见山东省济南市历下区人民法院(2016)鲁 0102 刑初 769 号刑事判决书。

⑤ 参见河北省文安县人民法院(2017)冀 1026 刑初 383 号刑事判决书。

没有发挥出来，导致此类案件的判决出现罪刑失衡问题，违背了罪责刑相适应原则和刑法的基本精神。[①]

当然，诸多原因皆有可能导致科研人员套取科研项目经费犯罪案件的罪刑失衡问题，如贪污罪立法层面和司法层面上的问题，以及套取科研项目经费数额难以认定问题等都有可能导致法官的量刑失当。具体来说：首先，从法律规范的方面考察，贪污罪的罪刑结构设置不合理。《刑法修正案（九）》出台之后，将贪污犯罪的处罚标准由单纯的数额模式修改为数额与情节并重模式，突出了犯罪情节在法官量刑裁判时的作用，但是，也存在一系列问题，正如有学者所言："完全脱离数额的其他情节之严重程度往往难以量化和准确把握，若仅根据其他情节决定刑罚裁量可能会出现数额较小而判刑过重的罪刑失衡现象，也容易给量刑的随意性留下空间。"[②]其次，从科研人员套取科研项目经费犯罪案件的量刑实践来考察，影响案件量刑结果的考量因素很多，有案内因素也有案外因素，案内因素有科研人员的声誉、职务、科研贡献以及套取科研项目经费的恶劣程度、套取科研项目经费的持续时间、帮助套取科研项目经费的人数以及套取科研项目经费所造成的恶劣影响等，案外因素有审理法官是否有外部的压力、是否有多人联名求情、网络舆论导向等因素的影响，加之现行规范量刑方法的缺失赋予了法官更宽泛的自由裁量权，容易导致量刑失衡。最后，科研人员套取科研项目经费犯罪案件中套取经费的数额认定难也是导致罪刑失衡的重要原因。科研活动往往具有探索性、创造性和或然性的特点，在科研项目活动过程之中经常会出现很多预料之外的突发事件，导致经费预算与课题开支出现不相符的情况，为了使预算与支出在形

---

① 相对来说，完全以犯罪数额来定罪量刑不具有合理性，也不是本书所支持的观点。本书强调以犯罪数额为基准刑并不是支持"计赃量刑"观念，而是要求法官在对科研贪腐类案件量刑时，应以数额标准为依据确定刑罚区间，统一量刑标准，避免罪刑失衡现象。

② 赵秉志：《略谈最新司法解释中贪污受贿犯罪的定罪量刑标准》，载《人民法院报》2016 年 4 月 19 日第 003 版。

式上一致，此时科研人员不得不使用假发票以弥补科研支出的漏洞，那么在司法认定中，通过假发票报销的实际支出数额能否认定为贪污数额就是一个难题。此外，很多科研项目都不是一次性完结的，需要后期的维护和跟进，但是科研项目经费投入方式是一次性的，这就导致有些科研人员截留部分科研项目经费以备在科研结项后使用，那么有真实用途的截留资金能否认定为贪污数额也是一个司法难题。客观上来讲，现阶段的科研项目经费管理和使用存在一定的不合理现象，使法官在科研人员贪污科研项目经费数额的司法认定上存在一定的困难，导致科研人员套取科研项目经费犯罪案件中数额要素与刑期无法建立起严格的"对价表"。

（二）情节要件的适用

情节要件，指由刑事法规定的定罪量刑事实以外的、体现行为人社会危害性及人身危险性大小并据以定罪量刑时所考量的各种事实情况。2010年最高人民法院印发了《人民法院量刑指导意见（试行）》（法发〔2010〕36号）对情节要件进行了列举式规定，包括被告人的身份地位、认罪态度、自首、坦白、立功等情节规定。[①]考虑到科研人员套取科研项目经费犯罪案件的特殊性，以及样本案例中关于身份特征与认罪态度的情节功能规范性较差，本书重点对这两种情节要件进行分析与评价。至于其他影响量刑的情节要素，因与其他贪污类犯罪的情节功能无异，本书对此不再赘述。

1. 身份特征对量刑结果产生影响的分析

在我国，被告人身份特征的差异是影响其量刑结果的一个重要因素。通常来说，被告人由于身份地位不同，会遭受有差异的刑罚裁量结果。[②]对

① 参见卢建平、朱贺：《酌定量刑情节法定化的路径选择及评析》，载《政治与法律》2016年第3期，第2—9页。

② 据媒体报道，原铁道部长刘志军因受贿6 460万余元而被判处死刑缓期执行，而国家药监局原局长郑筱萸因受贿649万余元被判处死刑立即执行，此判决一出，就有民众发声认为贪腐成本与官阶成反比，即官位越高，贪腐的成本越低。参见姚树洁：《贪腐成本与官阶成反比》，载新浪网，http://blog.sina.com.cn/s/blog_66ccfca60101e73q.html?tj=2，2020年10月20日访问。

此，学者们从两个方面进行论证与探讨，一是用不同身份特征（如户口、地域、年龄等因素）的刑罚裁量数据来验证不同身份特征对量刑差异的影响[①]；二是用不同行政级别的刑罚裁量数据来验证社会经济地位对量刑差异的影响。[②]结果发现，被告人量刑的轻重与其曾经的行政级别和身份性质存在一定的关联关系。具体到科研人员套取科研项目经费犯罪案件来说，学者们普遍认为，科研人员套取科研项目经费行为不应一律入罪，应区分情况分别对待。有学者提出具有一定行政级别的科研人员一般具有违法性认识错误的可避免性，可以为刑法中的贪污罪所评价，而一般科研人员不具有违法性认识错误可避免性，因而阻却责任，不构成犯罪。[③]那么，在司法实践中，科研人员套取科研项目经费犯罪案件中量刑的轻重是否真的与其身份特征相关？是否真的如有些学者所言，一般科研人员应不予入罪或免予刑事处罚呢？

样本案例显示，从量刑结果上来看，一般科研人员与担任一定职务的科研人员在量刑上并不具有显著性的差异。如济南市徐某贪污案中，被告人徐某为大学普通教师，利用负责国家课题的职务便利期间套取科研项目经费30余万元，具退赃情节，被判处有期徒刑3年[④]；同样在该市陈某贪污案中，被告人陈某为某大学研究生院副院长，其贪污科研项目经费50余万元，具退赃情节，被法院判处有期徒刑2年6个月。[⑤]从以上案例可以看出，被告人曾经的身份特征或行政级别的差异对最终量刑结果并无显著性的影响，甚至从某种意义上来说，有身份地位的被告人在量刑时

① 参见张训：《论量刑歧视》，载《浙江社会科学》2011年第2期，第49—55页；陈磊、石磊：《身份差异与量刑歧视：流动人口犯罪缓刑适用问题研究》，载《法律适用》2013年第1期，第46—50页。

② 参见王剑波：《行政级别、身份性质与我国受贿罪的量刑差异》，载《政法论坛》2018年第1期，第93—107页。

③ 参见刘科：《套取国家财政拨款科研项目经费行为定罪中的疑难问题研究》，载《法学杂志》2015年第7期，第95—104页。

④ 参见山东省济南市中级人民法院（2017）鲁01刑终361号刑事判决书。

⑤ 参见山东省济南市中级人民法院（2017）鲁01刑终14号刑事判决书。

更倾向于从轻处罚。如表 1-1 所示，一般科研人员都被判处有期徒刑刑罚，而有 9 名被免予刑事处罚的科研人员基本上都有一定的行政级别。

笔者认为，在科研人员套取科研项目经费犯罪案件的司法实践中，法院并没有因为被告人的身份差异而在量刑上有所体现，存在不妥之处。首先，我国刑事立法上，职务身份是某些危害行为的加重类型，或单独将其设为重罪，或将其作为普通犯罪的加重情节。①具有一定行政级别的科研人员犯罪，在立法上应属于从重评价的对象，如若在司法实践中与一般科研人员作同等评价或更加从宽处理，这显然违背了刑法中的罪责刑相适应原则，是不公正的。其次，具有行政级别的科研人员相对于一般科研人员在避免违法性认识错误的可能性方面要大得多，换句话说，具有行政级别的科研人员违法性认识错误的避免可能性要大得多，相应地，责任阻却的力度就小得多。②最后，综合考察套取动机、用途、行为等情况，一般科研人员避免违法性认识错误的可能性较小。具体来说：其一，就一般科研人员的套取动机而言，由于一般科研人员平时主要从事教学工作和活动，其接触的圈子较小，尤其是从事理工科和医科的科研人员平时很少接触法律知识③，科研人员普遍认为变相使用本应属于自己的项目经费是正常行为，不属于违法乃至犯罪行为。其二，由于套取科研项目经费行为不同于官员贪污行为，现实中官员贪污行为的违法性人人皆知，是常识；但套取科研项目经费行为被评价为贪污罪往往需要相应的前置性法律规范，而一般科研人员往往只钻研于自己的学术领域，不可能了解深奥的法律知识及法律规范问题。其三，一般科研人员都是将与科研活动没有关

① 参见单民：《职务身份对量刑公正的消极影响与制度化解》，载《人民检察》2014 年第 3 期，第 11—14 页。

② 参见刘科：《套取国家财政拨款科研项目经费行为定罪中的疑难问题研究》，载《法学杂志》2015 年第 7 期，第 95—104 页。

③ 工医项目是科研贪腐的高发领域，从涉案项目的学科分布情况来看，工科数量占比 50.7%，医科数量占比 25.4%，工医项目合计占比 76.1%。

系或者关系不大的费用作为科研费用予以报销，由于科研活动的不确定性及科研预算的不合理性，到底哪些费用与科研活动相关以及如何报销费用很难作出准确的判断。换言之，在科研实践中，由于科研规律具有探索性与未知性特点，势必要求科研项目经费的管理与使用应当具有一定的灵活性，以适应科研活动的实际需要。那么科研人员套取了这部分未体现在科研预算之中的实际支出经费，是否具有违法性呢？① 事实上，正是由于科研项目经费的使用方式过于刻板与教条，才会导致实践中科研人员不得不"虚列开支"以填补无法报销的科研项目经费。因而，综合考量立法精神、违法性及社会危害性等情况，对一般科研人员套取科研项目经费犯罪案件在量刑上应予以减轻处罚，甚至是免予刑事处罚。据此，在立法上，应当通过司法解释突出科研人员套取科研项目经费犯罪治理的身份特征，尽快出台专门指导科研领域的量刑指导意见，使身份特征真正成为包含科研人员套取科研项目经费犯罪案件的量刑事实。

2. 认罪态度对量刑结果产生影响的分析

认罪态度是被告人对自己犯罪行为的看法在其言行中的表现。通过对样本案例的梳理发现，占比 68.8%的判决案例中提及"被告人及其辩护人提出被告人认罪态度好，有悔罪表现，请求对其从轻、减轻的辩护意见，本院已予考虑"等表述。司法实践中，认罪态度情节是司法人员在量刑时优先的考量因素。相关的理论研究也表明，认罪态度情节在量刑影响因素中所占比重最大。②有学者曾经对我国不同地区的刑事法官进行调研，结果表明有 57%的刑事法官认为被告人的认罪态度会影响其判决结果。③究其根源，我国法官偏好评价认罪态度的背后实质是"坦白从宽、抗

---

① 参见张驰：《财政科研结余经费的类型化治理》，载《政法论丛》2018 年第 4 期，第 95 页。

② 参见陈瑞华：《刑事证据法学》(第二版)，北京大学出版社 2014 年版，第 59 页。

③ 参见李荣：《影响刑事法官判决因素的实证考察》，载《法学杂志》2007 年第 6 期，第 96—98 页。

拒从严”的刑事政策，在这种政策的指导下，办案人员会更加重视被告人的认罪态度，对供认犯罪事实的被告人具有明显的激励作用，而对于保持沉默或拒绝认罪等“认罪态度不好”的被告人，会产生从重处理的惩罚效果。虽然说认罪态度这一酌定情节具有一定程度上的合理性，但却否定了被告人作无罪辩护的权利。[①]

司法实践中，“认罪态度不好”主要表现为两个方面：一是指被告人否认自己所犯罪行，或者对据以定罪量刑的证据提出疑问；二是被告人承认所指控的事实，但不承认这些行为事实构成犯罪。[②]对于涉嫌贪污科研项目经费的被告人而言，由于大部分科研人员都普遍存在一种认识，即科研项目经费在自己手上，只要能按期完成符合要求的研究成果，项目经费想怎么支配是自己的事情，并不认为套取科研项目经费是违法犯罪行为。样本文书显示，占比60.6%的被告人认为自己没有非法占有的故意，其套取科研项目经费的行为不构成犯罪。那么，对于不具有违法性认识错误的被告人，一边坦白自己有套取科研项目经费的行为，一边又拒不承认自己有贪污之罪行，必然会影响到法官对被告人关于认罪态度的抽象评价与认定，并对裁判的结果产生不利的影响，有可能还会出现“同案不同判”的量刑结果。[③]

综上所述，笔者认为，由于套取科研项目经费犯罪案件的特殊性，法官在审理此类案件时，只要被告人承认检察官所指控的事实，就应当认定被告人认罪态度较好；至于被告人拒不承认自己的罪行，坚持要求法官判其无罪的做法乃是被告人行使自身的辩护权利，不应影响对其认罪态度的评价。具体而言：首先，在套取科研项目经费犯罪案件中，大部分被告

① 参见封安波：《“拒不认罪、从重处罚”的证据裁判主义审视》，载《法律科学》2017年第4期，第156—163页。

② 参见贺小军：《认罪态度对量刑的影响实证研究——以A省B市为例》，载《政治与法律》2015年第12期，第11—22页。

③ 在司法实践中，只要是被告人自愿认罪的刑事案件，司法机关通常都以被告人“认罪态度较好”为由，对其作出从轻量刑。具体参见陈瑞华：《刑事诉讼的前沿问题》（第五版），中国人民大学出版社2016年版，第439页。

人套取科研项目经费实乃迫于无奈之举，由于科研活动是一个不断尝试与探索的过程，具有很大的偶然性和不确定性，随着科研项目的开展，科研项目经费的实施方案、技术路线等会作出调整，其执行也会有相应变化，但大部分允许报销的项目规定都非常详细，报销时必须凭借正式发票，因此就导致了他们做出通过编造合同、账目及开具虚假发票等形式套取科研项目经费的行为，对于此类不具有违法性认识错误的被告人，他们承认自己有套取科研项目经费的行为，但同时拒不认罪，不承认检察官指控的罪名，是情理之中的事情，如果法官在裁判时认为其“拒不认罪”，从而影响其量刑结果显然违背无罪推定原则。其次，趋利避害是人的本性，犯罪后企图逃避惩罚是一种常态心理，而且行为人完全可能没有期待可能性，如犯罪嫌疑人在审讯期间一直保持沉默或者不交代自身的罪行等行为，只是意味着他想减轻他的刑事责任而已，并不意味着他的人身危险性很大。[①]因此，犯罪后只要不是采取毁灭、伪造证据等进一步增加破案难度的态度，而只是对检察官指控的事实不予承认或是认为自己的行为不构成检察官指控的罪名等情形，则不应当作为“拒不认罪”的依据。最后，我国《宪法》第130条规定：“人民法院审理案件，除法律规定的特别情况外，一律公开进行。被告人有权获得辩护。”在宪法确立被告人辩护权利的基础上，《刑事诉讼法》进一步规定了刑事辩护权利的内容，并在第11条规定：“被告人有权获得辩护，人民法院有义务保证被告人获得辩护。”[②]据此，被告人对自己不成立犯罪或者罪轻的事实进行辩解，是一项基本权利，司法机关负有义务保障被告人的辩护权，法院更不应该以此认定被告人认罪态度不好，从而构成对被告人辩护权的不当限制，违背立法的本意和精神。

---

① 参见张明楷：《论犯罪后的态度对量刑的影响》，载《法学杂志》2015年第2期，第1—10页。

② 参见郭海清：《“拒不认罪”不应成为“从重处罚的理由”》，载《法学》2011年第12期，第138—147页。

第二章　科研项目经费管理法治化的难题与检视

前述考察发现，我国针对科研人员套取科研项目经费行为的刑事治理实践尚存在一系列问题，主要在于法院从贪污罪的解释视域出发，以贪污罪的法教义学构建为论辩基点，从科研项目经费是否属于公款、科研人员是否属于刑法上的国家工作人员以及套取科研项目经费是否利用职务便利等层面论证成立犯罪的正当性与合理性，从而造成实践中针对科研人员套取科研项目经费行为的刑事治理存在着诸多误区。[①]此外，在量刑上，科研人员套取科研项目经费犯罪案件亦存在罪刑失衡的问题，即涉案数额、身份特征和判决结果似乎不存在关联的关系，且科研人员的认罪态度在量刑影响因素中所占的比重较大。基于此，深入考察我国科研项目经费管理体制机制改革中所面临的法律治理难题，以及对科研项目经费管理法治化难题之影响后果进行分析，在此基础上，对我国科研项目经费管理的法治化难题进行深度探究与检视，以回应实践中的疑难问题，从而可以进一步明晰科研项目经费管理法治化需要进一步破解的理论逻辑，是深化科技领域“放管服”改革、建设创新型国家的时代使命。

---

①　参见徐岱：《李宁套取科研项目经费行为的刑事司法认定》，载《人民法院报》2020年1月4日第002版。

第一节　科研项目经费管理法治化之难题

在科技进步与智能热潮的时代背景下，显然传统的科研立法体系已经不足以满足科研项目经费合规使用的保护性需求。同时，刑事司法的不断扩张化使刑法应对防线不断向前推进，刑法应对前置化必然带来司法制裁上的“误区”，这种制裁思路对于规范我国科研项目经费的管理与使用问题几乎毫无作用，甚至导致科技发展进程的停滞与倒退，这无疑是科研项目经费法律治理体系在我国遭遇的最大难题。易言之，从我国科研人员套取科研项目经费犯罪的司法实践来看，当前国家对于套取科研项目行为的法律治理体系存在一系列的缺陷与弊端，即套取科研项目经费行为的刑法应对过于“扩张”以及刑事制裁存在“误区”，从而致使我国科研项目经费管理的法律治理机制偏离了正常的轨道。

一、套取科研项目经费行为的刑法应对过于“扩张”

前已述及，针对科研项目经费项目管理与使用的权力管控式弊端，近些年来中央与地方相关部门陆续颁布了一系列旨在释放科研活力的改革性措施，希冀跳出传统的科研权力管控模式，向保护科研权利本位的进路转变，以释放强调科研自由、科研信任为目的的法治信号。因而，刑事司法政策领域也随着国家科技政策的调整而发生变化，在此背景下，最高人民检察院出台了《关于充分发挥检察职能依法保障和促进科技创新的意见》(高检发〔2016〕9 号)，为司法机关审理科研人员套取科研项目经费案件提供了直接的依据，对于规范科研项目经费的管理与使用发挥了重要的作用。根据上述条款的相关规定，科研人员套取科研项目经费构成犯罪的实质是以申报科研项目为名，实际上并未开展科研创新活动，从而骗取与挥霍国家大额科研项目经费并造成严重后果的行为。因此，科研人员套取科研项目经费入罪的要件实际上包含两个方面：一是实施以科研创新为名实为骗取、挥霍国家科研项目经费的行为；二是采取欺骗手段套取或使用大额项目经费并造成严重后果的行为。然而，从上述样本案例来看，大部分科研人员都从事了一定的科研活动，只是采取了违规的方式不当获取了科研项目经费，且占比36.4%的科研人员涉案数额较低，并未造成严重的后果。①换言之，相当一部分套取科研项目经费的科研人员并不具备上述两项特征，但是司法机关还是对其追究了刑事责任，反映出科研管理领域中刑事制裁机能的不断扩张化。

事实上，司法机关针对科研人员套取科研项目经费的行为动用刑法手段进行制裁时，应当检讨使用刑法的手段是不是规范科研领域秩序目的的最适当手段。亦即，倘若对套取科研项目经费行为一律动用刑法的手段进行应对，则会造成套取科研项目经费行为“入罪”的正当性遭受“质疑”，导致刑法适用于科研项目经费管理领域出现偏离实质正当性的结论。

一方面，刑法只规制具有法益侵害性的行为，倘若某项行为不具有法益侵害性，但国家动用了刑法的手段进行应对，则会造成刑事制裁机能的过度扩张。一般而言，在判断某项行为是否具有违法性时，最基本的考虑是该行为是否侵犯或威胁了法益。②因而，正是由于某项行为引起法益的侵害或危害时，才属于应以刑法予以禁止的对象，构成违法性的实质。亦即，对于不存在法益的侵害或危险的场合，不能认定为犯罪行为。③具体于科研项目经费管理领域，根据最高人民检察院发布的《关于充分发挥检

① 表1-2显示，套取科研项目经费犯罪案件中涉案数额不满20万元(含20万)的人数为24人，占比36.4%。

② 参见张明楷：《新刑法与法益侵害说》，载《法学研究》2000年第1期，第19—20页。

③ 参见[日]松原芳博：《刑法总论重要问题》，王昭武译，中国政法大学出版2014年版，第45—46页。

察职能依法保障和促进科技创新的意见》(高检发〔2016〕9号)的相关规定,国家动用刑法手段规制科研项目经费管理领域的重点对象是"以科研立项为名,实为骗取、挥霍或套取国家财政拨款的科研项目经费行为"。据此,只要科研人员真实地从事了科研活动,只是在科研活动的过程中出现了决策偏差或技术路线更改,从而采用了违规的方式不当获取了科研项目经费,以弥补科研支出"漏洞"的行为,就不能动用刑法的手段给予其否定性的评价。因为科研规律本身就具有一定的未知性与不确定性,科研人员在从事科研活动的过程中,由于科研技术路线的调整或科研决策的更改,从而致使科研人员以违规使用科研项目经费的方式填补真实的科研支出,对于这种貌似违规使用科研项目经费实为变通合规使用科研项目经费的行为,并无任何的法益侵害性。所以,针对科研人员套取科研项目经费的行为,国家在动用刑事制裁的手段时,就不能无视法益侵害的本质而贸然动用刑法的手段予以规制。

另一方面,刑法对犯罪行为的法益侵害性有"质"和"量"上的要求,倘若针对套取科研项目经费数额较少、未造成严重后果的行为动用刑法的手段进行应对,则违背了谦抑性原则的要求。考虑到刑法手段的权利侵害性,为防止刑法过度介入公民的权利,损害刑法的权威,降低刑罚的"威信",刑法不能理会琐碎之事。①因此,将某行为认定为犯罪,不仅需要该行为具有法益侵害性,而且要求该行为侵害法益的程度必须达到一定的"质"与"量",才有必要对该行为进行刑事制裁。②样本案例显示,实践中对于科研人员套取科研项目经费的行为,基本上为刑法中的贪污罪所评价。就贪污罪的规范特性来看,数额要素是衡量贪污犯罪行为责任轻重的主要标准,这就要求科研人员套取科研项目经费行为是否具有贪污的

---

① 参见张明楷:《刑法格言的展开》(第3版),北京大学出版社2013年版,第171—172页。

② 参见于改之、吕小红:《比例原则的刑法适用及其展开》,载《现代法学》2018年第4期,第142页。

属性，需要符合一定的数额标准。①申言之，根据最高人民检察院《关于充分发挥检察职能依法保障和促进科技创新的意见》(高检发〔2016〕9号)的相关规定，司法机关在办理套取科研项目经费案件时，对于在科研活动中锐意创新探索但出现决策失误，并未造成严重后果的，不应作为犯罪处理，这意味着国家动用刑法的手段来规范科研项目经费的管理与使用时，必须要求具备一定的数额标准且造成严重后果的，才可以作"入罪"处理。然而，样本案例表明，司法机关对 24 名涉案数额较低的科研人员也动用了刑法的制裁手段，在某种程度上他们的确破坏了科研项目经费管理与使用的规定，是应当受到处理的行为，但该行为真的严重到必须以刑法的手段进行制裁吗？事实上，对科研项目经费管理领域进行法律治理的最终目的是为了规制科研项目经费使用的乱象，以规范科研项目经费的使用与支出行为。这就要求国家在动用刑法的制裁手段前，应当考量套取科研项目经费的"质"与"量"，慎用刑法的手段来规范科研项目经费的管理与使用。一则，动用刑法的手段会抑制科研人员从事科研活动的动力与积极性。因为大部分科研人员在违规使用科研项目经费时根本就没有非法占有的故意，不具有违法性认识错误的可避免性，因此没有必要动用刑法手段予以规制。二则，动用刑法的手段处罚套取科研项目经费的科研人员是一种苍白无力的报应手段，在更多的情况下体现为一种对"权力管控无力"措施的一种"交代"，往往起到一种"适得其反"的效果，更是难以达到真正激发科研活力的作用，动用刑法手段意味着对科研人

---

① 立法上，我国 1997 年《刑法》对贪污罪规定了四档法定刑，其法定刑的主要依据是数额标准；《刑法修正案(九)》出台之后，对贪污罪则是采用了数额与情节并重的标准。实践中，有学者以贪污案件判决书的实证分析为基础，考察我国法院对贪污罪定罪量刑的实然状况，发现实践中法院在裁量贪污罪的基准刑时表现出明显的唯数额论倾向。由是观之，我国立法上以数额标准来确定贪污罪的法定刑幅度，实践中也是以数额为标准来决定贪污罪的定罪与量刑。具体参见王刚：《我国贪污受贿罪量刑存在的问题和完善建议——以 200 份贪污受贿案件判决书的实证分析为基础》，载《湖北社会科学》2016 年第 11 期，第 121—123 页；张明楷：《贪污贿赂罪的司法与立法发展方向》，载《政法论坛》2017 年第 1 期，第 3—7 页。

员从事科研活动的威慑与抑制，只会让科学研究沦落为国家或社会发展的“婢女”。①

二、套取科研项目经费行为的刑事制裁存在“误区”

（一）未区别对待不同的科研主体身份

前述样本案例显示，涉案的科研人员中，具有一定职务级别的行政负责人有 47 人，占比 71.2%；一般科研人员只有 19 人，占比 28.8%，这在一定程度上说明了实践中司法机关不但对担任行政职务的科研人员进行定罪并判处了刑罚，而且也对一般科研人员作入罪处理，即司法机关对科研人员定罪量刑时没有体现出区分情况、慎重对待的原则。事实上，根据违法性认识错误理论，对具有一定行政职务级别的科研人员进行定罪处罚具有一定的合理性。然而，让套取科研项目经费的一般科研人员承担刑事上的责任，则会造成刑事犯罪圈的不当扩张，即一般科研人员难以存在省察套取科研项目经费行为不法性的机会，从而阻却犯罪的成立。②关于这一主张的进一步理由是：从违法性认识的机会来看，一般科研人员根本不可能清楚认识套取科研项目经费行为受制于刑事法律所规范的领域。一般而言，套取科研项目经费行为被评价为贪污罪往往需要相应的前置性法律规范，由于一般科研人员只熟悉并钻研于自己的学术领域，根本不可能了解与本领域无关的法律知识及法律规范问题，所以一般科研人员不可能知道套取科研项目经费的行为会被法律所禁止，不可能产生反对动机。③从违法性认识的能力来看，由于国家科研项目经费管理的法律制裁体系太过庞杂与混乱，一般科研人员根本就不可能准确区分合法与违

---

① 参见[美]R.K.默顿著：《科学社会学——理论与经验研究（上册）》，鲁旭东、林聚仁译，北京：商务印书馆 2011 年版，第 371 页。

② 参见刘科：《套取国家财政拨款科研项目经费行为定罪中的疑难问题研究》，载《法学杂志》2015 年第 7 期，第 103 页。

③ 参见张明楷：《阶层论的司法运用》，载《清华法学》2017 年第 5 期，第 35 页。

法使用科研项目经费的界限。由于科研活动的不确定性，对于一般科研人员来说，到底哪些费用与科研活动相关很难作出准确的判断，因而一般科研人员属于欠缺违法性认识“能力”的行为人，据此，不应让一般科研人员对套取科研项目经费行为承担刑事上的责任。[①]事实上，从近年来国家立法部门出台的一系列科研管理规范性文件来看[②]，国家对于科研项目经费的治理政策已逐步由科研管制思维向尊重科研权利的进路转变。如2019年《政府工作报告》指出，应当赋予科研人员在从事科研活动中，具有更大的科研路线决策权以及科研经费自由支配权，逐步推进科研项目经费使用“包干制”改革；[③]2021年国务院办公厅《关于改革完善中央财政科研经费管理的若干意见》（国办发〔2021〕32号）更是明确强调要“扩大科研项目经费管理自主权”“加大科研人员激励力度”和“改进科研绩效管理和监督检查”，其间释放出“建立以信用为前提的科研管理机制，在遵循科研伦理和诚信要求的基础上赋予科研人员自主决定项目经费的使用权”等明显的法治信号，这意味着国家对于科研经费违规使用行为的刑事政策方向是“去犯罪化”和“非刑罚化”。因而，司法机关在审理套取科研项目经费案件时，必须慎重考虑一般科研人员套取科研项目经费的行为是否具有需罚性，即使有，也应进一步思考该行为是否可以用民事或行政制裁措施来替代。

---

① 参见屈学武：《中国刑法上的免责机制反思——从违法性认识错误切入》，载《法治研究》2018年第1期，第75页。

② 参见中共中央办公厅、国务院办公厅印发《关于进一步完善中央财政科研项目资金管理等政策的若干意见》（中办发〔2016〕50号）、财政部、科技部、教育部、发展改革委《关于进一步做好中央财政科研项目资金管理等政策贯彻落实工作的通知》（财科教〔2017〕6号）、国务院《关于优化科研管理提升科研绩效若干措施的通知》（国发〔2018〕25号）、中共教育部党组《关于抓好赋予科研管理更大自主权有关文件贯彻落实工作的通知》（教党函〔2019〕37号）、科技部9部门印发《赋予科研人员职务科技成果所有权或长期使用权试点实施方案的通知》（国科发区〔2020〕128号）等。

③ 参见李克强：《2019年政府工作报告全文》，载中国政府网，http://www.gov.cn/zhuanti/2019qglh/2019lhzfgzbg/index.htm，2021年1月25日访问。

（二）未区别对待不同的科研项目类型

前述考察发现，从涉案项目来看，66 名科研人员中有 8 名人员因为套取横向项目经费而受到刑事追责，这说明实践中司法机关对套取横向项目经费的科研人员动用刑事制裁的手段，造成刑法不合理地介入本属于民法规制的领域，致使科研项目经费管理中法律制裁机制的功能配置产生异化。事实上，对套取横向项目经费的科研人员动用刑事制裁手段，亦会造成刑法不合理地介入本属于民法规制的领域，人为地扩大犯罪化的范围。一般而言，横向科研项目属于项目发包方（企业单位）与承包方（科研人员）基于共同开展某项科技活动的法律关系而签订的科技项目合同，科研人员基于科技项目合同的约束力进行科学研究活动。基于这种特性，横向项目中的双方主体是平等的主体，其研究开发进程与科研项目经费的使用应由科研人员全权负责，只受合同法中的相关条款约束，无法用刑事法律中的条款加以限定，所以谈不上负担刑事法上的权利义务。当然，有种观点认为，横向项目的科研项目经费即使来自民营的企业单位，但只要进入国有单位进行管理，在刑法性质上均应属于公共财产，据此，只要科研人员套取了属于公共财产的科研项目经费，就应当承担刑事责任。[①]这一观点表明，判断一项财产是否属于刑法所保护的财产，其所有权并不重要，重要的是该财产处于谁的管理与控制之下。笔者认为，这一主张看似合理，也能够迎合刑事司法的实践需求，但如果将处于国有单位管控下的横向项目经费也视为一种公共财产的话，则存在重大的“误区”。理由是：将处于国有单位管控下的横向项目经费认定为公共财产的观点混淆了来自国家财政拨款的科研项目经费与企业单位通过科技合同划拨给特定科研人员使用的科研项目经费之属性的区别。申言之，纵向项目中的科研项目经费来自国家财政的拨款，该款项在性质上属于国有

---

① 参见孙国祥：《套取并占有科研项目经费的刑法性质研究》，载《法学论坛》2016 年第 2 期，第 147 页。

财产，应当受到刑法的保护；然而，横向项目中的科研项目经费来自企业机构，并在民事合同的基础上划拨给特定的科研人员使用，因此科研人员是基于合同的条款而获得科研项目经费的，虽然该经费处于国有单位的管控之下，但由于经费的划拨不属于行政给付或国家财政拨款，所以横向项目的科研项目经费不应属于公共财产，而是科研人员基于科技合同完成特定科研任务而取得的"对价"。据此，针对科研人员套取横向项目经费的行为，应当受我国民法相关条款的规制，承担民事上的违约责任，谈不上负担刑事上的责任与义务，更不可能被刑法中的贪污罪所评价。

（三）未区别对待不同的科研项目经费数额

从样本文书中的涉案经费来看，66 名涉案科研人员中，涉案最高数额为李某等贪污案 3 410.99 万元，涉案最低数额为 1.69 万元。①具言之，涉案数额不满 20 万元（含 20 万）的人数为 24 人，占比 36.4%；涉案数额在 20 万元以上不满 300 万元的人数为 32 人，占比 48.5%；涉案数额在 300 万元以上的人数为 10 人，占比 15.1%。从涉案数额分布情况来看，相当一部分科研人员涉案数额较低，并没有造成严重的后果，但司法机关还是对这部分科研人员动用了刑事制裁的手段，反映出科研管理领域中刑事制裁机能的不断扩张化。实践中针对套取科研项目经费的案件，司法机关主要是依据《刑法》《刑事诉讼法》来追究刑事责任的，这容易导致以贪污罪定罪量刑为代表的刑法扩张。②为更好地规范科研项目经费的管理与使用，宽容科研创新中的失误，以营造良好科研氛围，2016 年最高人民检察院颁布了《关于充分发挥检察职能依法保障和促进科技创新的意见》（高检发〔2016〕9 号），进一步对套取科研项目经费行为的刑事追责

---

① 参见吉林省松原市中级人民法院（2015）松刑初字第 15 号刑事判决书；吉林省乾安县人民法院（2014）乾刑初字第 59 号刑事判决书。

② 参见王旭：《论套取高校科研项目经费治理的〈国家监察法〉适用》，载《法学杂志》2020 年第 7 期，第 46 页。

进行了细化与明确，使其更具有司法操作性，为查处和办理套取科研项目经费案件提供了重要的依据。申言之，科研人员套取科研项目经费行为构成犯罪的实质是以申报科研项目为名，实际上并未开展科研创新活动，从而骗取与挥霍国家大额科研项目经费并造成严重后果的行为。因此，科研人员套取科研项目经费行为成立犯罪的要件实际上包含两个方面：一是实施以科研创新为名实为骗取、挥霍国家科研项目经费的行为；二是采取欺骗手段套取或使用大额经费并造成严重后果的行为。然而，从样本案例来看，大部分科研人员都从事了一定的科研活动，只是采取了违规的方式不当获取了科研项目经费，且超过 1/3 的科研人员涉案数额较低，并未造成严重的后果，即这部分科研人员并不具备上述两项特征，因而无须承担刑事上的责任。

综上所述，当前针对套取科研项目经费行为的刑事制裁实践，既造成刑事犯罪圈的不当扩张，也带来刑事法律单边规制科研领域的功能产生异化，导致科研项目经费管理的法律治理体系偏离正常的轨道，极大地抑制了科研人员从事科研活动的积极性与动力。

第二节　科研项目经费管理法治化难题之影响

前已述及，当前司法机关对于科研人员套取科研项目经费行为的刑事制裁存在一系列的实践问题，即对于一般科研人员套取科研项目经费、科研人员套取横向项目经费或套取科研项目经费数额不高等情形基本上都采取了刑法上的手段进行制裁，造成科研人员使用科研项目经费的刑事风险巨大。事实上，针对套取科研项目经费行为动用刑法的手段进行制裁必须保持在合理的限度之内，否则就会带来科研项目经费管理的法律治理体系偏离正常轨道，进而带来一系列的风险与危害，最突出地体现在可能导致科研项目经费管理的权力属性异化、科研项目经费管理的权利保护机制虚置、套取科研项目经费刑事案件的实体错误风险增大等方面(见图2-1),以致违背科研项目经费管理体制的法治化改革对尊重科研自主权、提升科研绩效、构建以信任为前提的科研管理机制等价值目标的追求。

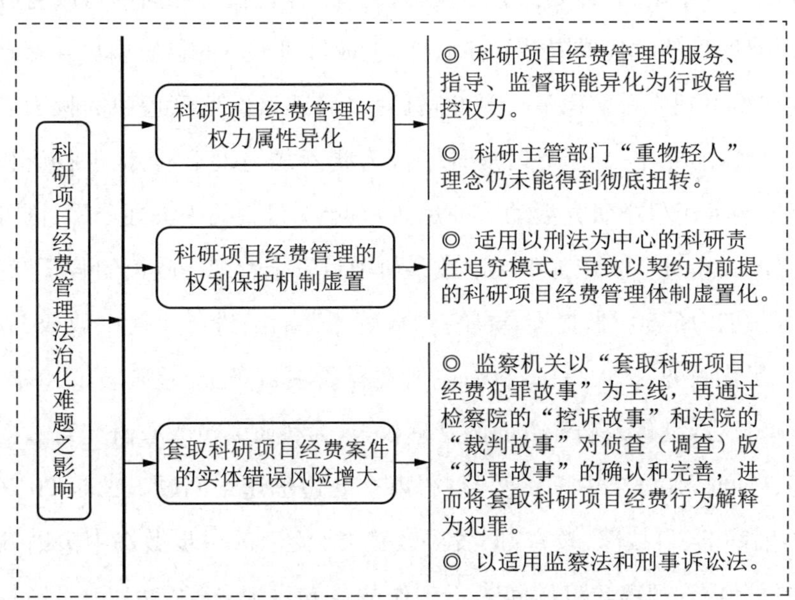

图2-1 科研项目经费管理法治化难题之影响图析

一、科研项目经费管理的权力属性异化

权力的行使应当在实践的基础上优先明确其本质属性,并遵循一定的运行原则。[①]科研项目经费的管理权力作为科研主管机构及项目承担单位的一项法定权力,目的在于通过制定和完善项目预算调剂、间接费用统筹使用、劳务费分配管理、结余资金使用、科研财务助理岗位设立、内部信息公开公示等相关管理办法,实现对国家科研项目资金的全程监管。

① 参见洪浩、朱良:《论监察委留置权:权力属性、运行原则及程序衔接》,载《甘肃政法学院学报》2019年第2期,第2页。

在推进科研项目经费管理的法治化进程中，由于科研权力主体掌握着科研项目申请与经费调拨、使用与支出等一系列的特权，对于科研项目经费管理的法治化改革具有举足轻重的作用。因而，明确科研项目经费管理的权力属性至关重要。前已述及，长期以来，我国科研项目经费的管理体制一直未走出“计划”与“平均”的思维，存在权力导向的行政管控思路，具有明显的时代局限性和滞后性，造成科研人员的科研项目经费自由支配权得不到应有的保障。据此，针对科研项目经费管理中的权力管控模式之弊端，党中央、国务院展开了大刀阔斧式的改革，以谋求科研权力更好地服务于科学研究活动。一是 2016 年 7 月中共中央办公厅、国务院办公厅《关于进一步完善中央财政科研项目资金管理等政策的若干意见》（中办发〔2016〕50 号）提出，要坚持“放管服”结合，进一步简政放权、放管结合、优化服务，扩大高校、科研院所在科研项目资金、差旅会议、基本建设、科研仪器设备采购等方面的管理权限，为科研人员潜心研究营造良好环境。同时，加强事中事后监管，严肃查处违法违纪问题。二是 2017 年 3 月，财政部、科技部、教育部、发展改革委《关于进一步做好中央财政科研项目资金管理等政策贯彻落实工作的通知》（财科教〔2017〕6 号）指出要进一步推进科技领域“放管服”改革、完善财政科研项目资金管理的重要举措，项目主管部门要加强统筹协调，督促和指导所属单位落实好相关政策。中央高校、科研院所等相关单位要切实履行好法人责任，加快制度建设，完善内控机制，规范工作流程，创新服务方式，确保下放的管理权限“接得住、管得好”。三是 2018 年 7 月，国务院《关于优化科研管理提升科研绩效若干措施的通知》（国发〔2018〕25 号）更是明确提出要建立完善以信任为前提的科研管理机制，推动科研项目管理从重数量、重过程向重质量、重结果转变；同时，科技主管机构、项目承担单位等相关部门要加快职能转变，优化管理与服务，加强事中事后监管，放出活力与效率，管好底线与秩序，为科研活动保驾护航。

由是观之,我国科研项目经费管理的科研权力属性由行政管控职能逐步迈向于服务、指导与监督的三重职能。具体而言:其一,服务职能。推进科研项目经费管理体制改革,其关键和核心是强调管理职能向服务职能转变。亦即,科研主管部门是否履行好服务职能关乎我国科研项目经费管理体制改革的成功与否,是推进科研项目经费管理法治化改革的必由之路。事实上,科研项目经费资助合同是指科研主管部门与科研机构、科研人员之间,为实现国家科技计划,完成特定科研项目,确立双方权利义务关系而订立的合同。①这意味着国家通过科研项目经费资助合同的形式,将某项科研项目交由特定科研人员组成的课题组进行科学研究与技术开发,这种研究与开发的过程亦是依据科研项目经费资助合同的条款执行过程。在合同的执行过程中,虽然合同的主体一方为国家科研主管部门,但科研项目经费资助合同是国家以契约的形式推行其科技政策,将宏观的科技计划通过具体合同履行加以落实的行为。②因而,这种合同是基于平等主体签订的合同,不存在直接的行政隶属关系,据此,科研权力主体(科研主管部门)应主要扮演服务者的角色。申言之,在科研项目经费的管理中,科研权力主体应当摒弃传统的权力管控模式,转而以协商合作的面貌为导向,重新塑造科研项目管理者与承担者之间的关系,形成两者之间的服务伙伴关系。③唯此,才能保证科学研究中的自由探索精神和契约精神。

其二,指导职能。目前,我国纵向科研项目从招标至验收要经历一系列复杂的流程,大致遵循着这一过程,即"发布课题指南—科研人员提出项目申请或投标—国家有关部门组织评审—国家有关部门对拟资助项目

① 参见朱涛:《科技计划项目合同制度研究》,载《科学管理研究》2012年第2期,第18页。

② 参见谭启平、朱涛:《论国家科技计划项目合同的私法属性及制度构建》,载《现代法学》2013年第2期,第173页。

③ 参见蒋悟真、郭创拓:《迈向科研自由的科研经费治理入法问题探讨》,载《政法论丛》2018年第4期,第76页。

及资助经费数额审批决定—对决定予以资助的，国家有关部门予以公布，并书面通知申请人及责任单位—国家有关部门、项目负责人及其所在的科研机构订立第三方协议或合同书—国家有关部门拨款至项目负责人所在的科研机构—项目负责人组织开展课题研究—课题完成后，项目负责人提交最终研究成果和项目结项申请—国家有关部门对成果进行鉴定、审核和验收—拨付预留经费”。①从上述流程可以看出，科研人员从申请科研项目到经费使用、再到项目验收的整个过程必须遵循一系列的强制性规范，包括遵守固定的项目申请格式（申请书须有固定的格式，内容包括课题主持人及其课题组成员基本情况、课题研究设想、研究方法、研究计划进度及阶段性成果、最终成果形式、经费预算及其开支科目等）以及法定的经费使用方式（如科研项目经费要按照事先编制好的预算条目进行使用与支出）。②此时，科研主管机构应当承担指导性的职能，如2017年财政部、科技部、教育部、发展改革委《关于进一步做好中央财政科研项目资金管理等政策贯彻落实工作的通知》（财科教〔2017〕6号）规定：“项目主管部门应当结合本部门实际情况，对共性问题统筹研究，提出解决方案或指导意见，加强对本部门所属高校、科研院所等单位的跟踪指导。”这就要求科研权力机构应当承担起指导职能，及时解读科研项目经费管理的相关政策，加大对科研人员、科研助理、科研财务助理等人员的指导与培训力度，实现由传统的“规范项目资金的使用和管理、提高资金使用效益”等工具理性向“服务于科研人员的创造性活动、实现以科研人员为本位”的价值理性转变。③

---

① 参见肖中华：《科研人员不当套取国家科研经费不应认定为贪污罪》，载《法治研究》2014年第9期，第55页。

② *See* Adam Lindgreen, C. Anthony Di Benedetto & Camilla Verdich, et al., *How to write really good research funding applications*, Industrial Marketing Management, Vol. 77: 232, pp.232—239(2019).

③ 参见蒋悟真：《科研项目经费规范化治理的法理元素考察》，载《政治与法律》2019年第9期，第16页。

其三，监督职能。监督职能是指科研主管部门对特定科研资助对象从事科研活动的真实性、合法性和合理性进行审查的功能。从近几年来有关科研项目经费管理的规范性文件来看，科研主管机关的监督职能主要体现为三个方面。具体而言：一是科研政策落实方面的监督。即科研主管部门需对项目承担单位的资金管理办法、内控机制建设、信息公开情况等政策落实情况进行监督检查，以督促项目承担单位完善内部管理机制，确保国家科研政策落到实处。二是科研项目经费使用情况的监督。由于纵向科研项目经费来自国家的财政拨款，因此项目承担单位承担着国家财政资金的公共受托责任。因此，项目承担单位对科研人员关于科研项目预算的编制、间接费用使用、劳务费分配管理、结余资金使用等事宜负有监督的责任，以达到规范项目经费支出的目的，保障国家财政资金的有效使用。三是科研绩效评估的监督。科研项目经费资助的最终目的是通过科技创新成果推动社会经济发展和社会公众广泛受益。因此，科研主管部门、项目承担单位应当根据科研资助对象的区别，来检查、监测与评价科研项目经费资助的绩效状况，以确立科研项目经费资助的评估标准与监管规则，激发科研人员转化科研创新成果的热情。①

综上所述，在科研项目经费管理体制改革的背景下，科研权力机关通过履行服务、指导与监督的职能，实现科研项目经费治理的“放管结合”，保障科研人员拥有一个公平竞争的科研经费申请与使用的环境，促使科研项目经费管理权的良性运作，确保科研路线自主决策权、科研项目经费自由支配权等科研权利保护目的的实现。②然而在科研实践中，欲有效实现这一目的并非易事。由于国家针对科研人员套取科研项目经费行为的

---

① 参见蒋悟真、郭创拓：《迈向科研自由的科研经费治理入法问题探讨》，载《政法论丛》2018 年第 4 期，第 76—77 页。

② 参见蒋悟真：《科研项目经费治理入法的机遇、难点与模式》，载《法学杂志》2020 年第 7 期，第 40 页。

刑法应对过于“扩张”，带来刑事法律单边规制科研领域的功能产生异化，致使科研项目经费管理的服务、指导、监督属性容易异化为行政管控权力，进而给科研项目经费的管理与使用问题带来了更大的损害。

一方面，国家针对科研人员套取科研项目经费行为的刑法应对过于“扩张”，这说明科研主管部门“重物轻人”的理念仍未能得到彻底扭转。从科研人员套取科研项目经费行为的罪名结构来看，套取科研项目经费犯罪主要集中于公权力滥用的领域，其触犯罪名主要为贪污犯罪。根据我国《刑法》第 382 条规定：“国家工作人员利用职务上的便利，侵吞、窃取、骗取或者以其他手段非法占有公共财物的，是贪污罪。受国家机关、国有公司、企业、事业单位、人民团体委托管理、经营国有财产的人员，利用职务上的便利，侵吞、窃取、骗取或者以其他手段非法占有国有财物的，以贪污论。”由此可见，贪污罪侵犯的主要法益是公共财产或国有财产①，即国家公共财产才是贪污罪刑法规范保护的法益。因此，科研人员通过不正当手段套取了属于“公共财产”的科研项目经费，致使国家受到重大损失，因此需要承担刑事责任，可以为现行刑法中的贪污罪所评价。由是观之，现行的科研项目经费管理体制仍然过于强调对项目经费公共财产属性的保护，并将其置于科研项目经费治理的优先地位。事实上，将刑事治理作为科研项目经费管理法律治理的一个方面，其作用的边界与干预科研领域的力度应当被放置于整个国家治理体系之中进行考虑。倘若过于强调科研项目经费的公共财产属性，动用刑法的手段来规范科研领域的秩序，将会与科研权力机关所承担的服务职能、指导职能、监督职能相违背，致使上述职能在实践中产生异化，严重阻碍科研项目经费管理法治化改革的进程。

另一方面，国家针对科研人员套取科研项目经费行为的刑法应对过

---

① 参见姜涛：《贪污受贿犯罪的法定刑应当区分》，载《政治与法律》2016 年第 10 期，第 50 页。

于“扩张”，表明刑法介入科研领域的泛化趋势，这一趋势意味着科研主管机关依旧高度管控科研经费的使用与支配。前已述及，针对国家对于科研人员套取科研项目经费行为的责任追究，主要以《预算法》《科学技术进步法》为法律依据，即针对科研人员套取科研项目经费的行为，倘若造成物质财产损失的，依法承担民事责任与行政责任；构成犯罪行为的，依法追究其刑事责任，这表明立法上针对套取科研项目经费行为的责任追究同时采用了民事、行政和刑事的制裁方式。然而，从实践案例来看，大部分科研人员都从事了一定的科研活动，只是采取了违规的方式不当获取了科研项目经费，且占比36.4%的科研人员涉案数额较低，并未造成严重的后果，但是司法机关还是对其追究了刑事责任。这种现象表明，对于发生在科研领域中的各种纷争，科研权力机关首先想到的解决途径是刑事司法，这种法律治理理念使得本来应该处于最后保障位置的刑事手段过早地出现在幕前。[①]事实上，对于科研项目经费的法律治理，应当更加强调治理手段的多元化与柔性化，而不是只强调单一化、刚性化的强制手段，倘若过于强调刑事治理手段的刚性手段，则意味着其他治理手段规范与调节科研领域秩序的空间遭受排挤，使科研人员时刻处于刑事风险的风口浪尖。这一现象可能直接致使科研项目经费管理的权力属性严重异化，使得科研主管机关在科研项目经费的管理中，无论是对于科研项目经费预算科目的设置，还是对于科研项目经费的年报销制度、科研项目经费报销票据要求等，都强调其与行政经费的管理使用高度吻合，进而规避由此可能产生的刑事风险，形成科研项目经费管理的高度行政化。

二、科研项目经费管理的权利保护机制虚置

科研权利作为科研人员的基本权利，是科研人员在从事科研活动中

---

① 参见张远煌、操宏均：《治理语境下刑法对市场经济秩序的非理性规制及其克服——以企业家犯罪实证考察为视角》，载《山东大学学报（哲学社会科学版）》2015年第5期，第72页。

发挥主观能动性、激发科研热情、履职尽责、参与科研治理与利益诉求的根本保障。一般而言，从宪法的权利体系来看，权利保护一般包括自由、财产、人格尊严等方面的权利，具体到科研领域，科研权利包括科研人员从事科学研究的自由与享有因科学研究而产生之收益的权利。[①]强调对科研权利的保障是影响与决定科技创新的基石问题，亦是深化科研项目经费管理法治化改革必须啃下的“硬骨头”。因此，国家相关部门出台了一系列的规范性文件，多次强调要保障科研人员的科研权利，激发科研人员的科研创新热情，建设世界科技创新强国。如 2019 年 4 月中共教育部党组发布了《关于抓好赋予科研管理更大自主权有关文件贯彻落实工作的通知》(教党函〔2019〕37 号)，其中明确提出要遵循科研规律，落实科研管理自主权；以及优化管理服务，增强科研人员获得感。2020 年 5 月，科技部等九部门印发了《赋予科研人员职务科技成果所有权或长期使用权试点实施方案的通知》(国科发区〔2020〕128 号)，强调要加快实施创新驱动发展战略，树立科技成果只有转化才能真正实现创新价值、不转化是最大损失的理念，创新促进科技成果转化的机制和模式，赋予科研人员职务科技成果所有权及长期使用权，落实以增加知识价值为导向的分配政策，激发科研人员创新创业的积极性。2021 年 8 月，国务院办公厅颁布了《关于改革完善中央财政科研经费管理的若干意见》(国办发〔2021〕32 号)，明确指出要聚焦科研经费管理相关政策和改革举措落地“最后一公里”，加快清理修改与党中央、国务院有关文件精神不符的部门规定和办法，确保科研自主权接得住、管得好。从上述规范性文件的立法意旨来看，国家科研项目经费管理体制法治化改革的方向是强调以科研权利为本位的治理机制。亦即，通过强化科研人员主体地位、责任意识、诚信意识，实现对科研人员基本权利的特别保护，进而实现以权利为本位的科研

① 参见周海源：《从政府职责到科研权利：科技法虚置化的成因与出路》，载《华中科技大学学报(社会科学版)》2016 年第 6 期，第 72 页。

项目经费管理体制机制。事实上,唯有将科研人员由法律治理的客体变为法律治理的主体,强调对科研权利的特别保护,才能为科研项目经费管理的权利干预划定界限,真正解决当前科研项目经费管理中的诸多困境与难题,为科技创新机制的健康发展提供坚实的保障。

其一,科研项目经费管理的权利保护机制为科研权力的干预设置了应有限度。我国《宪法》第 47 条明确规定:"中华人民共和国公民有进行科学研究、文学艺术创作和其他文化活动的自由。国家对于从事教育、科学、技术、文学、艺术和其他文化事业的公民的有益于人民的创造性工作,给以鼓励和帮助。"从条文表述上看,宪法确认了公民的学术研究自由权。科研人员从事学术研究并非法外空间,当然需要受到宪法的规范。[①]因此,科研权力对科研权利予以干预时,应当在遵循科研活动的规律之上,以保障科研人员从事科研活动的自主决策权及科研人员自由支配科研项目经费的权利为限度,以防止科研权力不当干预、阻碍科研活动的健康有序发展。因为"历史也一再证明,公权力违背科研规律,对科研活动做出不恰当的干预,只能禁锢而非促进科学的进步"。[②]因此,强调科研人员的权利保护机制是我国科研经费经费管理法治化改革不可或缺的部分,这也是遵循科研规律的必然要求。当然,科研人员从事科研自由的权利亦应当遵循法律及信任、契约等相关的要求,以不伤害他人利益、国家利益和社会利益为界限。亦即,科研人员在管理与使用科研项目经费时应当保持足够的审慎,不得为个人不当利益而以科研活动名义套取或占有科研项目经费。

其二,科研项目经费管理的权利保护机制强调以信任、契约精神为基础的科研运行机制,可以约束科研权力的过度扩张。保障科研人员的科

---

① 参见周刚志:《学术研究自由权的宪法比较分析》,载《法学评论》2017 年第 2 期,第 30—31 页。

② 蒋悟真:《纵向科研项目经费管理的法律治理》,载《法商研究》2018 年第 5 期,第 40 页。

研权利，本质上是为科研人员进行科研工作提供必要的精神和物质环境条件，并以此激发、强化和维持科研人员创新的内在动力。[①]申言之，强调科研人员的权利保护机制，具有维护科研信任与契约精神的双重功能。一方面，科研权利保护机制是正面建构科研信任关系所有保障的前提，如国家强调可自主支配的科研项目经费、科研成果与科研工作的自由安排、科研自主决策权利下合理的风险承担以及对科研工作的适当容错等权利保护机制，既是对科研规律的遵循，更是对科研人员的信任，这种信任关系构成了科研人员可担责性的基础。[②]另一方面，科研权利保护机制具化了科研项目经费管理的契约属性。以科研权利为本位的科研项目经费管理体制，更加强调国家对科研项目资助的科学契约关系，并基于这种契约关系，采取额度区间的方式进行个殊化的精细处理，或采用后期奖励的方式用于科研补偿，以提升科研合同双方的议价能力，避免出现“劣币驱逐良币”的逆向选择现象。[③]

综上所述，在科研项目经费管理的法律治理中，强调对科研人员权利的特别保护，可以更好地遵循科学研究的规律，使科研人员在无损于个人地位与职位的前提下，具有自由择定研究方向、选择研究课题并自由发表论著的权利。[④]然而，实践中，强调以权利为本位的科研项目经费管理法治化改革并没有阻却套取科研项目经费行为的刑法应对之扩张趋势，其中编造虚假项目合同、编制虚假账目、开具虚假发票是司法案件中法院认定的比较典型的套取行为，这些行为与科研项目经费管理的权利保护机

① 参见狄小华：《突破科研经费管理困境的法治路径》，载《社会科学辑刊》2020 年第 5 期，第 81 页。

② 参见谢郁：《科研经费制度的法理反思：规范基础与信任关系》，载《法学杂志》2020 年第 7 期，第 64—65 页。

③ 参见丰霏：《科研权利视阈下的科研经费使用制度变革》，载《法学论坛》2020 年第 6 期，第 64 页。

④ 参见[美]爱德华·希尔斯：《论学术自由》，林杰译，载《北京大学教育评论》2005 年第 1 期，第 63 页。

制密切相关。亦即,如若刑法在参与科研项目经费的管理中表现得过于扩张,将科研人员套取科研项目经费行为的性质认定置于适用以刑法为中心的科研责任追究模式中,则必然导致司法机关以贪污罪为解释视域进行评价,致使科研人员管理与使用科研项目经费的刑事风险增大,从而造成科研项目路线自主决策权、科研项目经费自由支配权等科研权利保护机制虚置化。

一方面,适用以刑法为中心的科研责任追究模式,导致以契约为前提的科研项目经费管理体制虚置化。在科研项目经费管理的法治化改革中,强调科研契约精神是其中的一项重要措施,贯穿整个科研服务、管理与责任追究的过程。所谓科研契约精神,是指科研主管机关与科研人员所达成的一种正式或非正式的默契、规则或约定。①事实上,科研主管部门、项目承担单位、科研人员共同开展某项具体科研活动的法律关系产生于科技计划项目合同,通过在合同中明确双方的权利义务关系,以完成某项特定的科研项目。②从这一层面进行观察,科研项目经费的管理体制应当立基于契约精神,形成以契约精神为基础的科研权利保护机制,为科研人员自主决策科研路线、自由支配科研项目经费提供法律依据与制度保障。亦即,科研人员作为科技计划项目合同的法律主体,通过履行项目合同规定中的权利与义务,实现在科研项目调整、预算编制、资金使用、人员调配以及劳动报酬等方面的自由与权利。然而,适用以刑法为中心的科研责任追究模式,造成科技计划项目合同具有极强的公共利益属性,进而将科研人员从事科研活动的行为认定为从事公务活动,同时将基于科技计划项目合同对价的科研项目经费认定为公共财产,如果科研人员实施

---

① 参见蒋悟真:《科研管理政策改革释放的法治信号解读——以〈关于优化科研管理提升科研绩效若干措施的通知〉为例》,载《法学》2018 年第 10 期,第 123 页。

② 参见朱涛:《科研人员“贪污”课题经费的民法解析——以科技计划项目合同属性为基础》,载《北方法学》2018 年第 1 期,第 49 页。

了套取科研项目经费的行为，则应当采用刑事的手段进行威慑与制裁。这种以刑事为主导的追责模式使得以契约为前提的科研合作机制，变成了一种纯粹的科研义务，即要求科研人员在管理与使用科研项目经费时，无论是出于何种缘由，都应当严格遵守国家的强制性规定，不得变相使用或违规套取进入国有单位管理的科研项目经费，致使科技计划项目合同丧失了本应具有的契约精神，造成科研人员在履行科研义务的同时未能享有相应的科研权利，极大地抑制了科研人员从事科研活动的积极性与创新动力。

另一方面，适用以刑法为中心的科研责任追究模式，致使以信任为基调的科研协作机制虚置化。信任是个体将另一个人的言词、承诺以及口头或书面的陈述视为可靠的一种概括化的期望，即信任是一种对行为对象友好和良好意图的期待。[①]科研信任作为信任在科研领域中的运用，是指面对科研过程中的各种不确定性风险，通过依赖或求助于科研主体人身人格尊严与道德素养等无强制约束机制的信任或特定约束机制的信任来实现对科研结果的预期，从而简化科研管理过程，提升科研管理绩效。[②]从我国科研项目经费管理法治化改革的意图来看，国家欲通过强调“建立以信任为基调的科研协作机制”，通过对科研信任的尊重来重构我国科研项目经费管理的法治架构，进而将科研人员由管理对象转变为科研治理主体，达致科研人员权利保障的目的。然而，适用以刑法为中心的科研责任追究模式，其本质是意图通过对科研项目经费的严格控制和惩罚机制来规范科研运行过程中所出现的各种风险与恣意，以惩罚监督来代替信任，致使以信任为基调的科研协作机制虚置化，这不仅极大地减损

① 参见董才生：《信任本质与类型的社会学阐释》，载《河北师范大学学报（哲学社会科学版）》2004 年第 1 期，第 40 页。

② 参见蒋悟真：《科研管理政策改革释放的法治信号解读——以〈关于优化科研管理提升科研绩效若干措施的通知〉为例》，载《法学》2018 年第 10 期，第 121 页。

了科研效率，更易激化科研管理机关与科研人员的矛盾。换言之，通过建立严苛的惩罚机制来应对科研领域中出现的风险，将会瓦解科研领域的信任机制，科研人员也会因对科研风险的担忧而采取规避麻烦的方式进行应对，极大抑制了科研人员从事科研活动的兴趣。①正如有学者所言："在一定程度上，为晋升职称为需而非真正的科研所需，成为部分科研人员争取科研项目经费资助的真正目的。"②

三、套取科研项目经费案件的实体错误风险增大

在科研项目经费管理的法律治理中，司法机关针对科研人员套取科研项目经费行为进行定罪处罚，将涉及科研人员的生命、自由、财产、政治权利等若干重大权益，一旦司法机关将本不应该受到刑事处罚的科研人员，适用刑事诉讼法进行侦查（调查）、起诉与审判，有可能会酿成错案，这无论是对于科研人员、科研主管部门、项目依托单位，还是司法机关而言都是难以承受的。因此，为避免此类错案的发生，随着国家科技政策的调整，我国的刑事司法领域也进行了相应的改革，如 2016 年 7 月最高人民检察院《关于充分发挥检察职能依法保障和促进科技创新的意见》（高检发〔2016〕9 号）明确指出，要明确建成创新型国家和世界科技强国的奋斗目标，找准检察机关保障、促进和服务科技创新的定位和切入点，善于运用法治思维和法治方式，支持创新探索，宽容创新失误，保护创新成果，为科研机构、研究型大学、创新型企业和科技工作者营造良好创新环境提供有力的司法保障。这意味着科研项目经费管理的法律治理方式正试图从监督惩罚机制向服务保障机制转变，希冀跳出适用以刑法、刑事诉讼法为中心的追责模式，转向科研容错的保障机制，进而为科研人员从事科研活

---

① 参见谢郁：《科研经费制度的法理反思：规范基础与信任关系》，载《法学杂志》2020 年第 7 期，第 63 页。

② 蒋悟真：《纵向科研项目经费管理的法律治理》，载《法商研究》2018 年第 5 期，第 37 页。

动营造宽松的法治环境。对此，笔者作如下两点阐述：

第一，通过建立科研容错权的保障机制，对于科研人员套取科研项目经费的行为应当予以从轻、减轻甚至免予处罚的容忍，以此构建鼓励探索、宽容失败的科研环境。宽容本质上是一个宗教概念，用于宗教及意见自由之上，尔后引入法学领域，是指一种超法律价值或超法律原则变成人们可以依法诉求的一种权利。①从科研项目经费管理的本质来看，科研人员从事科研活动的法律基础产生于科技计划项目合同，而科技计划项目合同的内容是平等主体间的义务，既未对行政机关科以行使行政处分等公权力措施的义务，也未使行政机关一方取得较之于相对人一方优势的地位。②因此，这种基于科技计划项目合同关系的本质属性决定了科研主管部门、项目承担单位和科研人员之间的关系是一种合作共赢的平等关系，体现为科研主管部门、项目承担单位和科研人员之间的相互尊重，正是这种尊重与平等的关系，才使得科研宽容与科研权利保持了内在的一致性。具体来说，科研宽容以尊重科研人员的科研权利为基础，以对科研失败的容忍与接受为核心，这就要求司法机关在查处套取科研项目经费案件时，要本着有利于实现创新预期成果的原则，建立科研容错权的保障机制。对于锐意创新探索但出现决策失误、偏差，且造成一定损失的行为，要合理区分慎重对待。如科研人员在从事科研活动的过程中，并没有徇私舞弊、中饱私囊的，或者没有造成严重后果的，不作为犯罪处理。又如，科研人员未违反党的纪律和国家法律法规，只是在科研创新的过程中出现了决策性失误但勤勉尽责、未谋私利的，也不作为犯罪处理。

第二，通过强调罪刑法定原则和刑法谦抑性原则，以遏制刑法介入科

① 参见郭创拓：《科研宽容制度改革法治化的困境及其破解之道》，载《法学论坛》2020 年第 6 期，第 68 页。

② 参见朱涛：《科研人员“贪污”课题经费的民法解析——以科技计划项目合同属性为基础》，载《北方法学》2018 年第 1 期，第 54 页。

研领域的过度扩张趋势。由于科研活动是一个不断尝试与探索的过程，具有很大的偶然性和不确定性，随着科研项目的开展与深入，科研项目经费的实施方案、技术路线等会作出调整，其执行也会有相应变化，但大部分允许报销的项目规定都非常详细，报销时必须凭借正式发票，因此实践中，某些科研人员通过虚开发票的形式来达到报销科研项目经费的目的。此外，科研人员在开展科研项目经费的活动过程中，从建设实验室到购买科研所用的设备，以及聘用科研助理等整个科研过程，都需要资金的资助。然而，由于科研项目经费拨付不及时，致使科研人员需要自己先行垫付项目经费，而后通过虚开发票报销等形式来补偿之前垫付的项目经费，上述两种情形在当前的科研项目经费法律治理中常常被作为犯罪处理。事实上，上述貌似套取科研项目经费的行为不具有社会危害性，按需支配科研项目经费才是科研活动的本质属性与必然要求①，如若司法机关将上述貌似违规套取实则变通使用科研项目经费的行为进行定罪处罚，则有可能会导致错案发生的风险，侵害了科研人员的权利，极大地损害了司法的公信力和权威性。此外，应当禁止以刑事手段插手民事经济纠纷，对于法律和司法解释规定不明确、法律政策界限不明、罪与非罪界限不清的，不作为犯罪处理。概言之，针对科研人员套取科研项目经费的行为，应当将追究刑事法律责任作为最后的治理手段，只有对于以科技创新为名，实为骗取、套取、挥霍国家科研项目投资，并且严重危害创新发展的犯罪行为，才应当依法追究刑事责任。

综上所述，科研项目经费管理的法治化改革要求司法机关在查办套取科研项目经费案件时，应当严格遵循刑法谦抑性和科研宽容原则，并贯穿于科研项目申请、执行、结项以及评价的全过程，以此为科研人员拥有宽松的科研环境提供有力的司法保障。然而，在实践中，受制于对科研宽

---

① 参见蒋悟真：《科研项目经费规范化治理的法理元素考察》，载《政治与法律》2019 年第 9 期，第 25 页。

容认知的偏差，以及司法机关适用以刑法为中心的追责模式，造成办案机关以职务侦查为起点，并在程序上“一条道走到底”，最终对套取科研项目经费的科研人员进行刑事追责，由此导致司法机关对于普通科研人员套取科研项目经费、科研人员套取横向项目经费、科研人员套取小数额项目经费等情形都进行了定罪处罚，致使套取科研项目经费案件的实体错误风险增大。

一方面，在办理套取科研项目经费案件时，监察机关往往以“科研人员套取科研项目经费的犯罪故事”为主线，再通过检察院的“控诉故事”和法院的“裁判故事”对侦查（调查）版“犯罪故事”的确认和完善[①]，进而将科研人员套取科研项目经费的行为解释为犯罪，最终以贪污罪进行定罪处罚，造成司法机关对于一般科研人员违规套取科研项目经费，或科研人员违规使用横向项目经费以及小额项目经费等情形都动用了刑法手段进行制裁，促使套取科研项目经费案件的实体错误风险增大。事实上，一般科研人员难以存在省察科研经费违规使用行为不法性的机会，从而阻却犯罪的成立；同时，横向项目的科研经费不属于公共财产，而是科研人员基于科技合同完成特定科研任务而取得的“对价”，因而科研人员套取横向项目经费的行为不应当被评价为贪污行为；此外，刑法对犯罪行为的法益侵害性有“量”上的要求，倘若针对套取科研经费数额较少、未造成严重后果的行为动用刑法的手段进行应对，则违背了比例原则和刑事谦抑原则的要求。据此，倘若过度采用刑事制裁手段来规制科研领域秩序，适用以刑法和刑事诉讼法为中心的刑事追责模式，往往会导致司法机关将一些民事、行政与刑事交叉的案件定性为刑事案件，进而以刑事手段代替民事、行政处置，致使套取科研项目经费案件的实体错误风险增大，其结果可能是破坏了而不是维护了科研领域的健康发展。

---

① 参见尚华:《事实认定模式与我国刑事防错机制的完善》，载《环球法律评论》2017 年第 3 期，第 73 页。

另一方面，在办理套取科研项目经费案件时，以适用监察法和刑事诉讼法进行职务犯罪侦查（调查）为起点的程序惯性，促使套取科研项目经费案件的实体错误风险增大。就科研人员套取科研项目经费犯罪案件而言，立法上设计了“职务侦查（调查）→起诉→审判”的诉讼流程，并强调在不同的阶段适用不同的证明标准，这就使得每个阶段在查明科研人员贪污科研项目经费行为的目标上有所区别，而后续程序中通过对先前阶段认定的案件事实再进行审查，以防止案件出现事实认定和法律适用上的错误。然而，“职务侦查（调查）→起诉→审判”的程序惯性很容易使这种递进式证明标准的设计初衷被侵蚀，特别是对于科研人员套取科研项目经费行为的事实认定与法律适用等实体内容方面的结论，程序惯性会迫使后续程序办案机关在大多数情况下只能接受而无法否定先前的程序结论。在这种情形下，倘若监察机关一旦将科研人员套取科研项目经费的行为纳入职务犯罪进行侦查（调查），那么在后续的程序中就有可能会“一条道儿走到黑”，难以阻止或改变套取科研项目经费案件的实体裁判结果，这就导致套取科研项目经费案件中出现错案的风险也随之增加。①

第三节　科研项目经费管理法治化难题之检视

通过前述考察发现，当前司法机关对于科研人员套取科研项目经费行为的刑事制裁存在一系列的实践问题，这些问题进一步带来了科研项目经费管理的权力属性异化、科研项目经费管理的权利保护机制虚置、套取科研项目经费案件的实体错误风险增大等危害后果，这反映出司法实务界普遍过度依赖刑法来治理科研秩序的现象。因此，有必要深入探究

① 参见郑曦：《刑事诉讼中程序惯性的反思与规制》，载《中国法学》2021 年第 3 期，第 252—253 页。

科研项目经费管理中法治困境的诱因，以及对科研项目经费管理的法治化难题进行制度审视，回应实践中的疑难问题，以期为破解科研项目经费管理的法治化难题提供理论上的依据。

一、科研项目经费管理法治化难题的诱因探究

当前，我国正处于深化科研项目经费管理法治化改革的关键时期。针对科研人员套取科研项目经费的行为动用刑法的手段进行治理，既反映出科研项目经费的管理与使用一直遵循着“权力导向”的行政管控思路，也表明了科研人员管理与使用科研项目经费的权利得不到保障的现状，这不利于科研活动的健康有序的发展。究其原因，主要是科研路线自主决策权受到科研项目预算编制权的制约、科研项目经费自由支配权受到科研项目经费监督权的制约以及“轻事前预防、重事后治理”的科研项目经费管理体制机制，从而导致刑事法律单边规制科研领域的功能产生异化。

其一，科研路线自主决策权受到科研项目预算编制权的制约。作为科研思想自由与科研规律承载的科研路线自主决策权，应当是科研项目经费管理的重点保护内容。然而，已如前述，从当前科研领域的相关法律文本来看，我国相关的立法规定只总括性地强调了科研人员从事自主选择科研路线的权利特征，并没有进行具体的细化，导致其立法内容太过于抽象。如我国《宪法》和《科学技术进步法》皆明确规定了科研路线自由权是作为公民的基本权利而存在的①，然而，对于科研人员在科研过程中到底具有哪些科研路线自主决策的权利，尤其是当科研自主决策的权利与科研项目预算编制的权力发生冲突时，应如何规范与协调，优先保护哪种

① 我国《宪法》第47条规定：“中华人民共和国公民有进行科学研究、文学艺术创作和其他文化活动的自由。”我国《科学技术进步法》第3条规定：“国家保障科学技术研究开发的自由，鼓励科学探索和技术创新，保护科学技术人员的合法权益。”

利益？上述立法条文并未作出详细规定，也没有相应的实施细则，导致科研路线自主决策权受到科研项目预算编制权的制约。[①]从科研项目预算编制权的角度来看，根据我国《预算法》的规定，目前我国科研项目经费的使用仍遵循着“立项管理—预算编制—资金拨付”的预算规范化治理进路，这一方式虽然有利于国家实现对科研项目经费使用的有效管控与监督，但却无法有效保障科研路线的自主决策权。事实上，科研预算编制行为是一项庞大、复杂的系统性工程，由于科研人员只钻研、精通于自身领域的科学知识，缺乏编制科研预算的财务知识，因而其对于科研预算的编制缺乏合理性、科学性。[②]并且，由于科研活动具有一定的不确定性与或然性等特点，科研人员在从事科研活动的过程中会发生路线上的变化或转移，这就造成科研预算随着科研路线的变化而变化，导致事先编制好的预算条目更加偏离了科研实践，不能真实地反映科学研究之需求，进而致使科研人员不能按照科研的真实需求来支配与使用科研项目经费，最终使得科研人员被动地“制造”科研预算，以弥补无法体现在预算编制之中的经费，亦即科研路线自主决策权受到科研项目预算编制权的制约悄然演化成科研人员套取科研项目经费的重要诱因。

其二，科研项目经费自由支配权受到科研项目经费监督权的制约。从我国科研项目经费管理的相关法律文本来看，无论是与科研项目经费相关的立法条例还是规范性文件，都体现出科研主管部门对科研项目经费管理与使用的严格监督，亦即对于科研人员使用与支出科研项目经费的行为，科研主管部门仍然以“简单套用行政预算与财务管理方法”进行管理，并通过审计、财政部门等专门监督机关对科研人员使用项目经费的行为进行监督与管控，使得科研人员应当严格按照科研预算来执行相关

① 参见蒋悟真、郭创拓：《迈向科研自由的科研项目经费治理入法问题探讨》，载《政法论丛》2018年第4期，第73页。

② 参见张驰：《财政科研结余经费的类型化治理》，载《政法论丛》2018年第4期，第95页。

的费用支出问题，并且非经报批，不予调整。这种不合理的科研项目经费管理与监督机制，与国家鼓励科研人员科技创新、尽力投入智力劳动的精神是相违背的，甚至可以说是对科研人员及科学技术、智力创造的一种歧视。[①]事实上，这种由科研主管部门严格管控与监督科研项目经费的管理体制机制虽然有利于保护经费使用与支出的安全性，但却严重忽视了科研人员在从事科研活动中具有自由支配项目经费的科研权利保护属性，容易激化科研人员与科研管理机关之间的矛盾，极大地减损了科研效率。从当前的科研项目经费报销制度来看，目前关于科研项目经费的使用与支出均先由科研人员先行垫付，然后再根据票据进行实报实销，且所报销的费用应当严格受到科研预算编制项目的制约，这就导致科研主管部门、财务部门在经费使用的审核与监督过程中拥有较大的行政管控权力，甚至出现科研主管人员、财务人员决定项目经费开支的情况。[②]申言之，正是由于当前科研项目经费的使用与支出受到科研主管部门、财务部门等严格的监督与限制，导致科研项目经费自由支配的权利与科研主管机关的管控权力存在着无法协调的矛盾，不仅造成科研项目经费自由支配权受到科研项目经费监督权的制约，削弱了科研自由保障的本源基础，更是造成科研劳动报酬权、科研产出奖励权等一系列科研权利无法得到有效保护，大大降低了科研人员从事科研活动的积极性，同时也极易诱发科研人员套取科研项目经费的现象发生。

其三，"轻事前预防、重事后治理"的科研项目经费管理体制机制。从现行我国科研项目经费的管理体制机制来看，当前国家对于科研人员套取科研项目经费的行为存在"轻事前预防、重事后治理"的管理方式。事

---

① 参见孙国祥：《套取并占有科研项目经费的刑法性质研究》，载《法学论坛》2016年第2期，第150—151页。

② 参见蒋悟真、郭创拓：《迈向科研自由的科研项目经费治理入法问题探讨》，载《政法论丛》2018年第4期，第79页。

实上，科研人员之所以会套取科研项目经费，与目前我国科研项目经费的管理体制机制缺陷存在一定的关联。在笔者参与的一项针对科研人员管理与使用科研项目经费的调查和访谈中，科研人员大多反映现有的科研项目经费管理体制机制不太灵活，在某些方面不利于科研工作的有序开展，正是这种死板的科研项目经费管理体制机制导致了科研人员套取科研项目经费现象的频发，即科研项目经费管理体制机制的缺陷是科研人员套取科研项目经费的重要诱发因素。具体而言：

一是科研活动的不确定性与科研项目经费的精细化管理相冲突。科研活动是一个不断尝试与探索的过程，具有很大的偶然性和不确定性，有些案件中科研人员随着科研项目的开展，科研项目经费的实施方案、技术路线等会作出调整，其执行也会有相应变化，但大部分允许报销的项目规定的都非常详细，报销时必须凭借正式发票，因此实践中，科研人员就不得不通过虚开发票形式来达到报销科研项目经费的目的。

二是科研项目的立项、结项涉及部门太多，导致科研项目经费到账经常不及时。很多科研人员反映，科研项目经费拨款不及时到账是套取科研项目经费的一大根源，科研项目经费的滞后就导致科研人员需要自己垫付资金，因此有些科研人员就会采用虚开发票报销等形式套取科研项目经费来垫付空缺资金的行为。

三是财务部门对科研项目经费报销的形式审查繁而不实。以人文社科领域的科研项目经费管理为例，《国家社会科学基金项目资金管理办法》（财教〔2016〕304 号）明确规定，责任单位应当加强项目预算审核把关，规范财务支出行为，保障资金使用安全规范有效。然而在现实中，财务部门报销程序只是形式上的烦琐复杂，并没有一套严格并规范的审查程序，通常在科研项目经费报销过程中，只需要有两字一章（课题组成员和领导签字、加盖院公章）即可报销科研项目经费。此外，在访谈中也发现，设备及相关材料采购的发票清单上也不需要列有固定的公司或单位，只要是出具国家规定的正式发票即可报销，这表明了财务部门对科研项目经费管理与使用的审查形式化，以致失去了事前监督与协调的作用，并将风险转嫁于科研人员身上。

四是科研项目经费的专项审计监督尚未开展。根据《审计法》的相关规定，审计部门对国家单位的财务收支情况进行审计监督。《国家社会科学基金项目资金管理办法》(财教〔2016〕304 号)也规定了各省市的社科规划办公室负责对本地区的资金管理及使用情况进行专项审计，如审计过程中发现资金问题应及时督促其整改，并向全国社科规划办报告。然而，在实践中，高校或国有事业单位审计处，对科研项目的资金使用状况并没有进行合理的监督。经统计，前述 66 名被告人员中，只有 14 名被告人在科研项目结题时进行了专项审计，占比 21.2%，这表明大部分科研项目的专项审计监督流于形式，没有发挥应有的事前监督作用。此外，即使审计部门进行了专项审计监督，往往也只在科研项目结束后进行审计检查，轻视了科研项目实施过程中的审计。一般而言，事前审计和事中审计是有效防控科研人员管理与使用科研项目经费之刑事风险的关键环节，比如通过对科研项目经费的执行情况、开支的合法性和合理性、配套资金是否到位等科研项目经费运行的环节进行审计监督，既维护了高校、科研院所等国有单位自身的利益，也有效降低了科研人员管理与使用科研项目经费的刑事风险概率，从而保障了科研秩序的健康有序开展。然而由于高校、科研院所等单位普遍存在“重预算、轻监管”的管理方式，目前仅有极少数的科研单位及高校实施科研经费使用全过程的专项审计监督。

五是过于强调用刑事的手段来治理与规范科研项目经费的管理与使用。实践中，司法机关对于科研人员套取科研项目经费构成犯罪的解释，未予以严格的限制。根据最高人民检察院《关于充分发挥检察职能依法保障和促进科技创新的意见》(高检发〔2016〕9 号)的相关规定，科研人员套取科研项目经费入罪的要件实际上包含两个方面：一是以科研创新为名实际上并未开展科学研究活动；二是采取欺骗手段套取大额经费。然而从上述样本案例看，大部分套取科研项目经费的行为并不具备这两个特征，但是司法人员还是对套取科研项目经费的科研人员追究了刑事责任，反映出科研项目经费管理中的刑事法律制裁机制过于扩张化的趋势。

由是观之，当前我国"轻事前监督预防、重事后刑法治理"的科研项目经费管理体制机制并不能从根本上解决科研项目经费滥用的问题，在一定程度上反而会阻碍科研创新活动的健康发展。申言之，在科研项目经费管理的过程中，如若国家过于轻视科研项目经费管理的事实监督预防意识，未能建立内部的刑事风险防控机制，而只是一律强调动用刑事的手段来进行治理，可能会将一些情节轻微、危害不大的科研纠纷案件升格为刑事案件进行处理，从而造成科研项目经费管理中的刑事制裁机制过于扩张化，使得刑事法律制裁措施非理性地介入科研项目经费管理的法律治理机制，导致科研人员管理与使用科研项目经费的刑事风险巨大。

二、科研项目经费管理法治化难题的制度审视

通过前述分析后发现，科研项目经费管理法治化难题产生的诱因在于现行我国科研项目经费的管理一直遵循"权力导向"的权力管控思路，且弱化了科研权利的保护属性，进而造成科研路线自主决策权受到科研项目预算编制权的制约、科研项目经费自由支配权受到科研项目经费监督权的制约以及"轻事前预防、重事后治理"的科研项目经费管理体制机制，最终导致司法实务忽视科研权利所带来的认定偏差。因此，需要对科研项目经费管理中的科研权力与科研权利、科研权利保护与科研责任追究机制之间的关系进行制度审视，寻求科研项目经费管理法治化难题的制度根源。

（一）科研项目经费管理中的科研权力与科研权利无法协调一致

科研项目经费管理法治化改革的目的在于维护科研领域秩序的同时最大限度地激发科研人员的科研积极性，保障科研人员的科研权利。域

外科研项目经费管理体制中，科研权利保护目的体现得淋漓尽致，例如德国国家科学基金会就尤其注重项目经费管理中的人力资源的重要性，在科研管理中重“人”轻“物”，充分保障了科研人员自由支配科研项目经费的科研权利。[①]美国科研人员在申报科研项目时享有充分的科研自主权，在科研项目的评审环节中，评审专家更看重该项目对于该学科的推动与发展的价值，而不会受太多现实因素的影响。[②]日本强调科学研究在整个国家科技创新体系中的重要作用，通过不断增加科研项目经费的投入来加速推进国家科技创新能力，同时，将学术标准贯穿于科研项目经费管理的全过程，并设置特定导向的项目来激发科研人员的科研能力，科研项目经费的管理与使用制度充分体现了科学发展的不可预测性。[③]然而，反观我国的科研项目经费管理体制机制，无论是与科研项目经费相关的立法条例还是政策性文件，尚未完全体现出科研权利保护目的的精神要义。如前文所述，我国科研项目经费的管理体制机制呈现出科研权力的管控模式，即科研人员使用与支出科研项目经费的行为要受到科研主管部门、财务部门等的严格约制与监督，再加上刑事制裁机制的过于扩张化，导致刑事立法不当地介入科研领域。这样的科研项目经费管理体制机制，容易造成科研项目经费管理中的科研权力与科研权利无法协调一致。

一方面，科研主管部门的权力与科研人员的权利无法协调一致。当前我国的科研项目经费管理体制机制存在着科研主管部门“权力异化”与科研人员“权利虚化”的现象。一是我国科技立法确立了科研人员的权利保障机制，但这种权利保障机制仅停留在制度建设层面，即制度机制本身

---

① 参见黄素芳：《关于德国科研及科研项目经费管理体制的思考》，载《经济师》2013 年第 1 期，第 64 页。

② *See* Barry Bozeman & Jan Youtie, *Socio-economic impacts and public value of government-funded research: Lessons from four US National Science Foundation initiatives*, Research Policy, Vol.46:1387, pp.1387—1398(2017).

③ 参见丁建洋：《学术取向：日本“科研费”制度演进与运行的基本逻辑——日本大学高层次科学创新能力形成的一个视角》，载《清华大学教育研究》2014 年第 1 期，第 64—74 页。

的具体情况，如科技主管部门如何鼓励、支持科研人员开展科研活动，保障科研人员自由支配科研项目经费的权利，国家立法没有作相应的规定，地方性立法也未将之予以具体化。此时，科研主管部门不负担特别的权利保障义务，相对应的科研人员缺乏请求国家提供指导、协调、服务保障的权利，这就造成科研项目经费管理的法治化改革无法生根落地，科研人员无法从中受益，相关的改革性文件仅停留于制度建设层面，并没有转化为实实在在的权利赋予与保障活动。①二是科研主管部门对于项目经费的管理存在着“重物轻人”的现象，造成科研人员自由支配科研项目经费权的权利保障机制不足。亦即，作为科研活动的主体，科研人员的价值难以通过科研项目经费的管理与支出体现出来，科研项目经费大多投入在“物”上面，而花费在“人”上面的开支过于低廉，难以真正发挥科研绩效激励的作用。②以科研劳动报酬权为例，我国《宪法》与《劳动法》均赋予了劳动者有获得劳动报酬的权利，然而现行的科研项目经费管理制度却未认可在编在岗科研人员可以从科研项目经费中提取劳动报酬的权利。事实上，这种不能通过科研项目经费对科研人员的智力成本与体力成本进行补偿的机制，容易造成原可获偿科研活动的成本被转嫁至科研人员身上，致使科研人员的经济权利面临“二次侵害”。③三是科研主管部门的管理权力过于集中，易引发权力寻租问题。如在科研项目评审阶段，科研主管部门与评审专家分工合作，遴选出高质量的科研项目，但科研主管部门享有项目评审的最终决定权，由此出现科研主管部门的权力管控机制产生异化。④又如在科研项目经费支出与使用阶段，科研主管部门具有掌控科

① 参见周海源：《从政府职责到科研权利：科技法虚置化的成因与出路》，载《华中科技大学学报（社会科学版）》2016 年第 6 期，第 71 页。

② 参见董阳、陈锐：《财政性科研项目经费性质及其监管机制研究》，经济管理出版社 2019 年版，第 110 页。

③ 参见郑毅：《高校科研项目经费管理与学术自由的保障研究——以〈中央和国家机关差旅费管理办法〉第 25 条为切入点》，载《当代法学》2015 年第 3 期，第 51 页。

④ 参见吴江：《科研领域权力寻租亟待破除》，载《光明日报》2015 年 7 月 7 日，第 16 版。

研项目经费使用管理与支出审核的权力，而对于科研人员的项目经费自由支配权、劳动报酬权、科研奖励权、成果转化权等却缺乏具体的权利性保障，更多的是对科研人员科以义务，由此造成科研主管部门的行政管理权与科研人员的科研权利存在严重失衡。①

另一方面，科研项目依托单位的权力与科研人员的权利无法协调一致。高等院校、科研院所作为科研人员主持科研项目的依托单位，具有跟踪科研项目经费使用、受科研主管部门委托具体管理科研项目经费的使用、配合科研主管部门监督与审核科研项目经费支出的权力。②一般而言，项目依托单位具有行政权力与学术权力的双重功能，同时具有管理科研项目经费使用与保障科研人员权利的双重职责。从学术权力的功能视角来看，根据我国《高等教育法》的相关规定，国家授权高等学校根据自身条件，自主开展科学研究、技术开发和社会服务，以及同企业事业组织、社会团体及其他社会组织在科学研究、技术开发和推广等方面进行多种形式的合作。同时，高等学校依法自主管理和使用财产、国家财政性资助、受捐赠财产。由此而言，我国立法上赋予了项目依托单位即高等院校、科研院所自治的原则，以及保障科研人员学术研究自由的权利。③从行政权力的功能视角来看，项目依托单位的行政权力通常表现为对科研人员的支配权、对科研资源的分配权、对科研事项的决策权以及对科研成果评价的决定权等。④从价值属性来看，项目依托单位的行政权力具有其自身的必要性，因为在大学组织内部事务变得日益复杂的情况下，其行政权力具

---

① 参见蒋悟真：《科研项目经费管理改革的法治化路径》，载《中国法学》2020 年第 3 期，第 192—193 页。

② 参见蒋悟真：《科研项目经费规范化治理的法理元素考察》，载《政治与法律》2019 年第 9 期，第 18 页。

③ 参见周刚志：《学术研究自由权的宪法比较分析》，载《法学评论》2017 年第 2 期，第 30—31 页。

④ 参见谢凌凌：《大学学术权力行政化及其治理——基于权力要素的视角》，载《高等教育研究》2015 年第 3 期，第 42 页。

有构建组织秩序、提高管理绩效、整合关系网络与履行社会责任的重要价值。[①]从当前实践来看,我国科研项目经费的管理体制机制更多强调了项目依托单位的行政权力属性,更多赋予了项目依托单位配合科研主管部门跟踪、监督、审核科研项目经费的职责,而非对科研人员科研权利的保障。究其根源,主要是项目依托单位往往在学术主体配置、学术活动管理、学术组织建构、学术成果评定等方面呈现出与行政机关相似的特征,以行政管理经验取代了科学研究规律,进而使得项目依托单位的行政指令与等级科层制等行政管理方式与理念不可避免地会在学术权力的运行中展现出来,这种将行政管理的方法与手段当成目标、脱离科学研究规律或忘记了大学的根本目标就是通过行使学术权力以推动科学的进步,就是所谓的学术权力行政化。[②]因此,在项目依托单位学术权力行政化的背景下,原本基于自由精神的学术活动产生了某种程度的变异[③],这直接造成科研人员从事科研活动的自主决策权、自由支配权等权利受到了行政权力的制约与监督,导致项目依托单位的权力与科研人员的权利无法协调一致。

由是观之,在我国科研项目经费的权力管控模式下,国家的科研权力占据着主导的地位,而科研权利则处于被动甚至是缺乏应有的尊重的境况下,科研项目经费管理中的科研权力与科研权利明显处于失衡的状态。[④]在这种境况下,现行科研项目经费管理中的科研权力与科研权利无法实现协调一致,致使科研人员对科研项目经费使用与支出的自由支配

---

① 参见吴丁玲、胡仁东:《大学组织内部治理中行政权力的制度设计——兼论学术权力与行政权力的关系》,载《江苏高教》2018 年第 9 期,第 61 页。

② 参见谢凌凌:《大学学术权力行政化及其治理——基于权力要素的视角》,载《高等教育研究》2015 年第 3 期,第 42 页。

③ 参见石连海、朱玉成:《大学行政权力与学术权力的边界与互动关系》,载《高等教育研究》2019 年第 11 期,第 48 页。

④ 参见蒋悟真:《纵向科研项目经费管理的法律治理》,载《法商研究》2018 年第 5 期,第 40 页。

权不足，进而造成科研权利保护目的指向流于形式。“前续科研权力继续强化，后续科研权利保障无力”，使得科研权利的保护目的与科研权力的管控模式不能形成统一合目的的科研项目经费管理体制机制。

（二）科研权利保护与科研责任追究机制难以兼容并蓄

国家对于科研人员套取科研项目经费行为的刑事制裁机制保持谦抑性是至关重要的，尤其在我国科研项目经费管理政策迈向科研自由的改革背景下，科研项目经费管理中的法律责任追究机制应当与科研权利保护目的保持对合的趋势。然而，前述样本案例显示，这一对合趋势并未得以体现，具体表现为：其一，科研容错权的保障机制与科研权利保护目的无法对合趋同。科研容错权强调科研主管部门根据科研项目风险的不同，设置不同级别或比例的失败容忍度。如国务院《关于优化科研管理提升科研绩效若干措施的通知》（国发〔2018〕25 号）明确指出，科研主管部门要建立自由探索和颠覆性技术创新活动免责机制，对已履行勤勉尽责义务但因技术路线选择失误而导致难以完成预定目标的单位和项目负责人予以免责；同时，科研主管部门要支持高校和科研院所按照国家科技体制改革要求和科技创新规律进行改革创新，合理区分改革创新、探索性试验、推动发展的无意过失与明知故犯、失职渎职、谋取私利等违纪违法行为。然而，纵观我国的科研项目经费管理实践，并没有体现出对于科研失败的宽容机制。如对于科研人员逾期未能结项的，按照撤项处理，由项目依托单位负责追回已拨付经费，且项目负责人在一定期限内被取消申报同类项目的资格。又如当前科研项目经费的审计制度，体现的是一种“以公共财政经费的拨付与成果验收”为核心的制度设计，并套取行政预算的监督程序与设计，由此造成审计部门对于科研人员使用与支出科研项目经费的审计监督过于严苛，迫使科研主管部门、项目依托单位不敢轻易作出对科研人员科研失败行为的宽容决定。在此背景下，科研容错权被片面地认为是对科研活动失败或错误的“施恩”与“舍惠”，由此导致科研容错权的制度设计更多地体现出鲜明的“行政权力面孔”[①]，致使科研人员处于被动与边缘的地位，其从事科研活动的各项权利并没有得到相应的尊重，造成科研权利的保护目的与科研容错权的保障机制无法呈对合趋势。

其二，科研责任的多元追究机制与科研权利保护目的无法对合趋同。即针对科研人员套取科研项目经费行为的多元追责机制未作出明确的界分，无法实现与科研权利保护目的的对合趋同。相较于刑事立法的扩张化趋势，科研项目经费的民事、行政制裁手段则是空白，现有的立法条文无法规范套取科研项目经费行为之多元制裁手段的契合性与协调性。就国家立法而言，《科学技术进步法》作为科研领域效力最高的部门法，也只笼统地规定了科研人员套取科研项目经费行为的法律责任追究方式，然而对于具体使用什么样的行政处分措施、需要承担什么样的民事责任以及在何种条件下才承担刑事责任，该法却并没有明确予以规定，这就使得司法机关针对科研人员套取科研项目经费行为的民事与行政制裁手段缺乏具体的法律依据，自然增大了多元化追究套取科研项目经费的科研人员之法律责任的难度，进而导致刑法单边规范科研领域的功能产生异化。[②]正如有学者所言：“即使现行的科研项目经费的管理不合理，科研人员的劳动价值没有体现，但是应然的改革不能替代法律与规章，对于套取科研项目经费的行为只能按照现行的刑法予以规范与评价，制度不合理不能成为阻却犯罪的正当化辩解事由。”[③]因此，在实践中，司法机关对于科研人员套取科研项目经费的行为，大多还是以严厉的刑事责任追究机制进行威慑与制裁，进而造成科研权利保护目的与法律责任追究机制难

① 参见郭创拓：《科研宽容制度改革法治化的困境及其破解之道》，载《法学论坛》2020 年第 6 期，第 68—74 页。

② 参见张如：《科研项目经费违规使用的法律责任》，载《学术界》2016 年第 5 期，第 124 页。

③ 参见孙国祥：《套取并占有科研项目经费的刑法性质研究》，载《法学论坛》2016 年第 2 期，第 151 页。

以兼容并蓄，导致科研项目经费管理的法律治理机制偏离了正常的轨道。

其三，科研领域犯罪圈的划定机制与科研权利保护目的无法对合趋同。前述样本案例的数据表明，在66名涉案的科研人员中，有10名科研人员被免于刑事处罚，即司法机关将套取科研项目经费情节较轻、危害结果不大的科研人员作“定罪免刑”处理。其实，对于这些情节轻微、危害不大的科研人员本可以通过行政处罚或者民事途径处理就可达到惩罚的目的，然而，司法机关却将其上升为刑事案件进行处理，折射出刑事司法介入科研领域的扩张性，也意味着科研领域内的犯罪圈边界呈无限扩张趋势。可以说，司法机关对犯罪情节较轻的科研人员作“定罪免刑”处理，在刑事政策上的判断是毫无意义的，并且会严重影响科研项目经费治理的法治化进程，阻碍科研创新的步伐。正如有学者所指出：“犯罪是一种恶，刑罚乃是一种正当化的恶，当刑罚无须科处时，则意味着被评价为犯罪的恶也随之消散，并不应当解释为犯罪。”①

其四，科研救济权的保障机制与科研权利保护目的无法对合趋同。科研人员在救济层面缺失相应内部救济与外部救济的机制保障，导致科研人员的权利落地举步维艰，亦无法实现与科研权利保护目的的对合趋同。没有救济就没有权利，一种无法诉诸法律保护的权利，实际上根本就不是什么法律权利。在科研项目经费的管理中，如若科研人员的科研权利能按照科研规律的轨迹运行与实现，自然无须救济可言；倘若科研权利的合法实现受到来自国家权力机关的阻碍，那么消除这种阻碍，实现权利的救济就是必要的。②对此，最高人民检察院《关于充分发挥检察职能依法保障和促进科技创新的意见》（高检发〔2016〕9号）明确强调，应当拓展法律服务的渠道，加强对科技创新主体合法权益的司法救济，及时审查相

① 参见姜涛：《从定罪免刑与免刑免罪：论刑罚对犯罪认定的制约》，载《政治与法律》2019年第4期，第20—21页。

② 参见程燎原、王人博：《权利论》，广西师范大学出版社2014年版，第362页。

关的控告、申诉和举报，严格依法办理，保障科研人员的合法权益。事实上，科研救济权在本质上是一种科研权利，即当科研权利受到侵害时，科研人员能从法律上获得自行解决或请求司法机关及其他机关给予解决的权利，这种权利的产生必须以科研人员从事科研活动的各项科研权利受到侵害为基础。一般而言，科研救济权的行使方式大致可分为内部救济与外部救济两种，内部救济是指通过落实科研权力机构的责任机制来落实科研权利的保障，外部救济是指通过科研仲裁制度、听证制度、行政复议、复核和申诉制度等方面落实科研权利的保障。然而，在当前的科研项目经费管理实践中，由于科研主管部门、项目依托单位等权力机构的行政管控权力过于扩张，以及刑法过度介入科研项目经费管理领域，导致科研人员套取科研项目经费入刑的普遍化，这使得科研人员对科研项目经费的管理与使用充满“恐惧感”；同时，科研领域的仲裁、听证、行政复议、复核和申诉制度等相关的制度设计并未生根落地，不能为科研权利的行使提供全面的保障。因而，在当前的科研项目经费管理体制机制下，科研人员的权利救济同时缺失相应的内部、外部救济渠道，使得科研权利的司法救济途径几乎处于空白状态。[①]据此，当前背景下科研人员从事科研活动的各项科研权利缺乏必要的救济权能，由此造成科研人权所享有的科研权利名不副实，导致科研权利的保护目的无法实现。[②]

① 参见蒋悟真：《科研项目经费管理改革的法治化路径》，载《中国法学》2020 年第 3 期，第 198—199 页。

② 参见菅从进：《权利制约权力论》，山东人民出版社 2008 年版，第 326 页。

第三章　科研项目经费管理法治化的逻辑及其展开

国家对于科学研究的干预绝非始于科学产生之日，而是经历了一个漫长的历史演化过程。[①]由于科研项目经费来自国家的财政拨款，因而科研项目经费与行政管理经费一样，在管理、使用上都遵循着同样的管理模式，都要受到行政主管部门的事前监督以及财务、审计等职能部门的事后监督。然而，由于科研活动具有一定的不确定性、或然性等特点，因而科研项目经费管理中的管控权力对科研权利缺乏必要的“尊重”，并未从根本上体现对科研权利的保护价值，造成科研人员管理与使用科研项目经费的刑事风险巨大。前已述及，当前我国科研项目经费管理的法治化之所以出现一系列的难题，主要是因为科研路线自主决策权受到科研项目预算编制权的制约、科研项目经费自由支配权受到了科研项目经费监督权的制约以及“轻事前预防、重事后治理”的科研项目经费管理体制机制，使得科研权利与科研权力难以协调一致、科研权利保护与科研责任追究机制难以兼收并蓄。据此，在科研项目经费的管理中，解决好科研项目经费管理中科研权力与科研权利之间的冲突与权衡，以及建构多元化的法律责任追究机制等问题，是科研项目经费管理法治化的基石。通过考察

① 参见蒋悟真:《科研项目经费管理改革的法治化路径》，载《中国法学》2020 年第 3 期，第 190 页。

我国科研项目经费管理的相关规定，可以发现，科研项目经费管理中的科研权力可以分解为科研项目预算编制权与科研项目经费监督权；科研项目经费管理中的科研权利可以分解为科研路线自主决策权与科研项目经费自由支配权；科研项目经费管理中的法律责任类型可以分解为民事法律责任、行政法律责任与刑事法律责任。事实上，科研项目经费管理的法治化的本质属性是不同的权力、权利关系的组合，并最终体现在实现科研项目经费管理中科研权力配置的优化、科研权利的保障及多元化的法律责任追究机制上，进而实现权力与权利之间的兼顾以及构建以科研权利保护目的为本位的多元法律责任追究机制（见图3-1）。申言之，欲实现科研项目经费管理的法治化，就应当厘清科研项目经费管理中科研权力与科研权利之间的互斥关系，明晰权利与权力之间的互斥关系对科研项目经费管理法治化的意义，以及对科研项目经费管理中科研权力与科研权

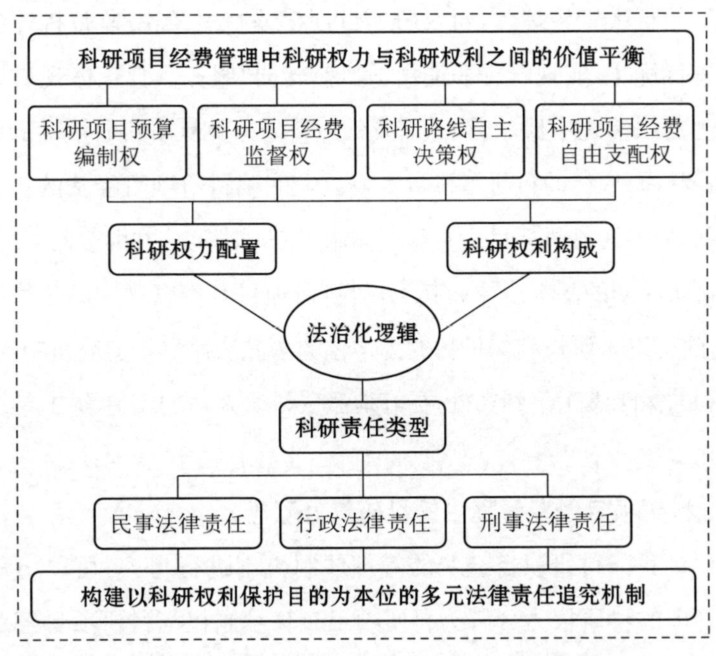

图3-1 科研项目经费管理的法治化逻辑图析

利之间的关系进行价值权衡，以避免科研项目经费管理中的科研权力过于扩张，实现科研权利保护的目的，构建以科研权利保护目的为本位的多元法律责任追究机制，使科研项目经费管理的法律治理取得最佳的法律效益与社会效益，进而为实现科研项目经费管理法治化的目标提供坚实的制度保障。

第一节　科研项目经费管理法治化的逻辑起点

欲实现科研项目经费管理的法治化，需要明确科研项目经费管理中科研权力的配置属性、科研权利的构成部分以及科研项目经费管理中的法律责任类型。唯此，才能更好地优化各项科研行政管理权力与保障科研人员从事科研活动的各项权利。具体来说：其一，需要转变科研项目经费管理中的行政管控理念，对科研项目预算编制权、经费监督权等各项权力配置进行优化，实现管理职能由“管理”转向“服务”，真正体现科研项目经费管理的法治化本质。其二，需要保障科研人员从事科研活动的各项权利，如强调科研人员的科研路线自主权以及明确科研项目经费的自由支配权等权利，最终使科研项目经费管理体制机制既满足公共财政的管理要求，又契合科研活动的基本规律。其三，对科研项目经费管理中的法律责任进行分类，建构以科研权利保护目的为本位的多元法律责任追究机制，进而使科研权利的保障真正落到实处，更好地激发科研人员的创造活力。

一、科研项目经费管理中的科研权力配置

通过对我国科研项目经费的管理体制机制进行考察，可以将科研项目经费管理的科研权力分解为科研项目预算编制权与科研项目经费监督权。在我国，科研权力贯穿科研项目管理的全过程，欲实现科研项目经费

管理的法治化，就需要厘清各项科研权力的配置基准，规范及优化科研项目经费管理各阶段中科研权力的管理权限，并为科研人员的权利提供有效的制度保障。

（一）科研项目预算编制权

科研项目预算编制行为是科研项目经费管理的首要环节。所谓科研项目预算编制行为，是指科研人员从事科研活动对所需经费所作出的具体安排，它反映出科研活动的主要内容。①一直以来，我国科研项目经费的支出是按照课题实行预算制进行管理的，即科研主管部门根据课题申请人在立项时编制的预算将科研项目经费划拨至课题申请人所在的项目依托单位，由项目依托单位根据相应的科研项目管理办法及科研项目预算编制对科研人员的项目经费支出进行管理与监督，并受科研主管部门的委托对科研项目经费的使用情况进行审计、检查与结题验收。②因此，科研项目预算编制行为是科研项目经费管理中的关键环节。然而，通过考察我国科研项目经费的管理体制机制，可以发现，受传统惯性思维的影响，科研主管部门仍然侧重于通过细化科研预算编制的支出项目，以达到约束与管理科研项目经费的目的。事实上，这种僵化的科研预算治理进路是阻碍科研项目经费管理法治化改革的最大瓶颈，使得科研项目的预算编制权呈现行政化的趋向。具体而言：其一，科研预算科目设置不合理。从现行我国科研预算编制的相关规定来看，科研人员应当根据科研目标相关性、政策相符性与经济合理性等原则合理编制科研项目预算，并严格执行经科研主管部门批准的科研项目预算。③然而，当前的科研预算

① 参见胡明：《科研项目经费预算改革的困境及其法治出路》，载《政治与法律》2019 年第 9 期，第 30 页。

② 参见张岚：《关于完善高校科研项目经费预算管理体系的思考》，载《中国科学基金》2014 年第 1 期，第 40 页。

③ 参见蒋悟真：《科研项目经费管理改革的法治化路径》，载《中国法学》2020 年第 3 期，第 189 页。

科目并不能涵盖科研活动的全部支出，实践中科研预算编制的设置一般采取“列举＋兜底”式，将设备购置费、租赁费、会议费、材料费、差旅费、劳务费等科研费用囊括在内，然而却无法也不可能穷尽科研活动的全部支出需求，尤其是没有将科研人员的人力资本反映在科研预算之中，由此导致部分与科研活动无关的开支无法反映在预算之中，继而不能从中报销，从而造成部分科研人员通过虚构合同、虚开发票等形式来套取本属于正常开支的项目经费，严重损害了广大科研人员从事科研活动的积极性。其二，科研预算科目调整过于“僵硬化”。根据现行《预算法》的相关规定，各部门、各单位的预算支出应当按照预算科目执行，严格控制不同预算科目、预算级次或者项目间的预算资金的调剂，确需调剂使用的，按照国务院财政部门的相关规定办理。因此，在我国科研预算科目的执行上，科研主管部门仍然以科研人员按照科研预算科目中的经费支出范围并以票据的形式进行核定报销，造成部分未反映在科研预算中的经费支出尤其是科研人员的人力资本等无法得到合理补偿，这在某种程度上迫使科研人员通过违规的方式来套取科研项目经费，极大地增加了科研人员使用与支出科研项目经费的刑事风险。

因而，近年来国家陆续出台了一系列的规范性文件与解释，以期简化科研项目的预算编制行为，激发科研创新活力。如 2016 年中共中央办公厅、国务院办公厅印发《关于进一步完善中央财政科研项目资金管理等政策的若干意见》(中办发〔2016〕50 号)提出，要进一步推进简政放权、放管结合、优化服务，改革和创新科研项目经费使用和管理方式，根据科研活动规律和特点，简化预算编制，下放预算调剂权限。在此基础上，2018 年国务院《关于优化科研管理提升科研绩效若干措施的通知》进一步强调，要开展简化科研项目经费预算编制试点。项目直接费用中除设备费外，其他费用只提供基本测算说明，不提供明细。应当说，从近些年来国家出台的一系列规范性文件中释放出“简化预算编制”“尊重科研自主权”等明显的法治信号，这些法治信号正是催生科研项目经费管理法治化改革的重要驱动力和标志。然而，上述改革虽说在某种程度上简化了科研预算的编制科目，下放了预算调剂权限，但并未从本质上厘定科研预算科目的本质属性，使得科研预算的规范约束凌驾于科研自由的保障之上，不符合科研规律的要求。①

鉴于此，应当根据不同的科研项目类型，科学合理地设置科研预算科目，有效地分配科研资源②，同时探索以“包干制”代替严格的科研预算编制制度；此外，规范科研预算科目的调整机制，将科研预算科目调整的“审批制”更改为“备案制”，以构建真正符合科研规律的项目预算编制模式。具言之：其一，科学合理地设置科研预算科目，探索以“包干制”代替严格的科研预算编制制度。根据不同的科研项目类型，制定差异化的科研预算科目，推进科研预算科目的分类改革③，如可依据不同学科的科研项目或不同类型的科研项目作出差异化的科研预算编制。文科类项目，由于需要的实验耗材、测试化验加工费、燃料动力费等费用较少，可以适当调节间接费用的比例。④同时，应当明确科研人员人力资本的补偿标准，根据不同科研人员对于项目完成的贡献度，分别设定不同人员的人力资本标准。此外，应当探索科研预算的“包干制”，以代替严格的科研预算编制制度。正如国务院办公厅《关于改革完善中央财政科研经费管理的若干意见》（国办发〔2021〕32号）所规定的：“在人才类和基础研究类科研项目中推行经费包干制，不再编制项目预算。项目负责人在承诺遵守科研伦

---

① 参见胡明：《科研项目经费预算改革的困境及其法治出路》，载《政治与法律》2019年第9期，第31页。

② *See* Kaare Aagaard, Alexander Kladakis & Mathias W. Nielsen, *Concentration or dispersal of research funding?*, Quantitative Science Studies, Vol.1:117, pp.117—149(2020).

③ 参见蒋悟真：《科研项目经费规范化治理的法理元素考察》，载《政治与法律》2019年第9期，第21页。

④ 参见胡明：《科研项目经费预算改革的困境及其法治出路》，载《政治与法律》2019年第9期，第33—34页。

理道德和作风学风诚信要求、经费全部用于与本项目研究工作相关支出的基础上，自主决定项目经费使用。”应当说，这一改革政策释放出国家对于科研预算编制行为的方向是“灵活化”与“自主化”，力求实现“打酱油的钱可以买醋”，使得科研人员可以根据实际所需列出科研预算，而非按固定科目列开支。其二，建立规范的科研预算科目调整机制。由于科研具有不确定、或然性等特征，因而科研项目经费的使用与支出行为可能会发生变化，进而不符合科研预算编制科目的要求。据此，应当建立规范的科研预算科目调整机制，在编制预算的过程中引入经费预算的协商机制，即科研项目负责人与科研主管机关可以互相协调以及陈述诉求，共同制定科研预算编制项目与调整方案，科研主管部门应当允许科研人员在从事科研项目的活动过程中，依据科研路线的变化或其他正当性原因，调整科研预算的支出条目，在保证科研预算科学性、真实性的同时，强调科研预算编制行为遵从科研活动规律。[①]同时，将科研预算科目调整的“审批制”更改为“备案制”，将科研预算编制调整权下放至科研项目负责人，可以由其根据科研项目的进展情况自行调剂，并于事后向科研主管部门及项目依托单位备案，以确保科研预算科目调整机制的灵活性与自由度，进而实现科研人员自由支配科研项目经费的目的。[②]

（二）科研项目经费监督权

科研项目经费监督权主要是指对科研项目经费的使用与支出行为进行监督，它是科研项目经费管理法治化的制度保障。当前，我国科研项目经费的监督包括科研主管部门、项目依托单位、审计、财务及纪检监察部门等多个部门的监督，从而达到规范科研人员使用与支出科研项目经费的目的。[③]然

---

① 参见卢建平、王晓雪：《论科研腐败的惩治与预防》，载《刑法论丛》2015 年第 4 卷，第 13 页。

② 参见蒋悟真：《科研管理政策改革释放的法治信号解读——以〈关于优化科研管理提升科研绩效若干措施的通知〉为例》，载《法学》2018 年第 10 期，第 122 页。

③ 参见蒋悟真：《科研项目经费规范化治理的法理元素考察》，载《政治与法律》2019 年第 9 期，第 22 页。

而，正是由于上述部门均具有科研项目经费的监督权，容易造成实践中科研项目经费的监督权出现“各自为政”“条块分割”等现象，致使某些科研人员在支出与使用科研项目经费的过程中疲于应对来自各个监督部门的检查，从而影响了科研秩序。①同时，监督部门对不同类型的科研项目经费采取“一刀切”的监管模式，不符合科学研究的规律，如横向项目课题与纵向项目课题的项目经费来源不同，对这两类项目经费支出的过程监督、结果监督的侧重点应当有所区分。此外，现行监督部门对于科研项目经费的使用与支出行为的监督过于刚性，如果科研项目经费的使用与支出不符合科研预算编制及违反了相关的管理规定，就会作出行政处罚的决定甚至是移送司法机关进行处理。事实上，由于科研活动的不确定性，科研项目经费的使用与支出行为并非只要不符合科研管理规定或科研预算编制，就属于违规乃至违法行为。据此，科研项目经费监督权的行使应当契合科研规律，而非屈从于僵硬的科研预算制度及科研项目经费管理制度。

从比较法的视野来看，域外发达国家的科研项目经费监督管理体系较为规范，有一套统一的工作规范与标准。如英国对于科研项目经费的监督体系是多层次的，包含议会、政府主管部门、内阁办公室、拨款机构等多个部门，这些部门分别行使不同的科研项目经费监督职能与权限，并由研究理事会审计与保障小组统一管理与协调，不存在重复交叉的可能性。②在澳大利亚，对于科研项目经费的监督有一套完备的制度体系，通过制定《总审计长法》《财务管理与责任法》《澳大利亚联邦机构与公司法》《高等教育资助法》等法律法规分别对科研项目经费的使用与支出行为作出了具体的规定，以强化互动的监督机制。③

---

① 参见蒋悟真：《科研项目经费管理改革的法治化路径》，载《中国法学》2020 年第 3 期，第 189 页。

② 参见朱海伦、张缨、宋伟：《英国科研项目经费统筹监管的经验与启示：以 AASG 为例》，载《科技管理研究》2018 年第 6 期，第 12—17 页。

③ 参见林拓、袁锦贵、范楠楠：《在规范管理中释放科研生产力：经费管理的国际比较》，载《华东师范大学学报(教育科学版)》2016 年第 4 期，第 71—72 页。

由是观之，欲完善我国的科研项目经费监督机制，有必要进一步对科研项目经费的监督权限进行规范，并根据不同的项目类型采取不同的监督模式，引入柔性化的监督手段，以实现从权威性监督迈向合作性监督的转变。具体来说：其一，规范不同部门对于科研项目经费的监督权限。建立由科研主管部门牵头，项目依托单位、审计、财务及纪检监察等部门参与的监督管理机制，规范各部门监督与管理科研项目经费使用与支出的职责权限，统一监督与审计流程、标准与报告要求，以发挥监督的增量作用，减少各部门分头监督的交叉作用，使科研人员从烦琐的监督与管理中解放出来，提升科研绩效。其二，根据不同的项目类型采取不同的监督模式。中共中央办公厅、国务院办公厅《关于进一步完善中央财政科研项目资金管理等政策的若干意见》（中办发〔2016〕50 号）指出要实行科研项目分类管理和监督，针对项目依托单位以市场委托方式取得的横向经费，应由项目依托单位按照委托方要求或合同约定管理使用。因此，对于横向课题项目经费进行监督的重点应当是“结果导向”，即科研项目经费使用与支出的结果是否符合合同的相关要求。对于纵向课题项目而言，由于经费来源于国家财政拨款，在性质上属于公共财产，因而监督的重点应强调其“过程控制”，即监督部门可以对科研项目经费使用与支出的时间、次数、内容进行监管与审计，以此实现纵向项目资金的合规使用。其三，改革科研项目经费监督的手段。改革刚性的监督手段，以缓解监督部门与科研人员之间的紧张关系，实现从“命令—控制”迈向“对话—互动”的监督模式转变，强化科研项目经费监督部门与科研人员之间的信任关系，对有争议的经费支出内容可以以对话、讨论的方式进行论证，避免武断的、行政命令式的监督模式，从而构建科研项目经费监督检查结果的信息互认与信任机制。①

① 参见蒋悟真：《科研项目经费规范化治理的法理元素考察》，载《政治与法律》2019 年第 9 期，第 22 页。

二、科研项目经费管理中的科研权利构成

权利是人类文明社会所具有的一种实质性要素，即权利是受到法保护的一种利益，这意味着在文明社会中，凡是采取某种行动的组织或个人在其行动中以应有的注意不使其他人有遭到不合理损害的危险。[①]因此，科研权利指的是科研人员在从事科研活动的过程中有学术自由不受任意干预的权利，以及科研人员支配科研项目经费时不受公权力干预的权利。[②]从我国近年来出台的一系列法律法规及规范性文件来看，强调科研权利的保护是科研项目经费管理法治化的核心，这意味着国家应当通过高效、便捷的科研项目经费管理服务，营造健康、良善的科研法治化环境，以保障科研人员自主决策科研路线，以及自由支配科研项目经费的权利，进而确保科研项目经费管理的法律治理符合科研规律。[③]

（一）科研路线自主决策权

在知识经济年代，强化科研路线自主决策权的保护是科研领域顺利推进的主旋律，是国家在遵循科研活动本身所固有的规律性和特殊性基础上赋予科研人员的根本性权利。[④]众所周知，科研项目路线自主决策权是科研人员进行科研活动、探索真理的必备性条件，是为一个国家创造积极科研氛围的关键所在。[⑤]因此，科研项目路线自主决策权作为科研人员的基本权利，国家在动用公权性质的权力来规范和干预科研人员的科研路线自主决策权时，保持刑法制裁的谦抑性是其中最为关键的一环。

目前的问题是，由于我国长期秉承的科研预算规范化治理进路，使科

① 参见程燎原、王人博：《权利论》，广西师范大学出版社2014年版，第10—20页。

② 参见狄小华：《突破科研项目经费管理困境的法治路径》，载《社会科学辑刊》2020年第5期，第75页。

③ *See* Kaare Aagaard & Jesper W. Schneider, *Research funding and national academic performance: Examination of a Danish success story*, Science and Public Policy, Vol.43:518, pp.518—531(2016).

④ 参见蒋悟真：《纵向科研项目管理的法律规制》，载《法商研究》2018年第5期，第41页。

⑤ *See* Eris Ashby, *University: British, Indian, African, A Study in the Ecology of Higher Education*, Cambridge: Harvard University Press, 1966, p.290.

研项目经费的管理与支出不能完全反映科研活动的实际所需，以至于科研人员在管理与使用科研项目经费时不是按照科研项目真正所需进行花销，而只是按照已编制好的“预算科目”被动“编造”预算，从而导致科研人员通过变相使用科研项目经费以弥补科研项目经费支出漏洞的目的，进而引发科研人员因违规套取项目经费而被追究刑事责任的案例呈高发态势。所以，科研项目经费管理法治化理念革新的重点是明确科研项目路线的自主决策权，增强科研项目经费使用的灵活性与弹性空间。唯有如此，才能使科研项目经费管理的法律治理体系回归科研不确定性的规律，并保障其科研权利的本质。

综观域外发达国家的科研管理体制，关于科研路线自主权的精神体现得淋漓尽致，例如英国政府对于科研项目经费的投入，强调需要满足高校科研项目的实际需求，赋予了科研人员拥有更改科研路线、自由支配科研项目经费的权利。①在美国，科研人员申报科研项目享有充分的科研路线自主决策权，在科研项目的评审环节中，评审专家更看重该项目对于学科推动与发展的价值，而不会受太多现实因素的影响。②在日本，科研项目经费按照以学术为中心的逻辑进行管理，通过以研究种目为主要客体的改革实现了科研项目经费的学术导向，即科研项目经费的管理与使用主要是依据学科领域、研究内容、研究组织样态、研究计划规模等特点而进行调整的，以此激发特定大学、研究机构等科研人员的科学研究能力，从而实现学术目的。③

由是观之，欲强调科研人员自主决策科研路线的权利，需要完善如下

① 参见杜岩岩、李漫红：《英国大学科研项目经费成本管理制度的改革与借鉴》，载《教育科学》2017 年第 1 期，第 92 页。

② *See* Barry Bozeman & Jan Youtie, *Socio-economic impacts and public value of government-funded research: Lessons from four US National Science Foundation initiatives*, Research Policy, Vol.46:1387, pp.1387—1398(2017).

③ 参见丁建洋：《学术取向：日本“科研费”制度演进与运行的基本逻辑——日本大学高层次科学创新能力形成的一个视角》，载《清华大学教育研究》2014 年第 1 期，第 73 页。

几个方面的措施。其一，赋予科研项目负责人决定科研路线的自主权。前已述及，由于科研活动的或然性、不可预测性特征，决定了国家赋予科研人员自主决策科研路线的权利契合了科研活动的基本规律。因而，在科研项目经费的管理中，应当重点推进科研路线决策的自治模式，实行科研人员“自我决策、自我管理、自我监督”的新型科研管理自治模式。一是科研项目经费的使用与支出规则，应当以学术为导向，符合科研活动的规律，允许科研人员在开展实质科学研究的过程中，根据科研进程对科研计划作出适当的调整与变更。二是强化项目依托单位的指导、服务职能，项目依托单位应在其权力范围内依据科研项目的性质与特点，不同程度地放开科研人员自主决策科研路线的限制，使科研项目经费的使用与支出更加切合科研实际所需，从而提升对科研人员的激励并实现科技创新。

其二，建立科研人员更改科研路线的“备案”机制。针对科研预算科目的壁垒限制，应当全面赋予科研人员在项目经费总预算内可自由更改科研路线的权利，实行科研人员更改科研路线的“备案”机制，即将科研路线的决策权完全下放至科研项目负责人，由其根据科研需要自行更改技术路线，并于事后向科研主管部门进行“备案”，由科研主管部门进行事后审查。①当然，在建立更改科研路线“备案”制的同时，还应当完善科研项目经费使用的“负面清单”制度，划定科研人员管理与使用科研项目经费的禁区，实现由“正面清单 + 事实审批”的管理模式迈向“负面清单 + 事后备案”的治理模式，保障科研人员被赋予科研路线自主决策权的同时，实现对科研项目经费的有效管理。

其三，完善科研信用—责任的评价机制。对于科研主管部门和项目依托单位来说，科研合同及其技术路线背后存在着不被透视的隐藏风险，这使得科研项目经费的使用与支出行为时刻面临着“道德风险”与“逆向

---

① 参见蒋悟真：《科研管理政策改革释放的法治信号解读——以〈关于优化科研管理提升科研绩效若干措施的通知〉为例》，载《法学》2018 年第 10 期，第 122 页。

选择”的困境。据此，有必要建立科研人员及科研机构的信用评定体系，将科研人员的信用状况与科研项目经费的使用与支出权限直接挂钩，将高效、规范使用科研项目经费的行为内化为科研人员的职业习惯；与此同时，对于违反科研契约、破坏科研秩序的科研人员，应当予以一定的负面惩戒性制裁与信用评价，限制其科研项目的申请以及经费的使用与支出。通过这种将信用评定体系与责任机制进行关联的评价机制甄别诚实守信的科研人员，以更有效地提升科研绩效，保障他们从事科研活动的各项自主权利。①

（二）科研项目经费自由支配权

作为特定思想自由与承载科研规律的科研权利，其合理实现离不开国家对于科研项目经费自由支配权的保障。已如前述，在我国科研实践中，由于科研项目经费管理规定过于刻板以及行政管控权力过于扩张，导致科研人员在获得科研资助时，因不合理的制度导致科研项目经费的自由支配权受限，严重削弱了科研自由权保障的本源基础。针对上述问题，近些年来国家陆续出台了一系列的规范性文件，以期跳出传统的科研管制思维向尊重科研权利的进路迈进。如 2017 年财政部、科技部、教育部、发展改革委共同发布的《关于进一步做好中央财政科研项目资金管理等政策贯彻落实工作的通知》（财科教〔2017〕6 号）指出，要细化、完善劳务费和间接费用管理，建立绩效支出与科研人员在项目工作中的实际贡献挂钩的机制。在此基础上，2018 年国务院《关于优化科研管理提升科研绩效若干措施的通知》（国发〔2018〕25 号）进一步强调，要赋予科研单位科研项目经费管理使用自主权，直接费用中除设备费外，其他科目费用调剂权全部下放给项目依托单位。不难看出，国家对于科研项目经费管理体制机制的改革方向是往“赋予科研人员更大的人财物自由支配权”的进

① 参见丰霏：《科研权利视阈下的科研项目经费使用制度变革》，载《法学论坛》2020 年第 6 期，第 66 页。

路转变，希冀通过保障科研人员自由支配科研项目经费的权利，达到提升科研绩效的目的，进而激发科研人员从事科研活动的积极性与创造性，提升我国的总体科技水平，这也是未来我国科研项目经费管理法治化改革的重中之重。①

然而，当前关于科研项目经费管理法治化改革的规范性文件仍然是以政策为主导的文件，主要在理念与宏观的改革层面，缺乏细化的可操作性的具体规定。据此，有必要对科研项目经费自由支配权的改革内容进行细化与操作化，以此实现科研权利的具象化保障，真正达到促进与激励科研绩效的目的。

其一，简化科研预算流程，保持总预算不变，将直接费用预算调整为课题负责人（申请）—所在二级单位（审批）—科研部门（合理性审批）—财务部门（合规性审批），缩短烦冗的科研预算流程和报销程序，让科研人员从烦琐的报销审批程序中解脱；同时，还应当放宽科研项目经费使用比例的限制，针对现行科研项目经费严格按照预算使用的刻板制度，应落实好2019年《政府工作报告》、国务院办公厅《关于改革完善中央财政科研经费管理的若干意见》（国办发〔2021〕32号）等相关文件的最新指示精神，开展项目经费使用“包干制”改革，对于科研项目经费的具体使用事宜交由科研团队自主决定。②

其二，落实科研产出绩效的奖励权。科研产出绩效的奖励权作为国家对科研成果产生质量的认可，对于激发科研人员的科技创新能力有着深远的影响。③对此，中共中央办公厅、国务院办公厅《关于进一步完善中

---

① 参见蒋悟真：《科研管理政策改革释放的法治信号解读——以〈关于优化科研管理提升科研绩效若干措施的通知〉为例》，《法学》2018年第10期，第121页。

② 参见李克强：《2019年政府工作报告全文》，载中国政府网，http://www.gov.cn/zhuanti/2019qglh/2019lhzfgzbg/index.htm，2021年1月25日访问。

③ *See* Alessandro Muscio, Davide Quaglione & Giovanna Vallanti, *Does government funding complement or substitute private research funding to universities?*, Research Policy, Vol.42:63, pp.63—75(2013).

央财政科研项目资金管理等政策的若干意见》(中办发〔2016〕50号)明确指出要提高“间接费用比重”,要求从比例上取消对科研绩效支出的限制,根据科研人员的实际贡献价值来发放绩效奖励,以达到多出成果、出好成果的目的。这就要求国家在落实科研绩效奖励时,不应对科研项目经费的间接费用预设固定的比例,科研项目负责人有权根据课题组成员的科研产出贡献进行一定比例的调整,切实保障科研人员对科研成果产出奖励的控制权,达到加速科研成果转化为生产力的目的。①

其三,明晰科研成果的归属权。科研成果的所有权与归属权直接影响着科研人员对于科研成果转化的积极性。关于科研成果转化后的归属权问题,我国《科学技术进步法》第20条规定了“财政资金资助的科研基金项目所产出的知识产权的所有权属于授权项目承担者所有”,受此条规定的影响,国家又陆续出台了《促进科技成果转化法》、国务院关于《实施〈中华人民共和国促进科技成果转化法〉的若干规定》(国发〔2016〕16号)等一系列法律文件,上述立法文本均强调科研人员拥有科研成果转化的收益权与使用权等权利,但是科研成果的归属权仍然属于国有性质的国企、高校或科研院所等部门,这就导致科研成果的转化过程中会出现诸多问题,使科研人员的应有权利得不到保障,如科研成果转化受益时,科研人员就可能会遇到很多与现行科研政策不相协调的情况,导致应有的科研收益权得不到保障,更为重要的是,科研成果归属权的国家性质单位所有之属性,使得该“成果”也理应在权力管控的范围之内,从而大大降低了科研成果的转化效率。②因而,明晰科研成果归属权,还需要以科研权利保护为目的,改革僵化严苛的科研政策,如给予科研人员一定的股权分

---

① 参见蒋悟真:《迈向科研自由的科研项目经费治理入法问题探讨》,载《政法论丛》2018年第4期,第77页。

② 参见何炼红、陈吉灿:《中国版“拜杜法案”的失灵与高校知识产权转化的出路》,载《知识产权》2013年第3期,第86页。

割或对科研发明人给予一定比例的科研成果共享所有权，以激发科研人员的成果转化热情，等等。只有在科研项目经费法律治理迈向科研权利保护目的的扩张路径上，将科研成果的共享权落到实处，切实承认科研人员对科研成果转化结果的控制权，才能加速科研成果转化为生产力的效率。①

需要强调的是，强化科研项目经费的自由支配权，还必须提升科研管理机构的服务质效，提高科研项目经费下拨的效率，提升科研时效性；同时引入人工智能技术开发科研项目经费自助报账投递智能机器，使科研人员的报销单投递不再受时间、地点与内容的限制，以提升科研项目经费的使用效益，从根本上体现科研自由的精神，将科研激励机制真正落实到位。

三、科研项目经费管理中的法律责任类型

前已述及，在我国实践中，科研人员因套取科研项目经费行为在审判实践中往往被评价为贪污罪，这种不考虑科研规律与现实状况的法律评价有时并不恰当，也严重挫伤了科研人员从事科研活动的积极性，不利于科研领域的健康发展。事实上，从法律责任的角度进行剖析，司法机关对于科研人员套取科研项目经费的行为进行追责时，可能存在如下几种法律责任。

（一）科研项目经费管理中的民事法律责任

从科研的性质来看，科研人员的科研活动是指国家或企事业单位通过科技服务合同或技术服务合同的形式将某项科学研究任务交由指定科研人员进行开发与研究的过程。就此而言，整个科研活动的过程均是围绕着对科技服务合同或技术服务合同的履行或遵循而来，科研人员所有的权利与义务也均来源于科技服务合同或技术服务合同。基于科研活动

---

① *See* Minzhe Du, Bing Wang & Ning Zhang, *National research funding and energy efficiency*: *Evidence from the National T Science Foundation of China*, Energy Policy, Vol.120:335, pp.335—346 (2018).

的这种合同属性，在申报具体的课题项目时，科研人员一般会签订相应的科技计划项目合同书，一旦科研人员在科技计划项目合同书上签字，就表明其承诺双方均应受科技合同中相关条款的约束，而科研项目经费在这里则是作为科研人员从事科研活动的“对价”而存在。因此，基于科研活动的这种合同属性，即便科研人员违规套取了科研项目经费，我们也不能将其视为侵吞国有资产，因为科研项目经费使用的正当与否，仅牵涉到有无违反科技服务合同或技术服务合同的相关规定，应当受我国《合同法》的规制，承担民事上的违约责任，其并不存在应否负担刑事上的责任与义务问题，更不可能被刑法中的贪污罪所评价。通过《合同法》的违约责任来追究科研人员套取科研项目经费的行为，这种做法不仅可以达到规范科研秩序的目的，而且也同样具有立法与政策上的支撑。

一方面，我国科研申报项目书具有合同的性质，其关于主体的权利义务主要包含对科研活动的具体任务、内容以及周期等规定和作为“对价”的科研项目经费金额及拨付程序的规定等。因此，就科研项目经费的管理与使用而言，作为科研活动发包方的科研主管部门将科研项目经费的管理与使用权力完全通过科研合同委托授权给科研人员，所以对于科研项目经费的管理与使用应严格受科研合同的约束，倘若出现科研人员套取科研项目经费的情况，便构成合同违约，应根据《合同法》的规定要求其承担违约责任。①另一方面，从近几年来中央与地方出台的新的科研政策来看，“以契约为基础的科研权利运行机制，赋予科研人员更大的人财物自主支配权”等科研法治政策改革所释放出的法治信号，均成为此后科研项目经费管理法律治理的重要依据之所在。②以 2019 年《政府工作报告》

---

① 参见朱涛：《科研人员“贪污”课题经费的民法解析——以科技计划项目合同属性为基础》，载《北方法学》2018 年第 1 期，第 54—55 页。

② 参见蒋悟真：《科研管理政策改革释放的法治信号解读——以〈关于优化科研管理提升科研绩效若干措施的通知〉为例》，载《法学》2018 年第 10 期，第 120 页。

为例，其中所指出的“项目经费‘包干制’改革试点，由科研团队自主决定使用”等就较为明显地体现出了对科研自由以及科研权利本位的核心价值追求。为此，我们可以说，对于按照“契约精神”追究科研人员套取科研项目经费行为的民事责任，其实质就是基于科研政策的必要性考量，因而同时具备正当性与合理性。

（二）科研项目经费管理中的行政法律责任

已如前述，从课题发布单位与课题组之间的委托关系角度来看，科研项目分为横向项目与纵向项目两种类型。所谓横向科研项目是指企事业单位作为课题的发布者，提供经费资助科研活动的行为，属于民法契约范畴。而纵向研究项目是指由各级政府指定代表政府并由科研主管部门立项的课题类型。纵向研究项目是为完成特定科研项目与实现国家科技计划而订立的行政合同①，且在纵向科研计划项目合同中，科研人员的科研项目经费需要进入国有单位进行统一管理与使用，由此，纵向科研计划项目合同具有私法契约与行政合同的双重属性。从行政法的法律关系来看，若行政合同一方当事人出现违约行为，则可能会在违反《合同法》的同时构成行政法意义上的违法行为，如科研人员不按科研计划合同规定使用科研项目经费即是如此。因此，在这种情况下，为维护社会公共利益，科研主管部门可以将科研人员违规套取科研项目经费行为认定为行政违法行为，即可依据《行政处罚法》对违规套取科研项目经费的科研人员追究行政责任，如使用警告、罚款、剥夺技术职务、责令改正套取科研项目经费行为、撤销科研项目和限制再次申报科研项目等行政制裁措施。②当然，对科研人员的行政追责与民事追责并不冲突，可以同时要求套取科研项目经费的科研人员承担民事责任和行政责任。

① 参见谭启平、朱涛：《论国家科技计划项目合同的私法属性及制度构建》，载《现代法学》2013 年第 2 期，第 171 页。

② 参见张如：《科研项目经费违规使用的法律责任》，载《学术界》2016 年第 5 期，第 123 页。

（三）科研项目经费管理中的刑事法律责任

刑法是穷尽其他法律手段之后的补充法，又具有国家强制力作为保障，这决定了其谦抑性的特质。如果司法机关将一些本可以通过民事途径或行政处理的科研项目经费案件升格为刑事案件进行处理，则不仅违背了刑法谦抑精神，也形成了对科研秩序的不正当干预。如前所言，科研人员套取科研项目经费行为的成因非常复杂，因此刑法的介入与治理应该持理性、谨慎甚至宽容的态度。不可否认，对于恶意套取项目经费或违规使用项目经费金额巨大的科研人员，使用刑法的制裁措施可以起到一定的威慑效果。但与此同时，也应该看到刑法制裁的负面效果，即刑法无须对于所有违法行为均以刑罚为之，倘若只动用刑事司法的制裁措施，则存在两个方面的问题，一是法律规制的目的是规范科研项目经费的管理与使用，而不是单纯追究其刑事责任；二是科研人员违规套取科研项目经费行为并不是仅靠刑法的规制就可以完全杜绝的。[①]据此，本书主张，刑事法律制裁作为最严厉的一种制裁措施，决定了其适用的前提条件必须具有一定行政级别、套取纵向项目经费数额多以及主观恶性深的人员（后文将展开详细分析）。

第二节　科研项目经费管理法治化的逻辑展开

“赋予科研团队和科研人员更大的人财物支配权和技术路线决策权”是国家推进与深化科研项目经费管理体制机制改革的总目标。当前，科研权力的管控模式已然不能适应我国科研改革政策的需要，不利于良好科研生态的构建。因此，欲推进科研项目经费的法治化路径，应当厘清权

---

① 参见李祥、熊枫：《论高校科研项目经费法律规制及其限度——兼与〈科研项目经费违规使用的法律责任〉一文商榷》，载《学术界》2016 年第 11 期，第 119 页。

力与权利之间的关系及其对于科研项目经费管理法治化的意义，并对科研项目经费管理的科研权力与科研权利之间进行价值平衡，明晰科研项目经费管理中科研权利保护的重要性，进而打造以科研权利保护目的为本位的多元法律责任追究机制。

一、科研项目经费管理中科研权力与科研权利之间的关系

（一）权力与权利之间的关系

权利与权力的关系一直是宪法教义学的基本命题。从内涵上看，权力是指迫使他人按照权力拥有者的意愿行事的能力，而被迫者在其他情况下并不会如此。①而权利主要是指国家通过法律予以承认和保护的利益，以及权利主体根据法律作出选择以实现其利益的一种能动手段。②从法治的要求来看，权力来自权利的让予，通过权利来制约权力，进而实现公民权利与国家权力之间关系的平衡，是当代法治所要解决的问题。根据我国《宪法》规定，中华人民共和国的一切权力属于人民，公民对于任何国家机关和国家工作人员有提出批评和建议的权力，对于违法失职行为有提出申诉、控告或检举的权利，这些规定为通过权利制约权力、实现权利与权力的兼顾与平衡提供了根本大法的保障。因此，公民权利是各种权利的根基，国家权力是由公民权利的授予而产生，没有特别的原因不能对公民权利进行限制。③

从宪法学的视域来看，权力与权利之间存在着如下的关系：第一，权力与权利具有一些共通之处，如他们均来自授权性的法律规范，都是法律所授予的，无论是权利还是权力都有可能被法律撤销或取缔。同时，无论

---

① 参见[美]理查德·拉克曼著：《国家与权力》，郦青等译，上海人民出版社2021年版，前言。

② 参见程燎原、王人博：《权利论》，广西师范大学出版社2014年版，第18页。

③ 参见蔡宝刚：《权利制约权力何以可能的法理解答》，载《求是学刊》2019年第5期，第100页。

是在行使权力还是在享受权利的过程中，权力人或权利人都享受着自由的状态，即他们可以自主选择做或不做这些行为。[①]第二，权力与权利有着不同的含义，且存在互斥的关系。前已述及，权力是权力人具有的改变他人、自己或法律地位的能力，而权利是指权利人有可以做某事或不做某事的自由。[②]因而对于权利与权力不可混为一谈，如果一种行为属于基本权利的范畴，则不能将其理解为属于权力的范畴。[③]第三，权利具有制约权力的根本性与广泛性，即作为权利主体的普通公民是众多的个体，具有广泛的力量，他们分散于各个行业，通过广大公民行使权利来管理与监督国家权力，可以更好地达到将权力关进制度笼子的功效。[④]

（二）权利与权力之间的关系对科研项目经费管理法治化的意义

权利与权力之间的关系对于科研项目经费管理的法治化具有解释论意义，亦即，在科研领域中，正确处理与认识科研权力与科研权利之间的关系，是理解科研项目经费管理法治化的基础。申言之，凡是科研权力过于扩张的科研项目经费管理制度，科研人员的基本权利是无法得到有效保障的，科研权力过于扩张及滥用的本质决定其侵犯的是科研人员的科研权利以及科研领域的公共利益。因此，科研项目经费管理的法治化改革亦当然地围绕科研权力与科研权利两大核心范畴予以展开。

从我国现行有关科研项目经费的管理体制机制来看，科研项目经费管理的宗旨仍然是强调国家的行政主导性和科研的权力性，而忽视了科研人员的主体性地位和本应具有的科研权利，亦即，现行的科研项目经费管理无法合理协调好科研权力与科研权利之间的关系，导致科研项目经

---

① 参见吴玉章：《法律权力的含义和属性》，载《中国法学》2020 年第 6 期，第 295 页。

② *See* H.L.A. Hart, *Essays on Bentham-Jurisprudence and Political Theory*, Clarendon Press, 2001, pp.166—194.

③ 参见姜涛：《科研人员的刑法定位：从宪法教义学视域的思考》，载《中国法学》2017 年第 1 期，第 175 页。

④ 参见蔡宝刚：《权利制约权力何以可能的法理解答》，载《求是学刊》2019 年第 5 期，第 100—101 页。

费管理法律治理关系的失衡。据此，欲消弭科研权力与科研权利之间的张力，应强调对科研权利保护的目的，在保障科研自由与科研权利的基础上，对两者之间的关系进行调整，以实现科研权利与科研权力的平衡与兼顾，进而建立动态平衡的法权结构。①

其一，应当强调对科研权利的保护。所谓科研权利，是指国家在遵循科研活动本身所固有的规律性和特殊性基础上而赋予科研人员的特殊权利。②科研权利是自由精神之承载，是基于科研规律而赋予科研人员的学术自由权利及思想自由权利，通常"这种自由是学者从事传授与探索他所见的真理之工作所必需的；也因为(这种)自由的气氛是研究最有效的环境"。③因而，国家通过宪法保障科研人员的自由是作为公民的基本权利而存在的。于此，国家在动用公权性质的科研权力来规范和干预科研权利时，应以保护科研人员的精神自由权及激励科研人员的科研积极性为限度条件，将科研人员由治理的客体转变为治理的主体，以科研权利为导向设计科研项目经费的管理和使用规则，使科研项目经费管理的功能配置达到最优状态。

其二，在保障科研自由与科研权利的基础上，实现科研权利与科研权力的平衡。处理好科研权力和科研权利的关系，建立科研项目经费管理法律治理之动态平衡的法权结构，是当前我国科研管理政策改革的趋势，并且还在进一步发展，这是不争的事实。2019 年《政府工作报告》、2021 年国务院办公厅《关于改革完善中央财政科研经费管理的若干意见》(国办发〔2021〕32 号)等相关文件更是明确指出应当给予科研人员更

---

① 参见蒋悟真、郭创拓：《迈向科研自由的科研项目经费治理入法问题探讨》，载《政法论丛》2018 年第 4 期，第 75 页。

② 参见蒋悟真：《纵向科研项目经费管理的法律治理》，载《法商研究》2018 年第 5 期，第 41 页。

③ Eris Ashby, *University: British, Indian, African, A Study in the Ecology of Higher Education*, Cambridge: Harvard University Press, 1966, p.290.

多的信任与尊重，以及赋予其更大的人财物自由支配权与技术路线决策权。在此背景下，限制科研权力的恣意性与扩张性，转变科研权力主体的功能属性，对于实现科研权利与科研权力的平衡具有重要的意义。具体而言，科研权力主体应当承担好如下三重角色的责任与义务：一是承担好项目指导、协调的角色；二是承担好项目服务的角色；三是承担好项目监督的角色。[①]同时，国家对于科研权利的保护也应当落实到具体的细节上，使其更具有操作性。具言之，科研权利的保护应当体现在如下几个方面：一是给予科研人员更多的信任与尊重；二是赋予科研人员技术路线决策权；三是赋予科研人员更大的经费自由支配权。总之，只有明晰与厘清科研权力与科研权利的功能属性，才能构建起科研权利与科研权力协调与兼顾的新型科研管理体制机制，实现科研治理由“政策之治”迈向“法律之治”，进而使科研项目经费管理的法律治理体系回归科研规律，保证科技创新体制机制的健康发展。

二、科研项目经费管理中科研权力与科研权利之间的价值平衡

通过前述考察发现，在科研项目经费管理的法律治理中，兼顾科研权力与科研权利之间的价值平衡对于实现科技创新体制机制具有重要的意义，这就要求在科研项目经费的管理中，科研权力的干预具有正当性，防止权力的滥用与扩张；与此同时，强调对科研权利的保护，通过科研权利保护来塑造权力约束机制，使科研权力的干预能保持在合理的限度之内。

（一）避免科研项目经费管理中的科研权力过于扩张

科研权力贯穿科研项目经费管理的全过程，欲实现科研项目经费管理的法治化，则应当转变科研项目经费的管理理念，实现由“管控”职能转

① 参见蒋悟真、郭创拓：《迈向科研自由的科研项目经费治理入法问题探讨》，载《政法论丛》2018 年第 4 期，第 76 页。

向“服务”职能，以及弱化对科研项目经费之公共财产属性的保护机制，以此避免科研项目经费管理中的科研权力过于扩张。

一方面，转变科研项目经费的管理理念，科研权力的重心由“管控”转向“服务”。前已述及，长期以来，我国科研项目经费的管理存在“权力导向”的行政管控思维，造成科研人员的科研路线自主决策权以及经费自由支配权得不到应有的保障，严重阻碍了科技创新体制机制的发展进程。因此，需要转变科研项目经费的管理理念，由“管控”职能转向“服务”职能，真正体现科研管理体制服务于科研规律的本质属性。①具体来说，一是要厘清科研主管部门的权限，进一步明确科研项目预算编制行为以及科研项目经费监督行为的职责范围，落实好分级责任承担机制；二是要明确科研主管部门之服务者的定位，优化科研预算编制权、科研项目经费监督权等科研权力的功能配置，更好地为科研人员提供专业化的服务。

另一方面，避免科研项目经费的公共财产属性走向过度保护的极端。综合考察当前的立法文本可以发现，国家过于强调对科研项目经费之公共财产属性的保护。一则，我国《预算法》与《科学技术进步法》等立法文件皆强调对科研项目经费的公共财产属性保护，强化对科研人员套取科研项目经费行为的刑事制裁；二则，在我国刑事立法的修订完善中，无论是对于新罪名的增设，抑或是对既有罪名的修改，刑法修正案都在一定程度上凸显出扩张趋势②，造成刑法不当地介入科研领域，并扩张对科研项目经费之公共财产属性的保护机能。而西方发达国家对于科研项目经费管理的法律治理却一直弱化了对科研项目经费之公共财产属性的保护，更加强调对科研权利的保障。如德国科研领域实行以知识价值为导向的

① 参见蒋悟真：《科研项目经费管理改革的法治化路径》，载《中国法学》2020 年第 3 期，第 192 页。

② 参见庄乾龙：《罪刑法定视野下刑法的扩张与克制——以〈刑法修正案（九）〉为视角的分析》，载《东方法学》2016 年第 3 期，第 109 页。

分配策略，使科研待遇与科研项目经费相挂钩、使科研项目经费为科研活动所服务。[①]美国对于科研管理的工作，就以为科研人员从事科学研究提供良好的制度环境为核心，以“服务学术”为重点，使科研权力“越位”的部分“归位”，保障科研权利得以充分发挥。[②]为此，我国未来科研项目经费管理的法律治理理念应体现在科研权利保护目的的扩张上，而不是强化对科研项目经费之公共财产权的过度保护。

（二）科研项目经费管理中科研权利保护的重要性

如前所述，从近几年来国家出台的一系列科研项目经费法治改革趋向可以看出，我国的科研项目经费法律治理变革正试图从科研权力管控的理念向保护科研权利的进路转变。可以说，在知识经济年代，加强科研权利的保护是科研领域顺利推进的主旋律，是国家在遵循科研活动本身所固有的规律性和特殊性基础上而赋予科研人员的根本性权利。[③]科研权利的保护源于普鲁士 1850 年宪法第 20 条中关于“学术研究自由权”的规定，该规定是德国科研立法规范保护的目的，亦是对科研自由权之内在限度的确定，此即“忠诚于宪法”。[④]通过考察科研权利的精神内涵，我们可以看出强调对科研权利的保护是科研人员进行科研活动、探索真理的必备性条件，是为一个国家创造一个积极科研氛围的关键所在。[⑤]因此，科研权利作为科研人员的基本权利，国家在动用科研权力来规范科研项目经费的管理与使用时，强调对科研权利的保护是其中最为关键的一环。

---

① 参见赵清华、王敬华：《德国联邦政府科研项目经费配置与管理的特点》，载《全球科技经济瞭望》2018 年第 4 期，第 44 页。

② *See* Otto Auranen & Mika Nieminen, *University research funding and publication performance—An international comparison*, Research Policy, Vol.39, pp.822—834(2010).

③ 参见蒋悟真：《纵向科研项目经费管理的法律治理》，载《法商研究》2018 年第 5 期，第 41 页。

④ 参见周刚志：《学术研究自由权的宪法比较分析》，载《法学评论》2017 年第 2 期，第 26—27 页。

⑤ *See* Eris Ashby, *University: British, Indian, African, A Study in the Ecology of Higher Education*, Cambridge: Harvard University Press, 1966, p.290.

一方面，强调对科研权利的保护是为了遵循科研规律。自由是法律的价值追求与目标，具体到科研活动领域亦是如此。亦即，科研人员在从事科研活动时，应当具有自主选择科研路线及择定科研方向的自由，以及自由支配保障科研活动顺利开展的科研项目经费等科研权利，因为这种科研自由是学者探索科学真理之必需，更是遵循科研规律的必然要求，否则科研活动可能就会陷入无序的混乱而停滞不前。①因而，在科研项目经费管理的法律治理中，其重点是强调对科研人员的科研权利保护。然而，由于我国《宪法》和《科学技术进步法》等立法性文件对于科研权利保护的规定过于抽象，难以发挥实质性的作用，因此需要相关部门出台保护科研权利的实施细则，使科研权利的保障机制具体化、明确化。据此，可以分别制定保障科研路线自主权、科研劳动报酬权、科研产出奖励权、科研成果共享权等科研权利的具体办法，进而使科研权利的保障落到实处，以更好地激发科研人员的创造活力。

另一方面，强调对科研权利的保护是为了回归科研自治的本质。科研自治是指在科研主管部门的指导下，科研人员根据科研的特点和需要，自主地安排和管理科研路线与经费使用行为。一般而言，欲实现科研的自治，应当强调如下两个方面的内容：一是科研主管部门、项目依托单位与科研人员之间的契约关系应以信任为前提；二是科研人员自主决策科研路线与自由支配经费的权利应得到相应的制度保障。前者强调科研契约的关系仰赖于科研诚信，科研自治需要信任的支持，只有建立在科研信任的前提下，才有可能实现科研自治与自律。而科研权利的保护是正面建构科研信任关系保障的前提，构成科研人员可担责性的基础。②后者强调对科研路线自主权及经费自由支配权等科研权利的一种制度性保障，

---

① 参见徐英军等：《科研行为之法律责任论》，郑州大学出版社 2018 年版，第 51 页。

② 参见谢郁：《科研项目经费制度的法理反思：规范基础与信任关系》，载《法学杂志》2020 年第 7 期，第 56—64 页。

即将科研权利所包含的各项具体的权利落实到具体的制度层面上，依赖于具体的制度设计来实现对科研权利内容的确认以及科研人员的明确赋权，从而有效保障科研人员合理行使各项本应享有的科研权利。①

三、构建以科研权利保护目的为本位的多元法律责任追究机制

（一）对现行科研项目经费管理中法律责任追究机制的检视

法律责任是指“违法者在法律上必须受到惩罚或者必须做出赔偿”，亦即“存在于违法者与救济之间的必然联系”。②已如前述，通过对我国有关科研项目经费管理的法律文本进行考察后发现，当前司法机关对于科研人员套取科研项目经费行为的法律责任追究机制主要包含行政责任、民事责任和刑事责任三个方面。然而，体现在实践中，科研项目经费管理法律治理中的法律责任追究机制存在着制度设计过于简单、刑事追责过于严厉以及追责主体较为单一等多重难题，致使科研项目经费管理中的法律追责机制偏离了正常的轨道。

其一，法律责任模式的设计过于简单粗疏。根据我国《预算法》和《科学技术进步法》的相关规定，科研人员在从事科研活动的过程中，违反相关法律规定需要行政处罚的，依照其规定；造成财产损失或者其他损害的，依法承担民事责任；构成犯罪的，依法追究刑事责任。这种立法模式虽然便于司法机关直观地理解与把握科研项目经费管理中的法律责任，但这种制度设计过于简单与粗疏，容易模糊民事责任、行政责任与刑事责任之间的边界，不利于对科研人员合法权益的保护。而且，在追究科研人员刑事责任之前，并没有使用其他的责任来吸收、规范套取科研项目经费的行为，尤其是没有用“职务违法”概念来形成对“职务犯罪”的

---

① 参见蒋悟真：《科研项目经费管理改革的法治化路径》，载《中国法学》2020 年第 3 期，第 194—196 页。

② 参见蔡宏伟：《“法律责任”概念之澄清》，载《法制与社会发展》2020 年第 6 期，第 85 页。

合理阻隔与界分，造成对科研人员基本权利的侵犯，违背了法律责任追究的比例性原则。①

其二，对套取科研项目经费的科研人员直接追究刑事责任过于严厉。前述样本案例显示，实践中司法机关对于套取科研项目经费的行为，主要是通过适用《刑法》和《刑事诉讼法》来追究刑事责任，导致刑法不当地介入科研管理领域。众所周知，科研人员套取科研项目经费行为属于法定犯的范畴，科研人员在套取或变相使用科研项目经费时根本就不可能判断该行为是否会触犯刑法，因此他们不具有违法性认识错误的可避免性，这意味着科研人员套取科研项目经费行为不具有不法与有责的基础。因此，针对套取科研项目经费行为直接动用刑法手段进行制裁，事实上会导致“事与愿违”的结果。

其三，仅追究科研人员的法律责任而不对其他相关主体进行追责，不具有正当性。科研项目经费管理是科研主管部门、项目依托单位、科研人员多方主体共同参与的，因而各方主体都需要承担相应的法律责任。一般来说，项目依托单位是科研项目经费管理的连接点，对外负有落实科研政策与法律的义务，对内负有审核预算与经费支出的权力。因此，对于科研人员套取科研项目经费的行为，倘若是由项目依托单位的故意或重大过失所引起的，则应当由项目依托单位与科研人员一起承担连带责任及赔偿相应的损失。②

（二）以科研权利保护目的为本位的多元法律责任追究机制的打造

通过对现行科研项目经费管理的法律责任追究机制进行制度检视，可知科研项目经费管理的法律责任追究机制有待重塑与革新。正如前文

---

① 参见王旭：《论套取高校科研项目经费治理的〈国家监察法〉适用》，载《法学杂志》2020 年第 7 期，第 47 页。

② 参见蒋悟真：《科研项目经费规范化治理的法理元素考察》，载《政治与法律》2019 年第 9 期，第 25—26 页。

所言，科研人员套取科研项目经费行为的原因是多方面的，其中既有科技立法的虚置化，也有刑事司法的不断扩张化等原因，此外，科研领域的不确定性与科研预算的精准性存在无法协调的矛盾也是重要的因素。因此，对于科研人员套取科研项目经费的行为，应当强调科研权利的保护目的，不应适用以《刑法》与《刑事诉讼法》为中心的刑事制裁模式，而是应当在追究套取科研项目经费的科研人员的刑事责任前设置民事处理、行政处罚等制裁程序，打造以科研权利保护目的为本位的多元法律责任追究机制。关于这一主张的进一步理由是：

其一，以科研权利保护目的为本位的多元法律责任追究机制符合比例原则的要求。刑法作为治国理政的重要工具，必须遵循法律体系的内在规律，即在遵守妥当性、必要性与相称性的前提下实现保障人权与打击犯罪的有机统一，这是比例原则的应有之义。①因此，将比例原则作为刑事制裁的原则，必然要求在动用刑罚手段追究套取科研项目经费的行为前需要检讨是否确实有必要采用刑罚这种严厉制裁手段？使用刑法手段是不是规范科研领域秩序目的的最适当手段？不言而喻，以刑法手段应对套取科研项目经费行为把本属于行政法或民法等法律调整的对象纳入刑法的调整范围，意味着刑法不合理地强力介入本属于行政法或民法规制的领域，人为地扩大犯罪化的范围，与比例原则的基本要求明显不符。据此，建立以民事处理与行政处罚为主要制裁手段、刑事制裁为最后手段的多元追责机制，是贯彻与遵循比例原则的应有之义。

其二，以科研权利保护目的为本位的多元法律责任追究机制符合宽严相济刑事政策的要求。自党的十八大以来，从严惩治贪污受贿犯罪始终是中央反腐的重头戏，如何阻断贪污腐败源头为立法与司法的关注重点。②然

---

① 参见张明楷：《法益保护与比例原则》，载《中国社会科学》2017 年第 7 期，第 93 页。

② 参见夏伟：《宽严相济刑事政策视野下贿赂犯罪的处罚边界》，载《河南大学学报（社会科学版）》2018 年第 4 期，第 52 页。

而，与官员贪污受贿等腐败类犯罪不同，由于我国科研预算刚性制度与科研不确性风险存在矛盾与冲突，科研人员采用违规手段套取无法报销的科研项目经费亦是现行体制弊端下的无奈之举。因此，对于此类不具有违法性认识的科研人员，倘若一律动用刑法手段严厉惩处，则违背了我国宽严相济的刑事政策原则。而且，从近年来国家立法部门出台的一系列科研管理规范性文件来看①，我国科研项目经费的法律治理政策趋势已由“权力管控模式”转向“权利保障模式”，这意味着国家对于科研人员套取科研项目经费行为的刑事政策方向是“去犯罪化”。因此，针对科研人员套取科研项目经费的行为，必须慎重考虑这种行为是否具有刑事制裁的必要性，即使有，也应进一步思考该行为是否可以用民事或行政等制裁措施来替代。

其三，以科研权利保护目的为本位的多元法律责任追究机制有助于实现规范科研领域秩序的目的。科研项目经费管理法治化的最终目的是为了规制科研项目经费使用的乱象，提高科研项目经费的使用率。基于这一目的，规范科研秩序的手段应当多样化，应当兼用民事处理、行政处罚与刑法制裁等多种方式，唯有如此，才能实现规范科研秩序的目的。一方面，只动用刑法制裁手段抑制了科研人员从事科研活动的动力与积极性。因为大部分科研人员在套取科研项目经费时根本就没有非法占有的故意，不具有违法性认识错误的可避免性，因此没有必要动用刑法手段予以规制。另一方面，采用民事处理、行政处罚等非刑事的制裁手段，在一定程度上也能达到相同的效果。亦即，对科研人员处以民事或行政的制裁措施，亦会造成科研人员毕生心血积累的科研成果、科研声誉损失殆

① 参见中共中央办公厅、国务院办公厅印发《关于进一步完善中央财政科研项目资金管理等政策的若干意见》(中办发〔2016〕50 号)、《关于进一步做好中央财政科研项目资金管理等政策贯彻落实工作的通知》(财科教〔2017〕6 号)、《国务院关于优化科研管理提升科研绩效若干措施的通知》(国发〔2018〕25 号)等。

尽，在一定程度上意味着科研职业生涯的终结，这对科研人员来说已是相当严厉的惩罚措施。①

由是观之，建构以科研权利保护目的为本位的多元法律责任追究机制，在追究套取科研项目经费的科研人员的刑事责任前，设置民事处理、行政处罚等程序，是科研项目经费管理法治化改革的本质要义。这意味着针对科研人员套取科研项目经费的行为，应当根据套取的具体情节、人身危险性、社会危害性等情形，追究科研人员的民事法律责任与行政法律责任，只有在综合考量行为的社会危害性、行为人的人身危险性及其主观恶性基础上，对于极少数以违规手段套取大数额的纵向项目经费且情节恶劣的行为，或以科学研究为名实为骗取或挥霍国家拨款科研项目经费的行为，才可以追究刑事责任（后文将展开详细说明）。

---

① 参见蒋悟真：《科研项目经费规范化治理的法理元素考察》，载《政治与法律》2019 年第 9 期，第 25 页。

第四章 科研项目经费管理法治化的实质与目标

法治是国家现代治理的基本方式,也是国家治理现代化的重要标志。[①]已如前述,在科研项目经费的行政管控模式下,科研权力占据着绝对的主导地位,而科研权利则处于相对被动甚至缺乏应有尊重的境况之中,即科研项目经费管理中的科研权力与科研权利明显处于失衡的状态,现行的科研项目经费管理体制机制已不能有效适应国家科研政策改革的需要。因而,强调科研项目经费管理中科研权力与科研权利之间的兼顾与平衡,避免科研项目经费管理中的科研权力过于扩张,强调对科研权利的特别保护,通过科研权利保护来塑造权力约束机制,使科研权力的干预能保持在合理的限度之内,以此实现科研项目经费管理的法治化,是在国家治理现代化这一战略背景下的必然选择。据此,本章从科研项目经费管理法治化的体系解释出发,厘清科研项目经费管理法治化的权力(利)关系问题,以明确科研项目经费管理法治化的合理定位,并以此为基础,阐明科研项目经费管理法治化的具体目标,即构建科研自由的保障机制、建立科研绩效的激励机制、完善科研宽容的维护机制和健全科研责任的追究机制,希冀为科研项目经费管理法治化的体系建构提供前置理念。

① 参见张文显:《法治与国家治理现代化》,载《中国法学》2014 年第 4 期,第 5 页。

第一节　科研项目经费管理法治化的实质

我国宪法之于科研项目经费管理的实质在于对公民科研权利的保护和支持，表明国家对公民科研权利保护的主要立场和价值观，因此，从刑法角度而言，科研权利也应当具有保护的优先性。由是观之，优化科研项目经费管理中权力的配置，明确科研项目经费管理法治化的惩罚与激励功能，保护公民的科研权利、为公民更好地从事科学研究活动保驾护航应当成为科研项目经费管理法治化改革的主要理念和价值目标。

一、科研项目经费管理法治化的体系解释

（一）科研权利保护目的：科研项目经费管理法治化改革的宪法解释

对科研权利进行必要的保护在我国具有明确的宪法依据。因此，要明确科研项目经费管理法治化的实质，对科研项目经费管理法治化进行体系性解释，宪法层面的审视必不可少。我国《宪法》第二章"公民的基本权利和义务"中第 47 条明确规定："中华人民共和国公民有进行科学研究、文学艺术创作和其他文化活动的自由。国家对于从事教育、科学、技术、文学、艺术和其他文化事业的公民的有益于人民的创造性工作，给予鼓励和帮助。"不难看出，宪法将学术研究的自由视为公民的一种基本权利而进行保障，这为我们从基本权利保护的角度审视科研权利问题提供了依据。

从《宪法》第 47 条的文字面表达上来看，公民具有进行学术研究活动的自由，且国家对于从事学术研究活动的公民从事的有益于人民的创造性工作，应当给予鼓励和帮助。就此规定而言：一方面，国家具有鼓励和帮助公民进行学术研究的义务。宪法基本权利既然是公民享有的一项基

本权利，那么反过来说，它的义务对象就是国家。[①]国家在宪法层面上具有对公民进行学术活动予以鼓励和帮助的义务，而科研项目经费的使用在这里就既可以被理解为是一种鼓励，也可以被理解为是一种帮助，因为科研项目经费的使用既可以表现为科研奖励金、科研绩效等鼓励性的形式，也可以为一般性科研经费支持等帮助性的形式。据此，作为国家积极履行宪法作为义务的重要内容形式的科研项目经费具备宪法上的正当性。也就是说，国家对科研项目经费的保障不仅仅存在于法律层面，更涉及对作为积极权利的学术自由的保障，宪法要求国家对学术活动给予鼓励和帮助，科研项目经费也因此拥有坚实的宪法基础，科研项目经费建设是实现公民基本权利的一个重要环节。[②]

另一方面，国家义务的对象是"有益于人民的创造性工作"。科研项目经费在决定支持具体项目研究时，主要看重的是该项目工作是否具有潜在的科研价值，其本质是支持一种科学研究的可能性。在项目立项时，立项主体对项目的解释和说明，通常也只是一种预见性或选择性的解释，因此也只能作为一种参考意义而存在，最终仍要视成果的具体运用者而定。从这个意义上而言，判断一项科研活动是否属于"有益于人民的创造性工作"，其主要落脚点还应当在于"创造性"上。对于"创造性"的判断，在科研成果产出之前，我们只能基于每一项研究的前提，即它们所要解决的问题而言。通常而言，一个问题之所以能够成为"问题"，其实质性原因就在于其具备"创造性"。"问题"来源于对既有答案的不满足，所以，若我们以问题谱系为标准，那么"创造性"的比较只存在于同一问题谱系之中，而对于分属不同问题谱系的研究，则并不存在客观统一的判断标准。这就需要国家以主体的视角站在政治立场上对应给予鼓励和帮助的创造

① 参见张千帆主编：《宪法学》，法律出版社 2014 年版，第 145—150 页。

② 参见湛中乐、黄宇骁：《国家科研经费制度的宪法学释义》，载《政治与法律》2019 年第 9 期，第 5—6 页。

性工作作出具体的判断，即在无法进行创造性比较的不同问题谱系的研究之间，国家应提供设定某一招标课题或选择支持某一项目研究的相应理由。[①]这种理由是国家对立项课题重要性的一种评价，其取决于国家的价值追求、现实需求、历史情境等一系列重要的因素。据此，可以说，立项课题的重要性是可以通过建立统一的主观标准来进行评判的，并作为国家上述决策的辩护依据而存在。

基于上述分析，科研项目经费管理具有宪法层面的保障和支撑，科研项目经费管理的法治化改革不能脱离宪法而单独进行。我国宪法之于科研项目经费管理的实质在于对公民科研权利的保护和支持，表明国家对公民科研权利保护的主要立场和价值观，因此，宪法层面的价值理念为科研项目经费管理法治化改革的科学与否提供了判断依据。由是观之，司法实践中保护公民的科研权利、为公民更好地从事科学研究活动保驾护航应当成为科研项目经费管理法治化改革的主要理念和价值目标。

（二）科研权利具有刑法保护的优先性

科研权利作为一种特殊的“自由权”，是国家在遵循科研活动本身所固有的规律性和特殊性基础上而赋予科研人员的特殊权利。宪法把科研自由作为公民的基本权利，从立法目的上来看，是为了鼓励公民从事科研活动。由此，科研权利作为一种典型的社会权，是一种“经由国家的自由”，它不仅意味着公民有权利自由地对科学领域的问题进行探讨，能够通过各种形式发表自己的科研成果，不允许任何机关、社会团体或个人进行干预；而且也意味着国家有义务提供必要的物质条件与保障措施来保证公民行使这一权利，即国家应当积极创造条件，鼓励、帮助、奖励科研人员，保护科研成果。从这一意义上而言，科研权利的正当性在于保护科研人员精神生活自由和道德与研究上的正直，激励科研人员追求以及阐释

---

① 参见谢郁：《科研经费制度的法理反思：规范基础与信任关系》，载《法学杂志》2020 年第 7 期，第 57—58 页。

真理。然而，近些年来，伴随着科学研究规模的扩大和从业人员的增长，科研活动的资金需求也呈几何式地增长，科研活动所必需的实验耗材和实验仪器都需要巨大的财力支持。基础研究的成果不能直接投入生产使用，因而很大程度上依赖官方的资助。应用类的研究致力于解决实际生产问题，因而资金很多来源于企业。但无论是官方拨款，还是企业资助，现代科研活动都需要源源不断的资金保障，这是公民现实地享有科研自由的物质基础。为此，我们需要正确对待科研权利的社会权属性，强化国家对科研的保障义务，在国家对科研人员科研权利予以干预或保障时，坚持在遵循科研活动规律的基础上，以保护科研人员的精神自由和激励科研人员对真理追求的能力为目标和限度。对科研真理追求的责任和科研真理的客观标准亦成为科研人员行使或保护科研权利、防止其他主体不当干预的有力手段。①

当然，科研人员的科研权利属于特殊的自由权是因科研自身的特殊性而存在的，并不是特权。正如密尔所言，“人们应当有自由依照其意见而行动，也就是说将其意见在生活中付诸实践，只要风险和危险仅在他们自己身上就不应遭到同仁们无论物质的或者道德的阻碍”②，科研人员科研权利的行使应遵循法律或道德，以不伤害他人、国家利益和社会利益为界限。科研人员在科研经费的使用中不应存在为了个人不当利益而以科研活动名义滥用、套用或不当占用科研经费的行为。

基于以上论述，作为犯罪控制手段的刑法而言，其对于科研权利的保护限度就显得尤为重要。如果说在刑法工具本位主义的时代，刑法可以为保护公共财产的考虑而将代为保管公共财产的人视为刑法中的国家工作人员，其目的在于把国家或集体所有的财产置于比公民的基本权利更

① 参见蒋悟真：《纵向科研项目经费管理的法律治理》，载《法商研究》2018 年第 5 期，第 41 页。

② [英]约翰·密尔：《论自由》，许宝骙译，商务印书馆 2007 年版，第 65 页。

为重要的地位。然而，近些年随着权利本位主义观念的兴起以及非公有制财产平等保护理念的深入人心，虽然公共财产保护的必要性仍然存在，但当公民的基本权利与公共财产保护发生冲突时，刑法应如何选择，则成为一个需要重新定位的问题。从域外来看，美国法律对科研权利的保障是促成美国成为世界第一科技强国的根源所在。国家机构在美国的科研活动中非常注意维护研究人员的学术自由，强调学术界的独立自治和学术研究的独立自主，不轻易受外界因素干扰，以保护科学研究的自主性和科研人员的学术自由，实现科学发展的内在要求。①但在我国，科研人员从事科研活动虽然被宪法规定为科研权利，但因科研经费使用有太多限制，科研人员从事科研活动并不能获取劳动报酬，也面临着财务报销上的诸多束缚，这就使部分科研人员以侵占方式补贴自己的劳务付出，这是司法者如何看待科研人员侵占科研经费行为并作出价值选择的事实前提。鉴于科研权利的实现需要国家履行科研经费资助的保障义务，且不能对科研经费使用有太多限制，也因为科研权利之社会权的属性，要求把科研经费使用视为科研权利不可剥离的组成部分。因此，解释者需要确立基本的刑法教义学立场：在面临公民的基本权利与公共财产保护的冲突之时，我们应强化一种符合公民的基本权利要求的刑法解释结论。

鉴于此，笔者认为，必须正确对待科研权利的社会权属性，在价值选择上把科研权利置于比公共财产保护更优先的位置，把科研经费使用与支配解释为公民科研权利的范畴，并在规范解释上实现刑法对科研经费的去管制化，毕竟刑法的基本职能是通过其所垄断的刑罚权，以维护人类共同生活的基本条件，从而使国家得到良性和理性的治理。刑法应对科研活动给予必要的包容，除非这种科研活动会带来紧迫与严重的现实危险。这是判断科研人员的科研活动与作为国家工作人员界定标准的“公

① 参见姜涛：《科研人员的刑法定位：从宪法教义学视域的思考》，载《中国法学》2017 年第 1 期，第 187 页。

务"之间内在关联的价值前提。

立足于上述价值判断,即使科研人员以欺骗等手段套取或侵吞科研项目经费,但因不具备职务犯罪的法益侵害性,因此只能属于民事法所规定的违约行为。①我们不能因科研项目经费的公共财产属性,而将科研活动认定为公务活动,并进而将科研人员解释为刑法中受委托从事公务的国家工作人员。从理论上分析,科研项目经费是对科研人员智力投资及其形成成果的一种物质回报,只要科研人员按照科研合同约定完成了科研任务,科研项目经费的所有权就应归属于科研人员,而科研人员如何使用科研项目经费则属于科研人员的科研权利范畴,国家并不具有干预的正当性。此外,从责任上判断,即使行为人采用虚假手段套取科研项目经费,但因并不涉及国家与一般民众之间的信赖关系,因而在结果上并不具有职务犯罪意义上的法益侵害性。因此,若忽视公民的科研权利,以贪污罪追究套取科研项目经费的行为,使管理者将对科研项目经费法治化的希望全部寄托在刑法的威慑力上,不仅会导致公众对刑法的认同危机,更会阻碍科研活动本身的良性发展。

二、科研项目经费管理法治化的合理定位

通过对科研项目经费管理的法治化进行体系解释,可以发现,强调对科研权利的保护,是一种需要排除国家权力干预并以国家的义务作为保障的公民的基本权利。亦即,通过对科研权利的特别保护,可以为科研权力的干预设定"边界",进而实现科研权力与科研权利之间的价值平衡,提升科研项目经费运行的公正与配置效率。而欲实现对科研权利的特别保护来塑造科研权力的约束机制,需对科研项目经费管理法治化的权力(利)关系进行合理定位,确立科研权力谦抑与科研权利本位的价值理念。

---

① 参见朱涛:《科研人员"贪污"课题经费的民法解析——以科技计划项目合同属性为基础》,载《北方法学》2018 年第 1 期,第 48 页。

与此同时，还需要明晰科研项目经费管理法治化的惩罚与激励功能，坚持“激励约束”并重的原则，既要营造宽松的经费使用环境，也要通过设立一定的惩罚机制来约束科研人员的经费使用行为。

（一）权力谦抑与权利本位

任何形态的治理本质上都是权力与权利的协作与统一。[①]但是，在科研项目经费的行政管控模式下，科研权力占据着绝对的主导地位，科研权利则处于被动甚至缺乏应有的尊重的境况之中，科研项目经费治理中的科研权力与科研权利明显处于失衡的状态。科研项目经费管理法治化的本质目的在于保障科研人员的科研自由，以维护司法的公平与正义。因此，科研项目经费管理法治化的目的从本质上来说与宪法对公权力设置的目的是一致的，这也是科研项目经费管理法治化能够有效促进科研自由的根源所在。但是，一方面，若过于强调保障科研人员的科研权利，则可能放任权利主体躲避法律的制裁；另一方面，若过度放任公权力，则又可能带来权力的恣意、滥用，导致权利的损害与公正的泯灭。因此，无论是权力的行使还是权利的赋予，均应当限定在合理的原则范围之内。同时，科研项目经费管理的法律治理与一般公共事务的治理目的不同，不是简单地实现科研主管机关与科研人员之间权利义务在“量”上的平衡，而是应该更加侧重“质”的考量，强化对科研权利的保护。据此，笔者认为，在具体设定科研项目经费管理法治化的权能时应当遵循以下两项原则：

一方面，在科研权力的设置上坚持权力谦抑的原则。科研项目经费的主要价值在于为科研人员提供资金支持服务，因此，推进科研项目经费管理的法治化改革，其目的并非完全是实现国家在科研领域的刑罚权而设置的，这就决定了科研项目经费管理法治化的相关制度设计应当坚持“权力谦抑”的原则，从而合理、有效地限制刑事法对科研项目经

① 参见刘东杰：《现代治理要求权力与权利的平衡》，载《学习时报》2014 年 12 月 1 日，第 4 版。

费的干预范围。[①]当然，坚持"权力谦抑"原则并不意味着科研项目经费的使用就可以为所欲为、毫无规制，笔者认为，坚持"权力谦抑"的实质在于保证科研自由的前提下，贯彻一定的原则和方式，以防止科研权力的过分强大而造成科研实践困难等现象的出现，从这个意义上来说，"权力谦抑"也具有其内在的"质的规定性"。具言之，一切有权力的人都容易走向滥用权力这个魔咒[②]，因此，在科研项目经费的法治化管理过程中，为避免以正义之名作侵犯科研自由之实等权力滥用现象的泛滥，需要设计合理的法律制度来规范权力的行使。从功能标准角度来说，笔者认为，可以将科研项目经费管理法治化过程中的科研权力限定在服务者、指导者和监督者三个重要的角色。就服务者而言，在科研项目经费管理资助合同的缔结与履行的整个过程中，科研权力主体均应当定位于服务者的角色，即在依据权利义务关系对等原则与双方意思表示一致来选择最佳的项目承担者和确定科研项目经费资助合同具体内容的拟缔约阶段，以及待双方主体正式签订科研经费资助合同之后的条款执行阶段，科研权力主体均应当以协商合作的面貌为导向，摒弃传统命令型模式，从而重塑项目管理者与承担者之间的全新关系。就指导者而言，科研权力主体应结合科研实际，对科研项目负责人从申请科研项目到经费使用、再到项目验收的整个过程进行指导，并及时解读科研项目经费管理的相关政策，同时加大对科研助理、科研财务助理等人员的指导与培训力度，以此提升科研项目的运行效率和保障经费使用的安全性。就监督者而言，在科研项目经费资助合同的履行与结项环节，应重点厘定科研主管机关应承担的科研项目经费资助绩效的责任。"虽然国家权利不能正当地用于强制实现任何道德上的要求，却可以正当地用于强制实现个人的权利"[③]，公权力作为监

① 参见何荣功：《预防刑法的扩张及其限度》，载《法学研究》2017 年第 4 期，第 150 页。

② 参见[法]孟德斯鸠：《论法的精神》，孙立坚等译，陕西人民出版社 2001 年版，第 183 页。

③ [加]本森：《合同法理论》，易继明译，北京大学出版社 2004 年版，第 113 页。

督者，对科研项目经费的具体使用进行监督有助于实现科研项目经费的合法、合理使用，在保障科研自由的基础上，最大限度地杜绝科研项目经费使用过程中所可能出现的违法犯罪情形。

另一方面，在科研权利保障的问题上坚持权利本位原则。科研自由权利的保障本质在于科技的创新与社会科学的繁荣。以科研权利保护为核心的运行机制是科研项目经费管理法治化的内在需求，如果将科研权利抽离，那么整个科研项目经费管理制度将会坍塌。但这也并不意味着科研权利的行使能够“为所欲为”、科研权利能够凌驾于科研权力之上，成为立法与规范的主导。亦即，科研权利的保障需要与科研权力的行使保持协调一致与平衡，否则在实践中将无法正常开展科研项目经费管理的相关活动。据此，对于科研项目经费管理法治化中的科研权利的设置应当建立在合理限度范围内，既能保证科研人员能够最大限度地进行科学研究的各项具体活动，又不至于任意削减科研权力，导致科研项目经费管理法治化目的不能实现。详言之，一方面，对于科研权利的保障，既不会妨碍科研项目经费管理中科研权力的合理行使，也不会阻碍科研人员正常科研活动的实现；另一方面，对于科研权利的保障能够满足为保护科研人员的合法权利所必需，这里所说的合法权利是指被合理科研权力合法限制或剥夺的权利以外的权利，包括权利被合法限制或剥夺时的申辩权以及权利被非法限制或剥夺时的救济权等。具体言之，在科研项目经费管理的法治化过程中，需要保障科研路线自主决策权、科研项目经费自由支配权等各项具体的科研权利，但同时也需要将科研权利限定在必需的范围内，以防止科研权利的滥用，如需杜绝出现科研人员通过编造虚假科研活动来套取国家财政拨款的科研项目经费，或以科学研究为名实为骗取或挥霍国家拨款的科研项目经费的行为等权利滥用情形。

由是观之，为保证科研项目经费管理法治化的顺利推进，科研权力在科研项目经费的管理中需要“谦抑”地行使，可以通过合理的制度设计予以规范，以防止公权力的恣意滥用；与此同时，科研人员的科研自由权利的设定也应当在确保不妨碍科研权力行使并保障科研人员合理进行科学研究的基础之上。换言之，权力与权利的作用应当在各自的原则框架范围内得到最大限度地发挥，这才是真正实现科研权力谦抑与科研权利本位的合理互动，确保科研项目经费管理法治化中权力(利)的动态均衡与统一。

（二）惩罚功能与激励功能

前已述及，在科研项目经费管理的法治化过程中，既不能过度扩张科研权力，导致科研活动受阻，也不能过度放任科研权利，导致权利的肆意和滥用，带来科研活动的恣意妄为，因此需要对科研权力与科研权利进行协调与平衡。笔者认为，欲实现科研项目经费管理法治化中科研权力与科研权利的协调与平衡关系，还需要将科研项目经费管理的法治化定位在惩罚与激励两个功能的基础之上，坚持“激励约束”并重的原则。

一是惩罚功能，即通过合理设定具体责任来对套取科研项目经费行为予以惩罚和规制。法律责任是法律行为的逻辑终点和自然延伸，它能够指引和评价科研项目经费治理主体的行为，因此，设定合理合法的法律责任是对科研项目经费规范化治理不可回避的重要内容。包括法律责任在内的法治体系是一种制度安排，“使生活物资和满足人类对享有某些东西和做某些事情的各种要求的手段，能在最小阻碍和浪费的条件下尽可能多地予以满足”。①在我国，项目制是科研项目经费管理的基本形式，通过“项目制”的运作，可以在国家和“科研市场”之间形成具体的科研契约，以打破科研项目经费管理的各种制度桎梏。科研项目作为一种公私混合契约，国家提供作为物质基础的科研项目经费供科研人员展开研究，科研人员以勤勉负责的科学研究作为对价。②人是能动性的，要尊重人的主体

---

① [美]庞德:《通过法律的社会控制》，沈宗灵译，商务印书馆2016年版，第39页。

② 参见[美]伯纳德·巴伯:《科学与社会秩序》，顾昕等译，生活·读书·新知三联书店1991年版，导言。

性，实践活动中必须坚持“人是目的而不是手段”的原则。①科研人员具有控制和选择行为的能力，这是缔结科研契约的前提和产生法律责任的正当性基础。意志自由和理性选择结合而构成行为选择自由理论，是科研人员对套取科研项目经费行为承担法律责任的哲学基础。科研人员应遵守科研契约中经费使用的约定，如违反科研契约，将破坏科研秩序，应承担负面惩戒性制裁，因而针对科研项目经费的管理与使用，我国相关规范性文件规定了一系列的惩戒措施，分别是民事责任、行政责任和刑事责任。然而，科研项目合同的公私交融属性又决定了科研项目经费治理中应尽量减少刑事责任的追究。②如 2016 年最高人民检察院在其颁布的《关于充分发挥检察职能依法保障和促进科技创新的意见》（高检发〔2016〕9 号）中就曾明确指出：“切实贯彻宽严相济刑事政策。对于锐意创新探索，但出现决策失误、偏差，造成一定损失的行为，要区分情况慎重对待。没有徇私舞弊、中饱私囊，或者没有造成严重后果的，不作为犯罪处理。在科研项目实施中突破现有制度，但有利于实现创新预期成果的，应当予以宽容。在创新过程中发生轻微犯罪、过失犯罪但完成重大科研创新任务的，应当依法从宽处理。对于科技创新中发生的共同犯罪案件，重点追究主犯的刑事责任，对于从犯和犯罪情节较轻的，依法从宽处理。”自从贝卡利亚提出违法阶梯性理论以后，几乎所有国家都以防止犯罪发生为目的设计了阶梯式的惩罚手段。③日本学者平野龙一认为，即使针对具有社会危害性的行为，刑法也要保持足够的谦抑性，“即使行为侵害或威胁了他人的生活利益，也不是必须直接动用刑法。可能的话，采取其他社会规制手段才是理想的”。④据此，设置科学合理的惩罚性法律责任是

① ［德］康德：《法的形而上学原理——权利的科学》，沈叔平译，商务印书馆 1991 年版，第 48 页。

② 参见蒋悟真：《科研项目经费规范化治理的法理元素考察》，载《政治与法律》2019 年第 9 期，第 23—24 页。

③ 参见［意］贝卡利亚：《论犯罪与刑罚》，黄风译，中国法制出版社 2002 年版，第 75—77 页。

④ 赵秉志：《社会危害性理论之当代中国命运》，载《法学家》2011 年第 6 期，第 15—26 页。

我们进行科研项目经费管理法治化所不可忽视的环节。

二是激励功能，即通过建立相应的科研项目经费的激励制度来促进科研活动的良性发展。传统法律责任理论坚持认为只有对不法行为人进行负面惩罚性制裁才是法律责任，但法理上这种单纯以“制裁”为后果的传统法律责任已经被以“制裁”和“激励”并重的新型法律责任所取代。科研权利存在的本质在于保护科研人员精神生活自由和道德与研究上的正直，激励科研人员追求和阐释真理的能力①，从而实现科研权利所承载或服务的社会福祉，甚至是人类福祉。②因此，作为为科研权利合理实现提供物质保障和法制保障的科研项目经费，应具有内在的激励科研人员探索真理的能力，激发科技创新活力的功能和目标。③但现阶段，我国尚未建构合理规范的科研项目经费管理的法治化体系，科研项目经费管理的相关规范性文件亦以惩罚性、约束性机制为主，科研人员普遍存在着对科研经费自由使用的“恐惧”，从而使得现行的科研项目经费管理体制机制未能最大程度地提升科研人员的创新积极性，难以激发科研人员的创新活力。为遵循科研活动的特点和特殊规律，科研项目经费管理的法治化过程中应在惩戒责任基础上结合“激励”形成新的科研法律责任机制，从正反两方面促进和激励科研活动的顺利进行，推动我国创新驱动国家发展战略目标的早日实现。④正如博登海默所言：“法律的主要作用不是惩罚或压制，而是为人类共处和满足某些基本需要提供规范性安排。”⑤科

---

① 参见[美]爱德华·希尔斯：《学术的秩序——当代大学论文集》，李家永译，商务印书馆2007年版，第314页。

② 参见金耀基：《大学之理念（增订版）》，生活·读书·新知三联书店2008年版，第157页。

③ *See* Diana Hicks & J. Sylvan Katz, *Equity and Excellence in Research Funding*, Minerva, Vol.49:137, pp.137—151(2011).

④ 参见蒋悟真：《科研项目经费规范化治理的法理元素考察》，《政治与法律》2019年第9期，第24页。

⑤ [美]E.博登海默：《法理学：法律哲学与法律方法》，邓正来译，中国政法大学出版社2004年版，第336页。

研项目成功实现预期目标需要科研人员最大程度地发掘自身潜力，而建立科研项目经费管理与使用的激励制度，可以激发科研人员从事科研活动的积极性，从而最大程度地实现科研目的。基于上述分析，科研项目经费管理的法治化改革更能够为科研创新活动提供充分的创新动力或制度激励，因此，要合理实现激发科研人员创新活力的目标，我国科研项目经费管理的法律治理体系应在充分尊重科研活动规律的基础上，由一元的“惩罚机制”向二元的“惩罚与激励并重机制”转变。①

第二节 科研项目经费管理法治化的目标

科研项目经费管理法治化的目标，从本质上来说在于保障科研权利的实现，通过科研权利保护来形塑科研权力的约束机制，以此实现科研权力与科研权利的价值平衡。2016 年中共中央办公厅、国务院办公厅《关于进一步完善中央财政科研项目资金管理等政策的若干意见》(中办发〔2016〕50 号)明确指出，科研项目经费管理法治化改革的目标就是让项目经费为“人的创造性活动”服务，将科研人员从科研项目经费管理的客体转变为主体，突出科研人员的主体地位以激发其科研能动性。2021 年国务院办公厅《关于改革完善中央财政科研经费管理的若干意见》(国办发〔2021〕32 号)更是进一步强调，要扩大科研项目经费管理自主权和完善科研项目经费拨付机制，同时改进科研绩效管理和监督检查方式，探索制定相关负面清单，明确科研项目经费使用禁止性行为，有关部门要根据法律法规和负面清单进行检查、评审、验收、审计，对尽职无过错科研人员免予问责。这实际上就是要求尊重科研人员的科研权利，并为之相应地

① 参见蒋悟真、郭创拓：《迈向科研自由的科研经费治理入法问题探讨》，《政法论丛》2018 年第 4 期，第 74—75 页。

转变科研项目经费管理的范式，通过构建科研自由的保障机制、建立科研绩效的激励机制、完善科研宽容的维护机制以及健全科研责任的追究机制（见图 4-1），进一步深化科研项目经费管理的体制机制改革，从而实现我国科研项目经费管理的法治化目标。

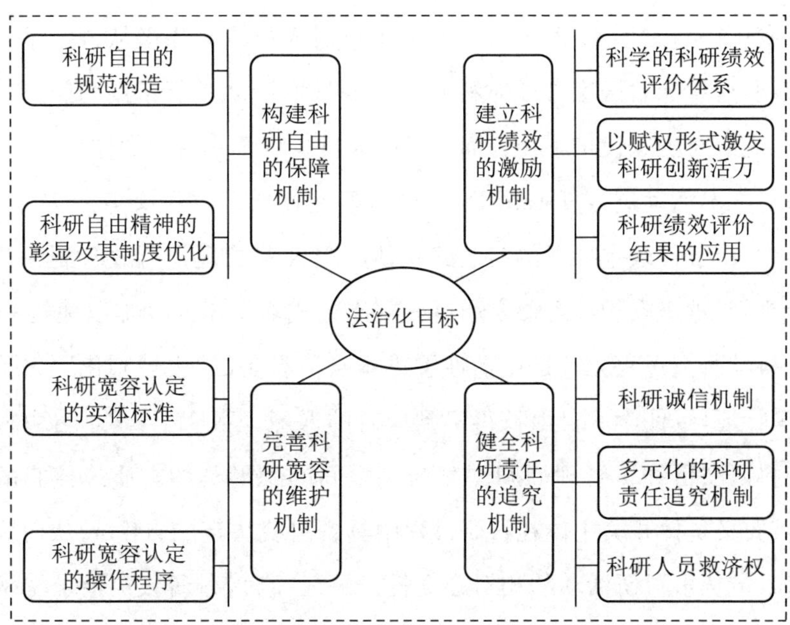

图 4-1　科研项目经费管理的法治化目标图析

一、构建科研自由的保障机制

科研自由虽然已经获得了我国宪法上的确认，但与公民自由不同的是，科学研究的高深性使得科研自由强调的是对知识生产的科研职业内在要求的服从与尊重。①因此，科研项目经费管理的法治化应符合科研规律的内在要求，尊重科研人员在科学研究过程中的基本权利的同时，确保科研自由精神能够得以彰显，并能从制度上得到优化。

---

① 参见严海良：《学术自由的道德解读》，载《西南民族大学学报》2005 年第 12 期，第 318 页。

（一）科研自由的规范构造

科研自由并非是一项具体的权利，因此我们应当明晰科研自由权利的应有内容，并在此基础上进一步构建以信任为前提的科研自由保障机制。具体言之，一方面，就科研自由的具体内容而言，应当包含积极自由权与消极自由权两项权利。一是科研人员个体具有追求学术的积极自由。我国《宪法》第 47 条第二句保障了科研人员具有积极从事学术自由的权利，这意味着国家必须对科研人员的学术活动进行帮助与鼓励。换言之，宪法对国家设定了一种面向科研人员从事学术活动的作为义务，如果不对学术活动进行任何帮助与鼓励，显然违反了这种义务。①然而，在实践中，由于行政主导下的科层式科研项目经费管理把行政管制中蕴含的重规则、重工具理性等要素通过科层制方式对学术活动加以建构②，忽略了科学研究过程尤其是创造性思维本身所具备的“去规则化”“去工具化”等特征，致使学术自由权得不到应有的保障。事实上，学术自由权正是使科研项目经费管理回归国家与科学间的隐形契约本质最核心的部分，其要义是使相关主体在科研过程中具备自我决定的自由③，从而确保科研人员从事科研活动的相对独立性。一般而言，科研人员追求学术的积极自由可以具化为科研路线自主决策权与科研项目经费自由支配权两个方面。在科研路线自主决策权方面，除了强调科研人员在科研项目的开展过程中具有自主决定的权利外，亦要明确赋予科研人员编制、调整科研预算的自由权，消除科研不确定性与预算刚性之间的“鸿沟”，真正保障科研人员的自主权。在科研项目经费自由支配权方面，需要强调科研主管部门、项目依托单位的指导、服务意识，为科研人员自由支配科研项目

① 参见湛中乐、黄宇骁：《国家科研经费制度的宪法学释义》，载《政治与法律》2019 年第 9 期，第 5 页。

② 参见陈毅：《化解科层行政管制与现代公共治理之间的张力：以问题意识为导向》，载《行政论坛》2015 年第 6 期，第 45 页。

③ 参见王泽鉴：《民法总则》，北京大学出版社 2009 年版，第 220 页。

经费保驾护航。就科研主管部门而言，其应在与科研人员所签订的科研项目合同中落实对科研项目经费自由支配权的保障；就项目依托单位而言，应在其自主范围内依据科研项目的性质，不同程度地放开科研人员使用项目经费的限制，使科研项目经费的使用更符合科研的专业性与自主性的特点，从而提升对科研人员的激励并实现科技创新。此外，还需要增加科研项目负责人的劳动报酬权，使其获得与劳动相匹配的尊严。二是科研人员个体负有学术求真上的责任自由。前已述及，国家应当保护科研人员个体具有追求学术的积极自由，但这种自由应当承担相应的责任，即科研人员在享有学术自由的同时，应当负有学术求真上的责任自由。亦即，科研人员在从事科学研究的过程中，应当以真实性为准则，包括在科研项目经费的使用与支出过程中不得有任何欺诈性的行为，如以科技创新为名实为骗取、套取、挥霍国家科研项目投资的行为。同时，科研人员在从事科学研究过程中不得有任何违反社会的基本道德与伦理准则的行为，这就要求科研人员在开展科研活动中，应当负有责任上的自觉，应当忠实、客观和负责任地行使各项科研权利，同时亦规范科研项目经费的使用与支出，不得出现以违规的手段套取大数额纵向项目经费的行为。①

另一方面，就构建以信任为前提的科研自由保障机制而言，科研信任依赖于科研诚信，而科研诚信只有建立在自律之上才具有稳定性。②科研人员个人对自我科研责任的理解与承担，并由此形成的自我约束，是科研自律的根基之所在，因此，科研自律只有在科研自主关系背景下才有可能，科研自主关系需要信任的支持。在科研项目经费管理的过程中，科研信任具有相互性。一方面，科研管理人员对科研人员的信任，主要建立在

① 参见蒋悟真：《科研项目经费管理改革的法治化路径》，载《中国法学》2020 年第 3 期，第 196 页。

② 参见谢郁：《科研经费制度的法理反思：规范基础与信任关系》，载《法学杂志》2020 年第 7 期，第 62 页。

对有技术能力以及专业知识的科研人员有质有量开展科研活动的期望以及对科研人员在科研工作中履行其信用义务和责任的期望等。另一方面，科研人员对科研管理人员的信任，主要在于对自身科研自主的确信和把控科研风险的期望，这种期望主要体现在开展科研工作中所获得的充分的物质支持，以及不会由于任何政治性原因或制度性原因等就要被迫改变科研工作目标，更不会由此而引来相关的罪与罚等等。因此，要建构良好的科研信任关系，就同样需要从这两个方面切入。

从科研管理人员对科研人员的信任来看，信任应为科研人员自主与自律提供足够的空间。一方面，建立科研信任关系首先需要保障的就是科研自主，科研自主是科研人员可担责性的基础与前提，其主要包括可自主支配的经费、成果与科研工作的安排以及合理的风险承担等等；另一方面，依赖于竞争机制与评价机制的保障，科研人员的科研自律是建立科研信任关系所要实现的一种结果，且我们所说的对科研人员科研自主的保障，其目的也同样是要实现科研自律的结果，因而科研自律与科研自主两者之间这种张力的处理与桥接，就可能涉及专家信任、同行评价等各个层面。

从科研人员对科研管理人员的信任来看，对约束机制的确信所带来的对科研人员诚信开展科研工作的期望，涉及的是安心与信任问题。①具体而言，无论是科研人员还是科研管理人员，彼此之间都希望科研工作能更好地完成，此即信任；这种期望，由于可对背信实施制裁，因而是受约束的。法律制裁即是这样，“在背信事件中的法律处境以及制裁的可能性，对某个考虑是否付出信任的人提供某种支持。它们使人们能预见这些条件，在这些条件下，受信任者将不得不做出理性的决定”。②正因如此，信

① *See* Toshio Yamagishi & Midori Yamagishi, *Trust and Commitment in the United States and Japan*, Motivation and Emotion, Vol.18:129, pp.129—166(1994).

② [德]尼克拉斯·卢曼:《信任:一个社会复杂性的简化机制》,瞿铁鹏、李强译,上海人民出版社 2005 年版,第 47 页。

任者是否给予了行为对象以信任就不是决定性的了。法律与信任理应独立地发挥各自功效，即我们在承认法律为特定的期望提供保证以及法律制裁为减少信任风险保驾护航时，应当明确信任不能完全归结为对法律可能性的预见。因为法律设定的是人的行为的禁区，其效果通常是消极的，而信任则是期待行为人能自主地选择更优路线，并对选择以及行为的过程中所可能产生的风险提供一定的容忍。因此，科研契约关系中的信任结构必然建立在有约束机制或有制度保证之外，是对对方行为保有最大善意的双方共同的非理性选择。①

（二）科研自由精神的彰显及其制度优化

强化科研自由精神是构建科研自由保障机制的本质之所在，贯穿科研服务、管理、责任追究的整个过程。科研管理的科研自由精神是基于科研管理活动的基本规律体现出的一种对科研自由、科研平等以及权利本位的价值追求。以科研自由精神规范科研管理机关与科研人员的权力、责任以及权利的配置不仅是科研项目经费治理的本质要求，更是彰显科研管理契约精神、推动科研项目经费管理模式从传统的以权力为本位向以权利为中心转变的应有之义。②据此，我们应当以科研自由精神为指引，推进我国科研项目经费管理的法治化转型，形成以科研自由精神为基础的科研权利（力）运行机制，为科研人员科研自由权的实现提供法律依据与制度保障。

具体而言：一方面，通过对科研权利（力）进行优化设置，保障科研自由精神的彰显。法权是从法学角度认知的、法律承认和保护的全部利益，它以某些社会或国家中归属已定之全部财产为物质承担者，表现为各种

---

① 参见谢郁：《科研经费制度的法理反思：规范基础与信任关系》，载《法学杂志》2020 年第 7 期，第 63—64 页。

② 参见蒋悟真：《纵向科研项目经费管理的法律治理》，载《法商研究》2018 年第 5 期，第 39—42 页。

形式的法律权利和权力。科研项目经费管理法治化中的法权结构是指科研管理法权总量中科研权利与科研权力间的关系。科研项目经费的管理离不开科研权力与科研权利这两大核心范畴,科研治理法律关系更是离不开以科研权力与职责为内容的公权力关系、以科研权利为核心的私法关系以及科研权利与科研权力两者之间相互作用的公私混合型法律关系,这些法律关系共同构成了科研项目经费管理法律关系的整体,而就这些法律关系所构成的科研权利的配置则直接关系到科研人员科研自由性的强弱。国务院2018年发布的《关于优化科研管理提升科研绩效若干措施的通知》(国发〔2018〕25号)中第15条就曾明确指出要“强化高校、科研院所和科研人员的主体责任”,并对各科研主体的职责进行了具体细化。[①]然而,目前我国科研项目合同之条款的设置却与科研自由精神相悖离:一则,科研管理机关普遍重视科研监管而忽略了科研服务,使得科研人员的科研自由受到了极大的限制,如目前大部分高校均未建立起科研项目财务助理制度,使得科研人员往往会为编制预算、支出经费、经费报销等事宜耗费大量的时间和精力。二则,科研人员在进行科研活动过程中的科研权利往往难以真正享有,如获得科研报酬权、获得权利救济权,等等。据此,现阶段我国科研项目经费立法无法合理地协调科研权力与科研权利之间的关系,因而带来科研项目经费管理法律关系的失衡。要解决这一现状与困境,切实保障科研人员的科研自由,就需要在坚持科研自由精神的基础上,对科研权力与科研权利予以合理地整合,从而有效限制公权力的恣意性,建构动态平衡的法权结构,

① 《关于优化科研管理提升科研绩效若干措施的通知》第15条规定:“主管部门要在岗位设置、人员聘用、内部机构调整、绩效工资分配、评价考核、科研组织等方面充分尊重高校和科研院所管理权限。高校和科研院所要根据国家科技体制改革要求,制定完善本单位科研、人事、财务、成果转化、科研诚信等具体管理办法,强化服务意识,推行一站式服务,让科研人员少跑腿。强化科研人员主体地位,在充分信任基础上赋予更大的人财物支配权,强化责任和诚信意识,对严重违背科研诚信要求的,实行终身追究、联合惩戒。”

实现科研权力与科研权利的相互制衡与相互促进。[①]基于以上分析，笔者认为，合理优化科研项目合同条款的设置是较为可行的路径，具体可以从两个方面进行，一是科研管理部门职责应由单纯的管控职能向服务、指导、监督三重职能转化，即在赋予科研管理机关管控与检查等权力的同时，逐步强化其服务、指导与监督的职能。二是明确科研人员的科研自由等相关权利，对于科研人员在科研活动中的有关预算编制、人员调配、项目资金调整以及劳动报酬等方面的权利与自由，应当在科研项目经费管理中予以明确，以真正体现出科研人员作为科研项目合同主体的法律地位。

另一方面，通过合理厘定科研责任，保障科研自由精神的彰显。厘清各方主体的法律责任是科研项目经费管理法治化不可回避的重要内容，现行的相关法律规范针对套取科研项目经费的行为规定了较严厉的处罚，主要为民事责任、行政责任和刑事责任。然而，当前我国科研项目经费管理法治化中的法律责任机制存在诸多问题，严重制约了科研人员的科研积极性。如法律责任的模式设计未遵循科研规律，缺乏激励性法律责任的设置；直接追究科研人员的刑事责任过于严厉；仅规定科研人员经费使用行为的法律责任，欠缺其他主体的法律责任，等等。[②]此外，更为重要的是，现阶段我国科研项目经费管理法治化中的责任类型并不符合科研自由的精神意旨。当前我国对科研项目经费的管理过于侧重科研项目经费的财政属性而忽视科研属性，且对于科研项目经费的管理只是简单套用针对行政人员的规定和经费管理办法，以追究刑事责任为主。其实，科研项目合同兼具公法和私法双重属性，这就决定了科研违约的责任类

① 参见蒋悟真、郭创拓：《迈向科研自由的科研经费治理入法问题探讨》，载《政法论丛》2018 年第 4 期，第 75—76 页。

② 参见蒋悟真：《科研项目经费规范化治理的法理元素考察》，载《政治与法律》2019 年第 9 期，第 23 页。

型应当加以细化。既要构建民事责任、行政责任、刑事责任等多元化、多维度的法律责任体系，更要严格控制刑事责任的应用，以保持刑法的谦抑性，为科研活动提供一个相对宽松的氛围，摆脱科研人员对科研经费使用上的"恐惧感"，从根本上保障科研人员自由从事科学研究的权利。据此，笔者认为，欲解决上述问题，应强调在科研项目经费的管理活动中，以科研规律为本，重构法律责任机制，实现科研项目经费管理法治化中法律责任机制的最优配置，切实保障科研自由精神的彰显。

二、建立科研绩效的激励机制

法治以规范公共权力、保障公民权利为核心。科研权利作为一项宪法权利，是每一名科研人员都应享有的普遍权利。①一般而言，科研活动既是科研人员生存和发展的主要依靠，又是国家发展和民族振兴的重要驱动力量。因此，若要通过改革科研项目经费管理体制释放科研创新活力，则必须建立起兼顾国家创新目标和科研人员需要的科研绩效激励体系和机制。②众所周知，科研绩效激励机制对于合理配置科研主体权责、激发科研人员创新科研活力、提高科研管理绩效等均具有重要的作用。③科研人员的科研创新行为是由他们的需要所决定，并受其动机的直接推动。根据美国管理学家贝雷尔森和斯坦尼尔对激励的定义："一切内心要争取的条件、希望、愿望、动力都构成了对人的激励。它是人类活动的一种内心状态。"④激励的本质是通过满足对象的需要以激发、强化或

---

① 参见谢海定：《作为法律权利的学术自由权》，载《中国法学》2005 年第 6 期，第 20—22 页。

② 参见狄小华：《突破科研经费管理困境的法治路径》，载《社会科学辑刊》2020 年第 5 期，第 80—81 页。

③ *See* Aldo Geuna, *The Changing Rationale for European University Research Funding: Are There Negative Unintended Consequences?* Journal of Economic Issues, Vol. 35: 607, pp.607—632(2001).

④ *See* Omotayo Olugbenga Aina, *Application of Motiation Theories in the Construction Industry*, LOSR Journal of Business and Management, Vol.16:1, pp.1—6(2014).

维持行动的内心动力,而需要在法律上的反映即为权利。而法的激励功能就是通过法律激发个体合法行为的产生,使个体受到鼓励从而做出法律所要求和期望的行为,最终实现法律所设定的整个社会关系模式系统的要求,取得预期的法律效果,营造理想的法律秩序。①自 2014 年科研项目经费管理进入改进的新阶段,国家出台了一系列有关改善科研条件与创新环境、平衡物质激励与精神激励、兼顾正激励与负激励等的规范。随着规范的落实,科研项目经费的自由支配权与科研监管权间的紧张关系得到缓解,但要形成动态平衡张力的机制,充分发挥科研激励的效应,仍需要按照法治思维进一步完善科研报酬的绩效激励机制。

科研报酬是以科研为职业的科研人员满足生存和发展需要的主要途径,也是一般或普遍激励科研的主要形式。法律之治的最高境界,在于通过具有“强制力”的法律规则或规范,实现“非强制性”的法律激励,调整整个社会人们的行为,实现社会的和谐发展。科研项目经费管理的法治化,不仅要对以往科研人员的缺失权利予以补充,还应该建立激励规则营造良好的科学氛围。具体而言:

首先,建立科学的科研绩效评价体系。我国科研评价激励机制是科研绩效评价体系的子系统,其功能的有效发挥离不开整个科研评价体系的运作。因此,要真正发挥科研激励机制的功能,就需要以合理的评价标准得出的合理的评价结果为前提,其中无论是对于优秀科研成果免检而言,还是对于科研绩效评价结果的应用等而言均无法例外。②以激励的分配方式为例,笔者认为,可以建立起按劳分配的一般激励和按质分配的重点激励规则。详言之,就按劳分配的一般激励而言,现行基本工资虽然体现科研人员的科研资历、能力和岗位责任大小,但在课题制的背景下却无

---

① 参见付子堂:《法律的行为激励功能论析》,载《法律科学》1999 年第 6 期,第 21—28 页。

② 蒋悟真:《科研管理政策改革释放的法治信号解读——以〈关于优化科研管理提升科研绩效若干措施的通知〉为例》,载《法学》2018 年第 10 期,第 128—129 页。

法真实反映科研人员的科研工作数量和质量。为此，可根据社会科学、自然科学等不同类型课题，结合课题的级别即国家级或省部级，并区分重点与一般课题，通过科学测算确定一定比例的科研项目经费作为科研劳动报酬。这种具有普遍激励性质的劳动报酬，原则上只要课题通过验收即可获得。但考虑到课题质量激励，还可进一步根据课题结题验收所获得的优秀、良好和及格的不同评价，按比例设定科研劳动报酬。就按质分配的重点激励而言，包括对拔尖人才提供特殊科研支持，与对具有重大创新或通过成果转化获得社会或经济效益的科研成果的奖励。这种科研奖励建立在竞争性评比或获得的重大经济效益的基础之上，由此，获得奖励的人数和项目总是少数。但这些拔尖人才和重大科研创新成果是从广大科研人员和庞大科研课题成果中产生的，因此，只有在重视一般激励的同时实行重点激励，才能够产生更好的激励效应。①

其次，通过赋权的形式激发科研人员的科研创新活力。权利是法学理论的基石范畴，能够真实准确地反映法律的主体性和价值性。②合理的科研项目经费管理体制应在尊重科研人员主体性的基础上强调对科研权利的确认与保护，并通过劳动报酬、经费自由支配、科研奖励、救济等权能的赋予激发科研人员创新活力。如关于劳动报酬权的赋予，我国《宪法》第 42 条和《劳动法》第 3 条均规定了劳动者享有“劳动报酬”的权利。科研人员进行任何一项科研工作都需要付出长期艰辛的科研劳动，因此，劳动报酬权是科研人员付出科研劳动而获得相应对价的合理权利。此外，从成本补偿的角度而言，如果科研项目经费仅限于差旅费、设备费、资料费等范畴，那么科研工作成果根本无法产出。科研人员不能通过科研项目经费对其投入的智力成本与体力成本进行补偿，使得这些“无偿”的科

---

① 参见狄小华：《突破科研经费管理困境的法治路径》，载《社会科学辑刊》2020 年第 5 期，第 80—81 页。

② 参见张文显：《法哲学通论》，辽宁人民出版社 2009 年版，第 43—51 页。

研成本投入相当于转嫁给科研人员自身，科研人员不仅未能享有其科研劳动报酬补偿，反而将因此在经济权益上遭受“二次侵害”。[①]因此，科研项目经费管理的法治化改革，应当体现对科研人员智力劳动投入与体力劳动投入的成本补偿或弥补，尊重科研人员的劳动付出，认可科研人员的劳动报酬权，这不仅关乎科研人员待遇的提高，使科研人员获得与其付出相适应的尊严感和社会认可度，更在于合理劳动报酬权的赋予是激发科研人员科研创新活力的重要保障。[②]再如，对科研奖励权能的赋予，科研奖励是对科研人员做出的科研贡献的承认与鼓励。从事科学研究很大程度上是一项不以追逐个人名利为目的的崇高事业，它除了需要科研人员的努力与敬业外，还需要国家科研管理机关充分激发科研人员的科研动力。[③]我国《宪法》第 20 条明确规定：“国家发展自然科学和社会科学事业，普及科学和技术知识，奖励科学研究成果和技术发明创造。”合理的科研奖励获取权对保障科研人员的科研积极性、发挥有限科研项目经费的最大效益以及引导整个社会形成崇尚知识、崇尚科学的良好氛围，都具有十分重要的作用。换言之，科研成果奖励理念、标准、手段及其权利认可的整体环境，将直接影响甚至在很大程度上决定科研人员的科研产出状况。[④]这就要求充分运用科研成果产出及其产生质量来评价科研人员的成就与贡献，即赋予科研人员获得科研成果奖励权，以更好地激发科研人员的创造活力，最终达到多出成果、出好成果的目的，这也是科研项目经费管理法治化应重点落实的具体层面。[⑤]

---

① 参见郑毅：《高校科研经费管理与学术自由的保障研究——以〈中央和国家机关差旅费管理办法〉第 25 条为切入点》，载《当代法学》2015 年第 3 期，第 50—57 页。

② 参见蒋悟真：《纵向科研项目经费管理的法律治理》，载《法商研究》2018 年第 5 期，第 42 页。

③ *See* Thomas M. Rabovsky & William Curtis Ellis, *Higher Education and Congressional Influence on Administrative Decisions: An Examination of NSF and NIH Research Grant Funding to Four-Year Universities*, Social Science Quarterly, Vol.95:740, pp.740—759(2014).

④ 参见彭卫民：《我国台湾学术研究成果奖励办法的盱衡与启示》，载《社会科学管理与评论》2013 年第 2 期，第 28—42 页。

⑤ 参见蒋悟真、郭创拓：《迈向科研自由的科研经费治理入法问题探讨》，载《政法论丛》2018 年第 4 期，第 77 页。

最后，完善科研绩效评价结果的应用机制。一项科学合理的科研绩效激励机制，除了需要建立科学的科研绩效评价体系以及合理的赋权以激发科研人员科研创新活力之外，还需要对科研绩效评价结果进行落实和运用，这就涉及科研绩效评价结果应用机制的构建与完善。[①]笔者认为，加强科研项目绩效评价结果的约束性与激励性应作为科研绩效评价结果应用的目的之所在，但要真正发挥科研项目绩效评价结果的约束性与激励性的功能还应着力于相关配套政策的完善。一方面，需要构建与项目绩效评价结果挂钩的科研项目申请、奖励以及经费拨款等制度，以协调科研项目绩效评价结果与科研项目管理的关系；另一方面，需要完善项目依托单位的相应制度，以发挥绩效评价结果在职称评定与收入分配中的功能。[②]

三、完善科研宽容的维护机制

宽容是指主体在有能力干涉的情况下，选择容忍和宽恕他者给自己思想和权益带来消极影响的言行。一般而言，宽容包含积极宽容与消极宽容两个方面，前者是指主体在有能力干涉的情况下，选择宽恕他者给自己权益带来消极影响的言行；后者是指主体在有能力干涉的情况下，选择容忍他者给自己思想带来消极影响的言行。[③]亦即，宽容即是一种积极的行为，也表现为一种消极的容忍与忍受，体现在科研项目管理领域中，科研宽容不仅包括积极层面上对不同见解的人的承认与尊重，更包括消极层面上对“科研失败者”的容忍与接受。然而，在实践中，有关科研项目经

---

① *See* Otto Auranen & Mika Nieminen, *University research funding and publication performance—An international comparison*, Research Policy, Vol.39:822, pp.822—834(2010).

② 参见蒋悟真：《科研管理政策改革释放的法治信号解读——以〈关于优化科研管理提升科研绩效若干措施的通知〉为例》，载《法学》2018 年第 10 期，第 129 页。

③ 参见高政：《宽容的概念分析与教育启示》，载《清华大学教育研究》2014 年第 4 期，第 42 页。

费管理的制度设计更多体现了科研权力机关的“权力本位”思想，对于科研宽容免责机制的相关制度缺乏具体的规定，由此导致科研宽容的维护机制无法得到落实。[①]一是科研宽容认定的实体规范缺失。规范与完善科研宽容的维护机制，离不开科学、合理的实体标准。根据《中华人民共和国科学技术进步法》第 56 条规定：“国家鼓励科学技术人员自由探索、勇于承担风险。原始记录能够证明承担探索性强、风险高的科学技术研究开发项目的科学技术人员已经履行了勤勉尽责义务仍不能完成该项目的，给予宽容。”该条款虽然规定了鼓励科研人员“勇于承担风险”的宽容机制，但仅仅是在抽象层面上确立了一个“创新—宽容”的激励范式，并未真正成为一种具有可操作性的具体权利，如对于“勤勉尽责”的标准如何认定，举证责任如何分配，宽容认定的主体、客体、范围如何界定等等。[②]二是科研宽容认定的程序机制不够完善。明确科研宽容的具体操作程序对于切实保障科研人员的科研权利具有重要的意义，然而，我国科研管理的相关规范性文件却仅宣示性地对科研宽容的维护机制作出了规定，并未出台相关的具体实施细则，如科研宽容机制的申请范围、审查主体、参与主体、如何启动与申请、具体的操作流程等未有专门的规定，这就容易造成科研宽容的维护机制过于抽象和空泛，即科研宽容权保护立法之宣示意义大于实践意义。据此，在推进科研项目经费管理法治化改革的进程中，亟须分别从实体与程序两个方面来完善科研宽容的维护机制。

第一，明确科研宽容认定的实体标准。科研活动充满风险，为激励科研人员大胆创新，须构建与科研风险管理相适应的科研人员宽容权，才能

① 参见郭创拓：《科研宽容制度改革法治化的困境及其破解之道》，载《法学论坛》2020 年第 6 期，第 68 页。

② 参见蒋悟真：《科研项目经费管理改革的法治化路径》，载《中国法学》2020 年第 3 期，第 198 页。

真正给科研人员“松绑释压”，充分发挥其自主创造性。因此，明确科研宽容的实体认定标准，建立健全科研创新失败项目的容错机制，对于构建鼓励探索、宽容失败的科研环境具有重要的意义。具体来说，科研宽容以尊重科研人员自主决策科研路线为前提，以建立科研人员使用与支出科研项目经费的宽容机制为核心，以建立科研宽容认定的监督机制为制度保障。

其一，建立科研人员自主决策科研路线的宽容机制。前已述及，《科学技术进步法》第 56 条虽已规定鼓励科研人员“勇于承担风险”，但仅仅是在抽象层面上确立一个“创新—宽容”的激励范式，但关于该权利的具体内容，如范围、具体行使方式等缺乏，使其并未成为一种具有可操作性的具体权利。一般而言，科研人员在从事科研活动的过程中，失败会多于成功，然而“人们可以通过错误换取真理，并从错误与真理的冲突中产生出对真理更加清晰生动的认知”。[①]由此可以发现，失败的研究对于推进科学研究的进步具有重要的意义，这意味着国家需要建立科研人员自主决策科研路线的宽容机制，对于科研人员在科技创新过程中自主更改科研路线所出现的偏差失误但勤勉尽责的，不应当作负面评价。需要指出的是，赋予科研人员的科研路线自主决策权的宽容权，前提是科研项目预算编制的科学性与合理性。一则，需要在编制预算的过程中，引入科研项目预算编制的协商机制，科研人员与科研项目主部部门、项目依托单位可以互相协商，共同制定出合理的预算方案，做到大方面遵循原则、具体项目“因项目制宜”相结合，这样制定出的制度可能会比较合理。[②]二则，需要建立灵活的预算执行制度，根据科研路线的更改，科研人员可将技术路

① 参见郭创拓：《科研宽容制度改革法治化的困境及其破解之道》，载《法学论坛》2020 年第 6 期，第 69 页。

② 参见韩天琪：《科研经费：放管之间如何平衡》，载科学网，http://news.sciencenet.cn/sbhtmlnews/2016/6/313032.shtm，2021 年 2 月 25 日访问。

线修改信息及预算调整情况及时向科研主管部门、项目依托单位进行“备案”，同时根据研究的需要，科研人员可按照相关程序预先支取相关的项目经费，并作出详细的说明。

其二，建立科研人员使用与支出科研项目经费的宽容机制。在科研项目经费管理的法治化过程中，既要正确把握经费使用规律，建立科学的科研项目经费使用规则，也要明晰在改革和创新科研项目经费使用和管理方式上，若出现因缺乏经验、先行先试上的尝试性失误或过错，应对改革者予以责任豁免，以此建立科研人员使用与支出科研项目经费的宽容机制。具体言之：一则，建立科研项目评价的容错纠错机制，对于科研人员逾期未能结项的项目，如若是因不可抗力或科研不确定性而未能实现预定的科研目标，应当对科研项目负责人予以免责，且合理合规的已支出的项目经费不予追缴，亦不作负面评价，不影响科研人员后续的职称评定、业绩考核等。[①]二则，设置科研人员套取科研项目经费行为之“初罪免罚”的刑事条款，即针对科研人员第一次违法套取科研项目经费的行为，按照科研主管部门、项目依托单位的相关要求进行改正的，应免予刑事处罚。亦即，“当一种行为从刑事政策上判断并无预防之必要性时，则意味着其不法程度的评价在责任刑意义上并无价值，没有作为犯罪处理的必要”。[②]

其三，建立科研宽容认定的监督机制。前已述及，对于科研人员在科技创新过程中自主更改科研路线所出现的偏差失误，但勤勉尽责的；以及科研人员逾期未能结项的项目，但因不可抗力或科研不确定性而未能实现预定科研目标的，应当予以宽容。但问题是，科研人员是否履行勤勉尽

① 参见郭创拓：《科研宽容制度改革法治化的困境及其破解之道》，载《法学论坛》2020 年第 6 期，第 73 页。

② 姜涛：《从定罪免刑到免刑免罪：论刑罚对犯罪认定的制约》，载《政治与法律》2019 年第 4 期，第 27 页。

责义务、科研活动是否因不可抗力或不确定性而未能实现既定目标的认定，需要由科研学术共同体来进行认定①，如若科研共同体对上述情形的认定较为随意，则既损害了科研活动的公平性，也阻碍了科研项目经费管理的法治化进程。因此，应当建立科研宽容认定的监督机制，做到“宽容而不纵容”。具体来说：一则，建立一套自律的科研学术共同体的评价规则、标准和程序。②科研学术共同体是以共同的科学范式为基础形成的科学家群体，他们受同样的实践规则和标准所制约，其任务是在科学范式指导下从事科学研究。③因此，在科研宽容的认定上，科研学术共同体应当有一套自律、科学的评价标准和评价程序，对于“是否履行勤勉尽责义务”“是否因不可抗力或不确定性而未能实现既定目标”的认定上，要准确区分“造假”“失信”与“失败”的情况，对科研失败要宽容，但对科研造假、失信、失德等行为必须严惩，以此形成良好的科研诚信与伦理道德氛围。④二则，对科研学术共同体的评价机制进行监督。一个好的科研学术共同体可以引领科学研究方向、形成科学共同体内互相监督、自我激励的知识创新生态环境。因而，应当引入权力监督机制，在保障科研学术共同体独立行使权力的前提下，强化科研主管部门、项目依托单位、科研人员及其社会公众对科学学术共同体的监督机制，确保科研学术共同体对宽容的认定上，能够作出客观、准确的评价。

第二，细化科研宽容认定的操作程序。构建科学、规范的科研宽容认

① *See* Stephen A. Gallo, Joanne H. Sullivan & Scott R. Glisson, *The Influence of Peer Reviewer Expertise on the Evaluation of Research Funding Applications*, at https://doi.org/10.1371/journal.pone.0165147(Last visited on March 13, 2021).

② 参见李剑鸣:《自律的学术共同体与合理的学术评价》,载《清华大学学报(哲学社会科学版)》2014 年第 4 期,第 74 页。

③ 参见芦苇、牛芳:《国家创新系统视野中的科学共同体》,载《中共太原市委党校学报》2008 年第 3 期,第 50 页。

④ 参见科技部纪检组监察局:《科技部:加强科研项目经费监管,倒查违规用人》,载中央纪委监察部网,https://www.ccdi.gov.cn/yaowen/201402/t20140224_130949.html, 2021 年 3 月 13 日访问。

定程序，是实施科研容错免责机制法治化的重要保障。前已述及，我国立法上仅是在抽象层面上确立一个“创新—宽容”的激励范式，并未细化科研宽容权的各项具体权利，更无从提及建立一套规范的科研宽容认定的操作程序。据此，笔者认为，可以适当借鉴地方上有关科研宽容认定程序的实践，从提出申请、调查核实、审核认定、结果反馈等方面来建立我国科研宽容的操作程序。具体言之：其一，提出申请。科研人员在追责部门启动追责程序后 10 日之内，认为符合上述科研容错免责情形之一的，可以向科研主管部门提出认定申请。其二，调查核实。科研主管部门受理相关认定申请后，指定该领域的科研学术共同体开展调查核实，收集相关证据材料，充分听取申诉意见，于受理之日起 30 日内形成调查报告。情况复杂的，酌情延长至 60 日。对于不符合容错免责情形的，应当给予解释答复。其三，审核认定。经调查认为符合容错免责情形的，科研学术共同体在与科研主管部门、追责部门充分沟通协调后，由科研学术共同体作出免责决定并报科研主管部门备案。其四，结果反馈。对相关科研人员作出免责决定应在 5 日内送达追责部门，并向科研人员本人及其所在单位反馈，必要时在一定范围内通报说明。

四、健全科研责任的追究机制

科学研究是充分发挥科研人员积极性、主动性的实践活动，科研项目经费管理的法律治理既要通过健全科研责任的追究机制约束科研人员的项目经费使用行为，又要营造诚信的科研项目经费使用环境，以实现诚信机制与惩罚机制的内在统一。2015 年，国务院办公厅《关于优化学术环境的指导意见》（国办发〔2015〕94 号）就曾明确提出要建立“优化学术诚信环境，树立良好学风，建设集教育、防范、监督、惩治于一体的学术诚信体系”；2018 年，国务院印发《关于优化科研管理提升科研绩效若干措施的通知》（国发〔2018〕25 号）更是提出要建立完善以信任为前提的科研管理机制，在充分信任基础上赋予更大的人财物支配权，强化科研责任和诚信意识，对违反科研项目经费管理要求的，实行联合惩戒。由是观之，健全科研责任的追究机制就需要坚持诚信机制与惩罚机制的兼顾与统一。一则，要建立科研诚信机制。即以科研信任代替行政监督，以法治思维形成以自律为基础、自治为重心、行政监管为保障制度治理机制。①二则，要丰富套取科研项目经费行为的责任追究机制，通过设置多元化责任承担主体、梯度化的责任类型结构以及多样化的责任承担方式等，提升科研问责的有效性与精准性，但同时也要基于对科学研究路径不确定性的考量，营造鼓励探索、宽容失败的科研环境。②

申言之，健全科研责任的追究机制，应当是强调诚信机制与惩罚机制的内在统一与协调，是建立在"科学精神"基础之上的约束科研人员的一套内在价值，以命令或赞同的形式表现出来，通过赏罚规则内化为科研人员品性的规则体系。③亦即，在科研项目经费的管理视域下，它意味着科研人员对于使用科研项目经费有着更大的自主权与保障，但同时不能滥用这一权利及其他相关权利，在合理、合规使用科研项目经费方面保持更高程度的自律与诚信。要切实完善违反科研项目经费管理的责任追究机制，按照权利与义务统一、权力与责任对等的要求，以真正发挥诚信与惩罚相统一的规范作用。

其一，健全科研责任的追究机制，需要建立科研项目经费管理的诚信机制。科研规律决定了科研人员享有科研经费支配自由，但这种自由不是绝对的，不仅要受到善用经费义务的限制，而且要受到来自履行给付义

---

① 参见狄小华：《突破科研经费管理困境的法治路径》，载《社会科学辑刊》2020 年第 5 期，第 81 页。

② 参见蒋悟真：《科研项目经费治理入法的机遇、难点与模式》，载《法学杂志》2020 年第 7 期，第 44 页。

③ 参见［美］罗伯特 · K.默顿：《社会理论和社会结构》，唐少杰等译，译林出版社 2015 年版，第 820 页。

务的国家行政机关的依法监管。为此，平衡科研项目经费的支配自由与监管权力之间的张力，需要建立以信任为基调的科研项目经费管理制度，并形成科研人员依法自律、课题依托单位依法自治和主管行政机关依法监管的治理体系，以实现科研经费治理的现代化。①从科研诚信建设的重心来看，当前除了应加快科研诚信的立法外，还应当继续推动科研学术共同体内部出台科研诚信的自我规范及培育自治功能。科研学术共同体在提升共同体内部的专业自律水平上具有重要的推动作用。在科研诚信方面，美国多数科研学术共同体均制定了相应的涉及诚信的规范，如微生物学会制定的《道德规范》、物理学会制定的《职业行为指南》等，日本学术会议也发布了《科研工作者行为准则》。②因此，有必要加强科研学术共同体内部针对科研诚信的"范式"构建，即完善细化科研学术共同体内部的诚信理念、价值标准等组织规范③，创造诚信、尽责的科研环境。当然，科研诚信也应进一步与科研评价机制相结合，或通过一定的奖励或惩罚机制，以此激励科研人员在负责任实施科学研究的基础上实现其基本的科研权利。④

其二，健全科研责任的追究机制，需要强调多元化的科研责任追究机制。责任追究不应仅仅被视为对科研项目经费治理绩效保障中违法性、无效性的惩戒，更是实现多元主体科研项目经费治理绩效承诺的工具，责任追究在于鼓励和促进多元主体在经费治理过程中发现问题、改进问题，从而最终提升治理绩效。具体来说：首先，在强调多元化科研责任体系的同时，保持刑法的谦抑性，合理区分不同的科研项目经费行为，为多元主

① 参见狄小华：《突破科研经费管理困境的法治路径》，载《社会科学辑刊》2020 年第 5 期，第 83—84 页。

② 参见主要国家科研诚信制度与管理比较研究课题组编著：《国外科研诚信制度与管理》，科学技术文献出版社 2014 年版，第 12 页。

③ 参见梁庆寅：《学术共同体的基本特征》，载《开放时代》2016 年第 4 期，第 13 页。

④ 参见蒋悟真：《科研项目经费管理改革的法治化路径》，载《中国法学》2020 年第 3 期，第 204 页。

体参与科研项目经费治理提供宽松的环境，实现科研项目经费治理绩效的提升。其次，建立轻重衔接的责任体系。任何腐败犯罪的发生都会经历一个由量变到质变、由一般腐败到腐败犯罪的演变过程。轻重衔接的失信惩戒和惩罚体系，既可以为公正处罚与失信行为危害相适应的惩戒或处罚提供依据，也可以最大限度地为防范科研人员违法犯罪提供科学指引。为此，可根据失信行为违反的规范如学术道德、党纪政纪和法律责任，形成道德谴责、纪律处分、政务处分、民事处理、行政处罚、刑事制裁等轻重衔接的多元责任体系。再次，合理建构多元主体科研项目经费治理法律责任体系，从而依据科研主管部门、项目依托单位、科研人员、第三方主体等多元主体间的法律关系，来判断其应承担的法律责任，而非片面追求合规性控制导向下的惩罚性。最后，通过赋予特定权利（力）为多元责任主体合理采取改进行为提供宽松的环境，从而实现科研项目经费治理绩效的持续改进，如通过赋予科研容错权包容科研创新过程中可能出现的偏差或错误，进而为科研人员管理与使用科研项目经费创造宽松与自由的环境等。①

其三，健全科研责任的追究机制，需要赋予科研人员一定的救济权。无救济则无权利，科研权利救济是科研治理不可或缺的要素，关乎科研人员权利的真正实现。但遗憾的是，根据《国家自然科学基金条例》《国家自然科学基金项目复审管理办法》的相关规定，我国当前的科研管理政策也仅仅规定科研人员对于不予受理或者不予资助的决定有异议的，可以提出"复审"，但仍然缺失具体的程序性规定，尚未形成体系化、有约束力的制度规范。但在当前对科研项目经费的管理中，科研人员入刑的普遍化已使得科研人员对科研项目经费的使用充满"恐惧感"，科研人员在救济机制层面又缺失相应实体与程序上的保障，致使科研人员的权利落地举

① 参见蒋悟真：《科研项目经费管理改革的法治化路径》，载《中国法学》2020年第3期，第204页。

步维艰。为了真正健全科研权利救济体系，需要依据科研过程的特征及其规律区分内部救济与外部救济两种途径。在我国，将所有行政活动纳入司法控制之网中是不可能的①，尤其是对于科研项目经费管理来说，同时发挥内部救济与外部救济的作用是最优的解决路径。一方面，在内部救济上，可通过科研学术共同体的同行评价及自查功能发挥其中介作用，在帮助科研资助机关确认纠纷的同时也为科研人员权利提供有效保障。同时，须在相关法律文本中对权力主体的法律责任予以明确，尤其是对于地方政府及各项目依托单位未落实、更新科研管理改革政策的行为，须纳入追责事由之中，通过责任机制来落实科研权利的保障。②另一方面，科研人员外部救济的行使形式，除了行政复议与诉讼外，还应纳入替代性纠纷解决机制，如协商、调解与仲裁等，包括通过结社实施学术自由权利的自力救济，以灵活高效地应对科研纠纷，切实保障科研人员的救济权。

---

① 参见[德]毛雷尔：《行政法学总论》，高家伟译，法律出版社 2000 年版，第 146 页。

② 参见蒋悟真：《科研项目经费管理改革的法治化路径》，载《中国法学》2020 年第 3 期，第 197—200 页。

第五章　科研项目经费管理法治化的体系建构

科研项目经费管理法治化的最终目标是让科研项目经费的管理和使用回归科学研究的本质。前已述及,科研项目经费管理法治化的实质就是强调权力谦抑与权利本位的平衡,实现惩罚功能与激励功能的统一,以此为基础,通过构建科研自由的保障机制、建立科研绩效的激励机制、完善科研宽容的维护机制以及健全科研责任的追究机制,实现科研项目经费管理法治化的目标。据此,科研项目经费管理的法治化不仅仅是厘清科研权力与科研权利的关系问题,更是一个需要从理念、实体与程序等具体层面进行体系建构的问题。具体而言,在理念层面,需要明晰科研项目经费管理法治化的价值导向,强调科研项目经费管理中科研权利与科研权力、科研权利保护目的与法律责任追究机制的合致要求,并积极将比例原则贯穿于科研项目经费管理的法律治理之中,用比例原则来指导科研项目经费的规范化治理;在实体层面,需要对科研项目经费管理的法律责任进行阶层化改造,对科研人员套取科研项目经费行为的入罪与量刑进行重新解释与厘定;在程序层面,需要进一步规范科研项目经费的使用与支出程序,建立阶层化的科研责任追究程序与完善科研人员权利的司法救济程序,以保障科研人员的基本权利实现有程序上的支撑。因此,科研项目经费管理的法律治理将是一项复杂艰难的系统性工程,需要在科研权力和科研权利之间寻求一个平衡的支点，在这个支点的基础上，革新科研项目经费管理法治化的理念，从实体和程序层面分别对科研项目经费管理的法律治理难题进行协同应对。唯有如此，才能不断修正和变革科研项目经费管理中的难题，从而保证科研活动的健康有序发展，使科研活动回归科学研究规律。

第一节　科研项目经费管理法治化的理念革新

理念是制度设计的基石，没有正确理念引导的制度设计是盲动的、恣意的，制度的效能能否发挥出来，往往仰赖与制度相匹配的理念。正确的理念可以转化成建设性的行动，反之，错误理念一旦形成，带来的往往是破坏性的行动，即使制度设计得再完美，也往往会被架空。①因此，科研项目管理的法治化必须以理念革新为前提，这是所有改革的共通路径。通过前述制度考察发现，我国科研项目经费管理的法律治理在实践中出现了一系列的制度难题，这些难题既关系到科研项目经费管理法治化改革的进一步推进，也为理论界进一步深化相关的研究提供了重要的契机。鉴于此，欲推进科研项目经费管理的规范化治理，实现良性的科研项目经费治理秩序，前提是需要对科研项目经费管理法治化的价值导向进行思考，强调科研项目经费管理中科研权利与科研权力、科研权利保护目的与法律责任追究机制的合致要求，并以此为基础探讨科研项目经费管理法治化与比例原则的关系，以发挥比例原则指导科研项目经费规范化治理的作用，破解科研项目经费管理法治化改革所面临的难题。

---

① 参见沈德咏：《论疑罪从无》，载《中国法学》2013年第5期，第13页。

一、科研项目经费管理法治化的价值导向

科研项目经费管理法治化改革是影响和决定科技创新的基石问题，也是深化科技体制改革必须啃下的硬骨头。[①]为激发科技创新热情，党和国家领导人多次强调要推进科研项目经费管理的法治化改革，保障科研人员从事科研自由及自由支配经费的权利。2020 年 9 月 11 日，习近平总书记在北京主持召开科学家座谈会中指出："要破除一切制约科技创新的思想障碍和制度藩篱，加快推进科研院所改革，赋予高校、科研机构更大自主权，给予创新领军人才更大技术路线决定权和经费使用权。"[②] 2021 年 3 月 11 日李克强总理在人民大会堂三楼金色大厅出席记者会并回答中外记者提问时进一步强调："我们下一步要加大基础研究的投入，还要继续改革科技体制。让科研人员有自主权，更重要的是要让科研人员有经费使用的自主权。"[③]这些关于科研项目经费管理体制机制改革的文件精神，至少从政策层面及发展战略层面表明科研项目经费管理法治化的价值导向是，强调科研路线自主权及经费自由支配权，以实现科研权力与科研权利的价值平衡与合致性。

事实上，只有将科研权力与科研权利的合致性作为科研项目经费管理法治化的价值导向，才能从根源上减少科研项目经费管理中的法律治理困境。这种合致性要求我们，在科研项目经费管理的法律治理中，应当在保护科研自由和权利的基础上，对科研权力和科研权利之间的关系予以整合，进而构建动态的法权结构。[④]据此，科研项目经费管理法治化的

---

① 蒋悟真、郭创拓：《迈向科研自由的科研项目经费治理入法问题探讨》，载《政法论丛》2018 年第 4 期，第 72 页。

② 参见任一林、万鹏：《关于科技创新和发展，读懂习近平强调的这三个要点》，载中国共产党新闻网，http://theory.people.com.cn/n1/2020/0918/c40531-31866102.html，2021 年 4 月 17 日访问。

③ 参见魏少璞：《李克强谈科技创新：要让科研人员心无旁骛去搞研究，厚积才能薄发》，载环球网，https://lianghui.huanqiu.com/article/42GQBAUPAXd，2021 年 4 月 17 日访问。

④ 参见蒋悟真、郭创拓：《迈向科研自由的科研经费治理入法问题探讨》，载《政法论丛》2018 年第 4 期，第 75 页。

价值导向亦当然地围绕科研权力与科研权利、科研权利保护目的与法律责任追究机制的合致要求展开,进而使科研项目经费管理的法律治理真正符合法治之精神,并增强其普适性以维护良性的科研项目经费秩序。

其一,科研项目经费管理中科研权力与科研权利的合致要求。从科研权力的范畴来看,由于科研项目经费之公共财产的属性,科研主管部门强调的是严格的行政管制。然而,科研活动是一种基于创造性的智力活动,科研活动具有不确定性、或然性的规律,这种规律决定了科研人员具有自主决策科研路线及自由支配经费的灵活性,但这种灵活性又与刚性的科研预算制度、监督制度等权力相悖离。因而,我国科研项目经费的管理亟须从权力管控理念向法治化理念转变,这就要求科研项目经费管理的法律治理机制,应在科研权利保护的基础上实现科研权力与科研权利的合致要求。从科研权利保护本身来看,科研立法应当体现在保护科研人员在从事科研活动中精神生活自由与道德的正直感,防止其他手段不正当地干预科研领域,以激励科研人员阐释与追求真理的热情。申言之,以科研权利保护为基础,实现科研权力与科研权利的合致性应当体现如下几个方面的要求:一是科研立法体系与科研项目经费管理体制的合致性,即科研立法与科研管理在同范畴内有效衔接。我国《宪法》明确规定了公民具有科学研究的自由,因而在科研项目经费管理的法律治理时,就应当将科研人员的科研路线自主权与经费使用自由支配权作为科研项目经费管理体制改革的重点,而不是依然采用权力管控式的法治理念,抑制科研人员的科研自由权利。二是科研项目经费管理法律治理的目标应坚持权利行使与责任担负的合致性,即科研人员在享有科研自由的前提下,也应当承担相应对等的科研责任。换言之,在保障科研人员科研自主权及经费自由支配权的基础上,科研人员在从事科研活动的过程中亦负有责任上的自觉,应当忠实、客观、负责任地行使其科研权利,并规范地使用科研项目经费。三是科研项目经费管理法律治理的内容应坚持实体与程序的合致性，即在科研项目经费管理的法律治理中，不仅应加强科研服务意识，强调科研人员的权利本位原则，而且应健全科研人员权利实现的程序性保障机制，如通过规范科研项目经费的使用与支出程序、建立多元科研纠纷解决程序等手段来保障科研权利的实现，以此建构一套符合科学研究基本规律的科研项目经费管理体制。①

其二，科研权利保护目的与法律责任追究机制的合致要求。从科研权利保护目的的实质层面来看，要求科研责任的分担机制符合比例原则。由于科研合同兼具公法、私法的双重属性，这决定了法律责任的追究机制应当细化，即强调民事、行政与刑事责任的有序衔接上，应保持前后一致的合规范目的。②具言之，一是针对套取科研项目经费行为的民事、行政与刑事追责体系的合致性，即针对科研人员套取科研项目经费的行为，应当在民事处理、行政处罚与刑事追责上保持同范畴内的有效衔接，尤其是当违规行为既触犯行政规范与民事规范也触犯刑事规范时，应当在科研权利保护目的的指向中将违规使用经费的行为方式、后果等作出明确区分，以防止刑事立法在同范畴内对该行为作升格处理。二是针对套取科研项目经费行为的犯罪圈设定的合致性，要求刑事立法在追究套取科研项目经费行为时不能越界，同时应结合刑法的谦抑性原则，对科研项目经费管理领域的犯罪圈予以适当限缩。比如貌似套取科研项目经费实为变通合规使用科研项目经费的行为，不应被刑法中的贪污罪所评价。三是完善科研人员权利的司法救济程序，无救济则无权利，科研权利救济是科研权利保护不可或缺的重要因素，这关乎科研人员的基本权利能否真正得以实现。因此，对于科研人员遭受来自国家公权力具有普遍效力的行为的

① 参见蒋悟真：《科研项目经费治理入法的机遇、难点与模式》，载《法学杂志》2020 年第 7 期，第 44 页。

② 参见蒋悟真：《科研管理政策改革释放的法治信号解读——以〈关于优化科研管理提升科研绩效若干措施的通知〉为例》，载《法学》2018 年第 10 期，第 125 页。

侵害时，应当赋予其相应的救济措施，这一措施至少应当包含两个方面：一则将司法救济渠道纳入科研人员权利救济的基本方式；二则因责任追究不当造成科研人员合法权益遭到侵害时具有获得赔偿的权利。①

二、科研项目经费管理的法治化：比例原则的坚持

比例原则被称为现代公法上的"帝王条款"，滥觞于19世纪的德国警察法学，最初主要用于规制警察权力，其主要功能是规制国家权力，凡国家权力能够触及的领域，都可以适用比例原则。②从发展脉络来看，比例原则经历了三次转变：一是从警察法学延伸至行政法学；二是由行政法学延伸到宪法学，成为违宪审查的基准；三是从国内法发展到国际法，即从一般的基本原则发展成为一项国际法学重要原则。③换言之，比例原则正在被世界上越来越多的国家写入宪法、法律等成文法，且越来越多国家的法院开始运用比例原则进行裁判。④正如有学者所言："比例原则似乎具有非常强劲的势头，甚至可能是不可阻挡的力量。"⑤

从理论层面来看，比例原则的逻辑起点是人权保障，这与宪法的价值内核相契合，故比例原则应升格为一项宪法原则。⑥体现在司法实践中，比例原则的适用范围正逐渐从行政审判领域拓展至民事审判和刑事审判领域。⑦一般而言，比例原则包含妥当性、必要性和相称性三个原则，妥当

---

① 参见柳经纬：《从权利救济看我国法律体系的缺陷》，载《比较法研究》2014年第5期，第185页。

② 参见梅扬：《比例原则的适用范围与限度》，载《法学研究》2020年第2期，第57页。

③ 参见姜涛：《追寻理性的罪刑模式：把比例原则植入刑法理论》，载《法律科学》2013年第1期，第101页。

④ 参见刘权：《行政判决中比例原则的适用》，载《中国法学》2019年第3期，第84页。

⑤ Stephen Gardbaum, *Positive and Horizontal Rights: Proportionality's Next Frontier or a Bridge Too Far?* In Vicki C. Jackson & Mark Tushnet eds., Proportionality: New Frontiers, New Challenges. New York: Cambridge University Press, 2017.

⑥ 参见门中敬：《比例原则的宪法地位与规范依据——以宪法意义上的宽容理念为分析视角》，载《法学论坛》2014年第5期，第94页。

⑦ 参见梅扬：《比例原则的适用范围与限度》，载《法学研究》2020年第2期，第58页。

性原则是指所采取的措施可以实现所追求的目的，其处理的是目的与手段之间的关系，要求政府机关使用的手段能够实现行政之目的；必要性原则指除采取的措施之外，没有其他给关系人或公众造成更少损害的适当措施，其处理的是手段与手段之间的关系，要求政府机关在多种达成行政目的的手段中选择侵害性最少的手段；相称性原则指采取的必要措施与其追求的结果之间并非不成比例，其处理的是手段的结果与目的之间的关系，要求政府机关对希望所保护的法益进行价值权衡，只有当达成目的所实现的利益大于对公民基本权利所造成的侵害时，该手段才具有正当性。①以此观之，比例原则的实质就是一种适度、均衡的理念与思想，通过以妥当性、必要性、相称性作为目的与手段之间关联的分析框架，旨在达到目的正当性、手段目的匹配性、谦抑性和成本收益均衡的要求，维护法律的实质正义。②

科研项目经费管理的法治化作为国家治理制度的一个重要组成部分，“只有将其上升为宪法的框架之内，才能定型化、精细化与规范化，才能增强执行力和运行力”。③亦即，科研项目经费管理的法治化与比例原则具有逻辑上的契合性。已如前述，通过对科研项目经费管理的法律文本进行梳理与考察发现，长期以来，我国科研项目经费的管理一直遵循着权力管控式的治理模式，将科研人员视为与政府具有隶属管理关系的公务人员，以期通过“官僚制”层级来管控科研人员对于项目经费的支出行为，因而忽视了科研项目经费管理的内在规律及其科研人员应有的科研权利。④针对上述弊端，近些年来国家相关部门陆续出台了一系列有关科

① 参见张明楷：《法益保护与比例原则》，载《中国社会科学》2017 年第 7 期，第 93—94 页。

② 参见裴炜：《比例原则视域下电子侦查取证程序性规则构建》，载《环球法律评论》2017 年第 1 期，第 82—84 页。

③ 参见张文显：《法治化是国家治理现代化的必由之路》，载《法制与社会发展》2014 年第 5 期，第 8 页。

④ 参见蒋悟真：《纵向科研项目经费管理的法律治理》，载《法商研究》2018 年第 5 期，第 36 页。

研项目经费管理改革的政策性文件，这昭示着我国的科研项目经费管理体制由传统的权力管控思维向尊重科研权利的进路转变。如 2016 年，最高人民检察院发布《关于充分发挥检察职能依法保障和促进科技创新的意见》（高检发〔2016〕9 号）时就曾提出“要充分考虑科技创新工作的体制机制和行业特点，在办案中区分科研人员与公务人员的身份，特别是要区分科技创新活动与公务管理的区别，坚持罪刑法定原则和刑法谦抑性原则，禁止以刑事手段插手民事经济纠纷。对于锐意创新探索，但如果出现决策失误、偏差，造成一定损失的行为，应区分情况慎重对待。没有徇私舞弊、中饱私囊，或者没有造成严重后果的，不作为犯罪处理”。2018 年，《国务院关于优化科研管理提升科研绩效若干措施的通知》（国发〔2018〕25 号）也明确提出“要赋予科研人员更大技术路线决策权以及科研单位科研项目经费管理使用自主权，同时，应合理区分改革创新、探索性试验、推动发展的无意过失与明知故犯、失职渎职、谋取私利等违纪违法行为”。这些规范性文件的出台意味着我国科研项目经费管理法治化改革的导向是通过科研权利保护来塑造权力约束机制，实现科研项目经费管理中科研权力与科研权利之间的价值平衡。申言之，科研项目经费法治化的目的是服务于国家科研创新政策，不能为了单纯的经费控制而牺牲科研人员的积极性与创新能力，同时，对科研人员套取科研项目经费进行制裁时应当以追究刑事法律责任为必要的最后手段，这意味着公权力对科研项目经费的管理进行干预时，应当控制在一定的限度范围内，以此保障科研人员应有的权利。以此观之，国家通过规制公权力对科研项目经费管理的介入以达到科研权利保护的目的，与比例原则限制公权力保障私权利的合宪性控制目的完全一致。

有鉴于此，我们应积极地将比例原则贯穿于科研项目经费管理的法律治理之中，用比例原则来指导科研项目经费的规范化治理。一是科研项目经费管理的法律治理应当协调好科研权力与科研权利之间的比例关系。由于纵向项目经费来自国家财政的拨款，因而该经费属于国家公共财产，因而公权力对科研项目经费的管理与干预具有正当性。当然，由于公权力具有天然的扩张性，一旦缺乏有效的约束与监督，必然会造成私权利的萎缩。据此，对科研项目经费进行规范化治理时，应当处理好公权力与私权利的关系，即以保护科研权利的目的为行为依据和准则，在此基础上再明确列举公权力的"干预清单"与义务，以避免公权力的过度干预导致科研权力与科研权利的极度失衡。二是司法机关对科研人员套取科研项目经费进行法律制裁时，应当考虑除刑事措施之外的其他措施是否也可以达到规范科研秩序的目的。已如前述，科研人员套取科研项目经费的行为在审判实践中往往被贪污罪所评价，这种不考虑科研活动特殊性与科研权利保护的法律评价并不恰当。事实上，在我国现行法律体系中，除了追究刑事责任外，还有民事责任、行政责任等责任类型来吸收与规范套取科研项目经费的行为。详言之，应当在追究科研人员套取科研项目经费的刑事责任之前设置民事处罚、行政处罚的前置程序，只有在追究科研人员的民事责任、行政责任之后，仍需要弥补社会所受损害的情形才可追究刑事责任。[①]当然，即使是启动刑事追责程序时，亦应当适用《国家监察法》的相关规定，建立起监督—调查—处置的责任分流程序，使得责任类型变得多元，要最终认定某一个主体可能涉嫌职务犯罪就会变得不确定。换言之，对于套取科研项目经费的科研人员，首先要进行公权力的标准判断，若不符合，则根本不在监察的对象之中；对于符合标准的，日常监督可以建立起程序性的问责机制，可通过各种手段予以约束；倘若涉嫌违法，可以启动调查程序，倘若只构成违法行为，可通过《公职人员政务处分法》独立追究职务违法责任，只有在极其特殊的情形下，如对于那些以违规手段套取纵向项目经费数额巨大，恶意不完成科研项目，也拒不退回国

---

① 参见蒋悟真：《科研项目经费规范化治理的法理元素考察》，载《政治与法律》2019 年第 9 期，第 25 页。

家财政拨款的科研项目经费，情节较为恶劣的；或者那些并未真实地从事科研活动，而是以科学研究为名，实为骗取科研立项并挥霍、套取国家财政拨款的科研项目经费，严重扰乱科研秩序或危害科研创新发展的行为，可以移送检察机关审查起诉，追究其刑事责任。①

第二节　科研项目经费管理法治化的实体规范

对科研项目经费管理的法律治理体系进行实体规范，根本目的在于建构科研权力与科研权利之动态平衡的法权结构。而欲实现两者间的平衡，应当限制科研权力的扩张与恣意，切实保障科研人员的基本权利，通过科研权利的保障限缩科研权力的扩张，实现科研权力与科研权利的协调与统一。这实际上就是要求国家在动用公权力的手段侵犯科研人员的基本权利时，应当秉持审慎、理性的思维，对科研人员套取科研项目经费的行为进行责任追究时，应当采用多元化的法律治理手段，同时严格区分套取科研项目经费行为"罪与非罪"的界限，慎用刑法的手段对其进行定罪处罚，只有对具有一定行政级别、套取纵向项目经费数额多以及主观恶性深的人员，才可被刑法上的贪污罪所评价。同时，还需完善套取科研项目经费犯罪行为的量刑机制，进而使科研贪腐类犯罪与其他贪腐类犯罪的量刑标准有所区分，走向"有差别的统一"。

一、套取科研项目经费行为的法律责任机制重构

前已述及，我国现有关于科研项目经费管理的规范性文件对于科研责任法律追责机制的表述过于笼统含混，极易造成司法资源的浪费及刑

① 参见王旭：《论套取高校科研项目经费治理的〈国家监察法〉适用》，载《法学杂志》2020年第7期，第50页。

事制裁的过度扩张。据此，未来科研项目经费管理的法律治理路径，应当重构科研人员套取科研项目经费行为的法律责任机制，即根据科研人员套取科研项目经费行为的社会危害性及科研人员的人身危险性等因素，制定阶层化的法律追责机制，构建“以民事、行政法律规制为主、刑事制裁作为最后手段”的多元法律责任机制。

（一）构建以“民事、行政法律规制为主”的法律追责机制

通过对前述样本文书的考察发现，基本上所有套取科研项目经费的刑事被追诉人最后均以贪污罪定罪处罚，这种法律评价因未考虑到科研领域的特殊性及其现实状况，因而其实并不恰当。①科研人员以科技项目合同为前提参与科研活动，因此科研人员参与科研活动过程的实质是履行民事合同的过程，而并不是执行公务活动过程，故而应当属于民法规制的范畴，但同时，由于科研项目经费隶属于科研主管部门管控，科技项目合同因此又具有行政合同的性质，所以科研主管部门有权要求套取科研项目经费的科研人员承担一定的行政责任，这一点也同样毋庸置疑。据此，在科研项目经费管理的法律治理中，应当树立以“民事、行政法律规制为主”的法律追责机制，从而保障科研项目经费的管理迈向法治化的轨道前行。

一般而言，科研活动其实是国家或企事业单位通过科技服务合同或技术服务合同的形式将某项科学研究任务交由指定科研人员进行开发与研究的过程，整个活动过程的权利与义务均来源于科技服务合同或技术服务合同，因此科研活动主要就是围绕对科技服务合同或技术服务合同的履行而言的。由是观之，科研活动的本质属性就是它的“合同性”，也正是基于这种合同属性，科研人员在申报具体的课题项目时，一般均会签订相应的科技计划项目合同书，一旦科研人员在科技计划项目合同书上签

① 参见蒋悟真：《科研项目经费规范化治理的法理元素考察》，载《政治与法律》2019年第9期，第24页。

字，就表明双方应受合同书中相关条款的约束，而科研项目经费则是科技计划项目合同书中相关条款所规定的科研人员从事科研活动的“对价”。因此，科研人员对科研项目经费使用的正当与否，就牵涉到有无违反科技服务合同或技术服务合同的相关规定，理应受我国《合同法》的规制，承担民事上的违约责任，其不仅不存在应否负担刑事上的责任与义务问题，更不可能被刑法中的贪污罪所评价，所以不应当将其视为侵吞国有资产。前文已述，我们通过合同法的违约责任来追究科研人员套取科研项目经费的行为，这种做法不仅可以达到规范科研秩序的目的，而且也同样具有立法与政策上的支撑。在立法上，我国科研申报项目书具有合同的性质，所以针对科研项目经费的管理与使用应严格受科研合同的约束，倘若出现科研人员套取科研项目经费的情况，便构成合同违约，应根据《合同法》的规定要求其承担违约责任。[①]在政策上，近几年来中央与地方出台的一系列新的科研政策均释放出“以契约为基础，赋予科研人员更大的人财物自主支配权”等法治信号。[②]2019年《政府工作报告》指出的“项目经费包干制”即是典型。为此，我们可以说，对于按照“契约精神”追究科研人员套取科研项目经费行为的民事责任，其实质就是基于科研政策的必要性考量，因而同时具备正当性与合理性。而就相关民事责任来说，我国民事法律主要规定了停止侵害，排除妨碍，消除危险，返还财产，恢复原状，修理、复作、更换，赔偿损失，支付违约金，消除影响、恢复名誉，赔礼道歉十一种民事责任的承担方式。据此，对于套取科研项目经费行为可以采取支付违约金、返还科研项目经费、解除科研合同等民事追责的方式。[③]

---

① 参见朱涛：《科研人员“贪污”课题经费的民法解析——以科技计划项目合同属性为基础》，载《北方法学》2018年第1期，第54—55页。

② 参见蒋悟真：《科研管理政策改革释放的法治信号解读——以〈关于优化科研管理提升科研绩效若干措施的通知〉为例》，载《法学》2018年第10期，第120页。

③ 参见杜启顺：《网络虚拟财产权利救济方式探微——以民事责任体系为论证进路》，载《北京行政学院学报》2017年第4期，第112—113页。

需要指出的是，已如前述，从课题发布单位与课题组之间的委托关系的角度来看，科研项目分为横向项目与纵向项目两种类型。所谓横向科研项目是指企事业单位作为课题的发布者，提供经费资助科研活动的行为，属于民法契约范畴。而纵向研究项目是指由各级政府指定代表政府的并由科研主管部门立项的课题类型。纵向研究项目是为完成特定科研项目与实现国家科技计划而订立的行政合同①，且在纵向科研计划项目合同中，科研人员的科研项目经费需要进入国有单位进行统一管理与使用，由此，纵向科研计划项目合同具有私法契约与行政合同的双重属性。从行政法的法律关系来看，若行政合同的一方当事人出现违约行为，则可能会在违反《合同法》的同时构成行政法意义上的违法行为，如科研人员不按科研计划合同规定使用科研项目经费即是如此。因此，在这种情况下，为维护社会公共利益，科研主管部门可以将科研人员套取科研项目经费行为认定为行政违法行为，亦即可依据《行政处罚法》对套取项目经费的科研人员追究行政责任，如使用警告、罚款、剥夺技术职务、责令改正违规行为、撤销科研项目和限制再次申报科研项目等行政制裁措施。②当然，对科研人员的行政追责与民事追责并不冲突，可以同时要求套取科研项目经费的科研人员承担民事责任和行政责任，以此达到规范科研领域秩序的目的。

（二）刑事制裁应作为科研项目经费管理的最后规制手段

刑法是穷尽其他法律手段之后的补充法，又有国家强制力作为保障，这决定了其谦抑性的特质。如果司法机关将一些本可以通过民事途径或行政处理的科研项目经费案件升格为刑事案件进行处理，则不仅违背了刑法谦抑精神，也形成了对科研秩序的不正当干预。如前所文，科研人员

---

① 参见谭启平、朱涛：《论国家科技计划项目合同的私法属性及制度构建》，载《现代法学》2013 年第 2 期，第 171 页。

② 参见张如：《科研项目经费违规使用的法律责任》，载《学术界》2016 年第 5 期，第 123 页。

套取科研项目经费行为的成因非常复杂，因此刑法的介入与治理应该持谨慎、理性甚至宽容的态度。应当承认，使用刑法的制裁措施对于套取项目经费金额巨大或恶意套取科研项目经费的课题组负责人或其他科研人员而言，可以在一定程度上起到威慑效果。然而同时，我们也应当看到只动用刑法制裁措施的负面效果，即法律治理的目的是规范科研项目经费的管理与使用，而不是单纯追究其刑事责任，且科研人员套取科研项目经费行为并不是仅仅靠刑法的规制就可以完全杜绝的。①

从比较法的角度来看，域外发达国家针对套取科研项目经费行为的法律治理体系一般都是以"事前完善的监督体系、事后多元化的制裁方式、刑法作为最后的规制手段"来规范科研项目经费的管理与使用的。如美国，对于科研项目经费的申请、分配、使用与评估有一套成熟的事前监督程序，即采用院系专门人员监督—校基金管理机构监督—审计监督的三道关口，并引入利益冲突防止办法于科研管理当中，以达到科研项目经费使用的全过程监督。②同时，针对科研人员套取科研项目经费的行为，根据不同的程度相应采取暂停拨款、书面承诺改正、终止资助资格、通报批评等多元化的制裁措施，只有数额巨大、情节恶劣的情形才移交司法部门。③在德国，科研项目经费的管理与使用主要采取议会与联邦审计院的外部监督、科研项目经费监督检查委员会的审计监督、科研项目经费使用单位的内部审计监督三大体系为科研项目经费的管理与使用保驾护航；同时，针对违反科研项目经费使用条款的行为，视情况分别采取撤销科研

---

① 参见李祥、熊枫：《论高校科研项目经费法律治理及其限度——兼与〈科研项目经费违规使用的法律责任〉一文商榷》，载《学术界》2016 年第 11 期，第 119 页。

② *See* Barry Bozeman & Jan Youtie, *Socio-economic impacts and public value of government-funded research: Lessons from four US National Science Foundation initiatives*, Research Policy, Vol. 46: 1387, pp. 1387—1398 (2017)；林小春：《美国怎样防范科研项目经费腐败》，载《中国纪检监察报》2014 年 11 月 9 日第 4 版。

③ *See* National Science Foundation, *Chapter IX—Reconsideration/Suspension and Termination/Disputes/Research Misconduct*, at https://www.nsf.gov/pubs/2002/nsf02151/gpm9.jsp (Last visited on May 25, 2021).

项目、收回全部或部分科研项目经费、要求科研单位返回经济收益等制裁措施，只有对虚报冒领项目经费等情节严重的情形才移交司法机关。[①]因此，笔者认为，针对科研人员套取科研项目经费行为的法律治理，亦应当以事前监督约束为主，通过完善的科研监督机制促进科研群体道德自律的形成，实现学术共同体的自治模式。正如 2021 年国务院办公厅《关于改革完善中央财政科研经费管理的若干意见》（国办发〔2021〕32 号）所规定的："要加强审计监督、财会监督与日常监督的贯通协调，增强监督合力，严肃查处违纪违规问题，对尽职无过错的科研人员免予问责。"这一规定所凸显的事前监督精神及其制度建构无疑为我国科研管理制度的改革提供了依据，法治意蕴深刻。亦即，科研项目经费管理的重点在于建构完善的事前监督机制，通过明确审计监督、财会监督、日常监督的职责分工，建立协同性的监督机制，实现科研经费投入、分配到使用过程的精准监督。[②]在监督的基础上，设计"阶梯式"的科研追责机制，将刑事追责作为必要的最后手段。具体来说，在监督的过程中，若发现科研人员违反科研条款规定，违规使用科研经费的，应当先通过民事处理或行政处罚等途径进行追责，只有违规使用情节恶劣且造成严重后果的，才可以进行刑事上的追责。当然，在刑事追责的同时，还应当强调刑法的谦抑性，建构尽职无过错之科研人员的免责机制，以此实现对刑事责任追究的合理阻隔。易言之，刑事制裁作为最严厉的一种手段，决定了其介入的前提必须是具有一定行政级别的科研人员，且违规使用经费的数额巨大、情节恶劣。

据此，本书主张，刑事法律制裁作为最严厉的一种制裁措施，决定了科研人员套取科研项目经费的行为应当以追究刑事法律责任为最后的、

---

① 参见胡蕊：《德国是这样监督科研项目经费的》，载《中国会计报》2015 年 8 月 14 日第 9 版；孙国祥：《套取并占有科研项目经费的刑法性质研究》，载《法学论坛》2016 年第 2 期，第 147 页。

② 参见蒋悟真：《科研项目经费管理改革的法治化路径》，载《中国法学》2020 年第 3 期，第 193—194 页。

不得已的手段。申言之:其一,对科研人员套取科研项目经费行为进行刑事追责应当符合两个前提条件,即套取科研项目经费数额巨大且造成较大的社会危害性,以及人身危险性较高、情节特别恶劣的具有一定行政级别的科研人员,这主要是由于无论是从行为状况、被侵害的规范特性,还是从行为人的生活圈等方面而言,具有行政职务的科研人员相较于一般科研人员来说,其违法性认识的可能性更高,因而责任阻却的力度就更小。①因为一般科研人员平时主要从事教学工作和活动,其接触的圈子较小,尤其是从事理工科和医科的科研人员平时很少接触法律知识②,科研人员普遍认为套取本应属于自己的课题经费是正常行为,不属于违法乃至犯罪行为,而且套取科研项目经费行为被评价为贪污罪往往需要相应的前置性法律规范,但有些科研人员往往只钻研于自己的学术领域,不可能了解深奥的法律知识及法律规范问题。此外,一般科研人员都是将与科研活动没有关系或者关系不大的费用作为科研费用予以报销,由于科研活动的不确定性及科研预算的不合理性,到底哪些费用与科研活动相关以及如何报销费用很难作出精准的判断。其二,套取巨大数额的科研项目经费时,需要编造大量的虚假合同、虚假账目及虚假发票,相对于普通的小额经费报销来说,具备正常智力的人都应该能认识到该行为具备一定的刑事违法性,并且套取几百上千万的大额科研项目经费的刑事违法性是显而易见的,如果司法人员认定套取大额科研项目经费的行为不具有违法性认识错误的可避免性恐怕难以服众。其三,2016年最高人民检察院在《关于充分发挥检察职能依法保障和促进科技创新的意见》(高检发〔2016〕9号)中明确规定了要依法打击严重危害创新发展的犯罪,尤

① 参见刘科:《套取国家财政拨款科研项目经费行为定罪中的疑难问题研究》,载《法学杂志》2015年第7期,第103—104页。

② 前述样本文书显示,工医项目是科研贪腐犯罪的高发领域,从涉案项目的学科分布情况来看,工科数量占比50.7%,医科数量占比25.4%,工医项目合计占比76.1%,这说明工医项目是套取科研项目经费犯罪的高发领域。

其强调对于以创新为名实为骗取国家大额科研项目经费的行为，应当作为刑事制裁的重点对象。因此，对于极少数套取大额科研项目经费且情节恶劣的行为，或以科学研究为名，实为骗取或挥霍国家拨款的科研项目经费的行为，可以追究其刑事责任，以达到规范科研秩序的目的。

一言以蔽之，司法机关在审理套取科研项目经费案件时，应当将刑事治理作为套取科研项目经费行为的最后规制手段。亦即，在动用刑事的治理手段之前，应充分考量涉案人员特征、涉案项目性质及套取经费的行为性质等情形，严格区分套取科研项目经费行为罪与非罪的界限。在此基础上，再综合考量套取科研项目经费案件中的涉案数额、情节等具体情形，最终决定是否需要对套取科研项目经费的科研人员进行定罪处罚。唯有如此，才能使科研项目经费管理中的法律治理体系回归到正常的轨道。

二、套取科研项目经费行为“入罪化”的重新解释

（一）严格区分套取科研项目经费行为“罪与非罪”的界限

与一般的贪污犯罪不同，科研人员套取科研项目经费的行为与目前我国科研项目经费的管理体制机制缺陷存在显著性关联。①因此，司法机关在审理套取科研项目经费案件时，应当严格区分套取科研项目经费行为罪与非罪的界限，为营造健康的科研氛围提供有力的司法保障。具言之：其一，从涉案主体上加以区分。由于一般科研人员难以存在省察套取科研项目经费行为违法性的机会，据而阻却责任，不构成犯罪。②因为根据违法性认识理论的观点，行为人对违法性的认识不应纳入犯罪故意的

① 参见蒋悟真：《科研项目经费治理入法的机遇、难点与模式》，载《法学杂志》2020 年第 7 期，第 38 页。

② 参见刘科：《套取国家财政拨款科研项目经费行为定罪中的疑难问题研究》，载《法学杂志》2015 年第 7 期，第 102 页。

认识内容，而应归因于责任认定的范畴，倘若行为人缺乏对违法性的认识，则不影响故意的成立，但是会对行为人的责任产生影响，即当行为人没有认识到其行为有违法的可能性时，就不可以对其施加刑责的苛难。[①]据此，司法机关在审理套取科研项目经费案件时，应当区分具有行政级别的科研人员与一般科研人员之间的不同身份特征，对于在科研过程中虽套取了科研项目经费但完成科研任务的一般科研人员，不应作为犯罪处理。其二，从涉案项目上加以区分。一般而言，纵向项目经费在性质上属于公共财产，对于科研人员在科研活动中套取纵向项目经费的行为，可以对其追究刑事上的责任。然而，横向项目的经费不属于公共财产，而是科研人员基于合同条款而获得的“对价”，只要科研人员按照项目委托机关的要求完成既定的任务并提交科研成果，就视为合同履行完毕，至于科研人员以何种形式获取横向项目的经费，则属于民法规制的范畴。换言之，即使科研人员套取了横向项目的经费，也应当通过民法的手段予以规制，勿须承担刑事上的责任，这就要求司法机关在审理套取科研项目经费案件时，应区分横向项目经费与纵向项目经费的不同法律性质，对科研人员套取横向项目经费的行为，不应认定为犯罪行为。其三，从涉案数额上加以区分。针对套取科研项目经费的案件，最高人民检察院发布的《关于充分发挥检察职能依法保障和促进科技创新的意见》（高检发〔2016〕9号）明确规定，司法人员在办理案件的过程中，对于在科研活动中出现决策失误、偏差，但没有造成严重后果的，不作为犯罪处理。实践中，科研人员套取小数额科研项目经费的行为，一般都是将一些不在科研预算编制之内的费用予以报销。由于科研活动具有不确定性与偶然性等特征，随着科研活动的不断深化，科研路线及经费支出范围也会随之产生

① 参见王静、王志远：《刑事违法性认识中“法”的涵义辨析》，载《广东社会科学》2017年第3期，第238页；张玲玲、裴兆斌、胡宏涛：《违法性认识论》，载《南京社会科学》2018年第2期，第77页。

变化，这就导致部分与科研活动相关的经费支出无法反映在预算编制之内①，那么对于套取这部分小数额经费的行为而言，并没有造成严重的后果，不具有任何的法益侵害性，不应视为犯罪行为。相反，对于套取几百上千万的大数额科研项目经费而言，需要大量地伪造合同及开具虚假发票等手段，其违法性是显而易见的，该行为侵害法益的程度达到了一定的"量"，因而有必要予以刑事规制。

（二）套取科研项目经费行为"入罪化"的三维适用标准

虽然最高人民检察院在发布的《关于充分发挥检察职能依法保障和促进科技创新的意见》（高检发〔2016〕9 号）中强调在查办套取科研项目经费案件时，要慎重考虑套取科研项目经费行为对科研创新领域所造成的社会影响以及科研人员的主体特征等因素，但实践中往往难以彻底贯彻，其主要原因是司法机关在办理此类案件时往往会参照其他贪污类犯罪进行处理，而没有考虑到科研领域的独特性。据此，本书主张，欲优化套取科研项目经费行为的刑事治理路径，应当确立套取科研项目经费行为入罪化的三维适用标准，将科研人员的主体特征、套取的经费性质及数额、科研贡献及套取情节等因素纳入考量之中，确保套取科研项目经费行为入罪具有合法性和正当性。

其一，司法机关在审理套取科研项目经费案件时，应重点考量科研被告人的主体特征。相较于一般科研人员而言，具有一定行政级别的科研人员在套取科研项目经费时存在省察违法性认识错误的可避免性，因而可以追究刑事上的责任。具言之，不管是从违法性认识的机会还是能力来看，具有一定行政级别的科研人员认识到其套取科研项目经费行为的违法可能性要大得多，其理由是：一方面，在当前的中国政治文化背景下，

① 参见张驰：《财政科研结余经费的类型化治理》，载《政法论丛》2018 年第 4 期，第 94—95 页。

担任一定行政级别的科研人员的生活圈比一般科研人员要大，其对于法律知识的了解与熟悉度要强于一般科研人员，所以具有一定行政级别的科研人员在省察套取科研项目经费行为的违法性的可能性要大得多。[①]另一方面，行政级别对国家科研项目的申请与运行有一定的影响作用。样本案例显示，相较于一般科研人员来说，担任一定行政级别的科研人员一般申请的科研项目更多，经费也更为充足，其套取科研项目经费行为的数额非常庞大，少则几十万，多至几百上千万，套取如此巨额的国家科研项目经费，其违法性是显而易见的。因而，司法机关在审理套取科研项目经费案件时，应当注意区分科研被告人的主体特征，可以对具有一定行政级别的科研人员套取科研项目经费的行为进行定罪处罚。

其二，在考量科研人员主体特征的基础上，重点把握套取的科研项目经费性质及数额。样本案例显示，基本上所有套取科研项目经费的被告人都以贪污罪定罪处理。那么，就套取科研项目经费行为被认定为贪污罪的逻辑来看，科研人员所套取的经费性质及数额应当是决定是否入罪的主要考量因素。对此，结合上文分析，笔者认为，鉴于科研规律的独特性，对于科研人员套取横向项目经费行为不应动用刑法的手段进行制裁；同样，对于科研人员虽套取纵向项目经费但涉案数额较少的，由于造成的社会危害性较小，也不应作入罪处理。相反，对套取大数额纵向项目经费的行为作入罪处理具有一定的正当性。理由在于：一是纵向项目经费来自国家财政的拨款，通过国家财政拨款的各项科研资金，在刑法性质上属于公共财产，因此该款项的使用与支出必须符合科研管理制度的相关要求。亦即，纵向项目经费的使用与支出应当受到科研主管部门的监督与审核，倘若科研人员不按照纵向项目约定的预算进行使用与支出，数额较大且造成严重后果的，应承担刑事上的责任。二是相较于小额经费报销

① 参见刘科：《套取国家财政拨款科研项目经费行为定罪中的疑难问题研究》，载《法学杂志》2015 年第 7 期，第 102—104 页。

来说，科研人员套取大数额的纵向项目经费需要大量地伪造虚假合同、开具虚假发票等，具备正常智力的人都能认识到该行为具有违法性。三是套取少则几十万、多则几百上千万大额纵向项目经费的社会危害性是显而易见的，如果司法机关认定套取大数额纵向项目经费行为不具有社会危害性恐怕难以服众。

其三，在综合考量科研人员主体特征、套取经费性质与数额的基础上，重点考察科研人员的科研成果完成程度、科研贡献、社会评价及套取情节是否恶劣等因素，最终作出是否入罪的认定。①具体而言，只要科研人员真实地从事科研活动，且顺利地完成了科研项目，只是在从事科研过程中出现决策失误或科研路线更改等行为，从而造成其通过套取科研项目经费以弥补真实支出的“漏洞”，并没有恶意使用或占有科研项目经费的行为，就不应当按犯罪处理，但可以依据民法或行政法的相应规定，对其作出民事或行政上的处理。然而，对于那些以违规手段套取纵向项目经费数额巨大，恶意不完成科研项目，也拒不退回国家财政拨款的科研项目经费，情节较为恶劣的；或者那些并未真实地从事科研活动，而是以科学研究为名，实为骗取科研立项并挥霍、套取国家财政拨款的科研项目经费，严重扰乱科研秩序或危害科研创新发展的行为，可以按照贪污罪对其进行定罪处罚。

基于上述，根据套取科研项目经费行为入罪化的三维适用标准，我们得出三重呈递进关系的逻辑结构：一是对套取科研项目经费行为进行定罪处罚的前提是具有一定行政级别的科研人员；二是在确定主体身份的基础上，重点考察科研人员套取纵向项目经费的数额是否巨大；三是基于前述考量的基础上，根据科研人员的科研成果完成程度、科研贡献及套取情节等情形，最终作出是否入罪的认定。亦即，这三重逻辑结构决定着套

① 参见卢建平、王晓雪：《论科研腐败的惩治与预防》，载《刑法论丛》2015 年第 4 卷，第 11 页。

取科研项目经费行为是否入罪的正当性与合法性(见图 5-1)。

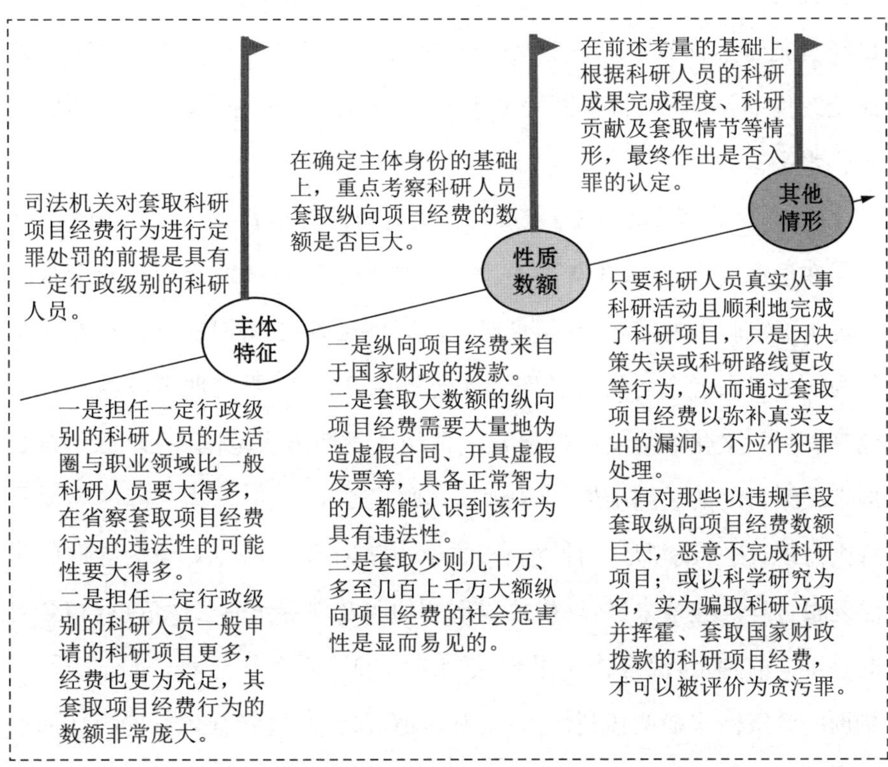

图 5-1　套取科研项目经费行为"入罪化"的三维适用标准图

三、套取科研项目经费行为的量刑机制完善

通过前述考察表明,在科研项目经费管理的法律治理中,司法机关对具有一定行政级别、套取大额纵向项目经费且情节恶劣的科研人员进行定罪量刑具有法律上的正当性。然而,即便是启动刑事制裁程序,司法机关在审理套取科研项目经费犯罪案件时,亦应当与其他贪腐类案件(尤其是官员贪污受贿类腐败犯罪)的量刑机制有所区分,以切实保障套取科研项目经费犯罪案件被告人的合法权益。已如前述,样本案例显示,实务中我国司法机关对套取科研项目犯罪案件的量刑裁判上存在着数额

与刑期脱钩导致量刑失衡、量刑时未考虑到科研人员的身份特征及对被告人"认罪态度"的认定存在偏误等问题。因此,为纠正套取科研项目经费犯罪案件量刑的应然预期与实然结果之偏误,有必要适时调整此类案件的量刑机制,不断完善套取科研项目经费犯罪案件量刑的规范化水平。

（一）量刑模式的转变:由政策模式转向法理模式

在量刑模式上,理论界存有政策模式与法理模式之界分。政策模式立足于刑事政策的需要,在量刑时虽然以刑法条文为前提条件,但必须从行为的结果来考察与判断量刑之社会效果,这就需要将刑事政策和社会伦理、习俗、文化等价值评价要素一并纳入量刑事实范围内,以达到符合刑事政策目的的量刑结果。[①]法理模式则立足于法理,认为法律的实质是规则意识,法官裁判是一种以教义法学为理论基底、规则意识为导向的司法逻辑过程。通俗来讲,该模式以刑法的明文规定作为法律依据,结合对既有事实的判定,综合作出量刑裁判结果的逻辑演算过程。[②]不难看出,量刑的政策模式强调功利性,以功利价值观作为量刑的衡量尺度,从而使同性质的具体案件由于不同的社会结构,导致不公正的量刑结果。而法理模式基于责任原则,量刑时强调同罪同罚,将定罪与量刑过程视为精密的司法逻辑思维过程,每个案件的定罪与量刑都视为是对刑法条文的合理运用,而且是合乎逻辑决定的合理的结果。对于套取科研项目经费犯罪案件的量刑而言,政策模式虽具有一定的灵活性,并兼顾了案件各方的社会特征,但容易导致同罪不同罚的"不公"现象,不符合国家惩治科研领

---

① 参见苏青:《我国刑法中社会危害性概念之界定》,载《中国刑事法杂志》2012 年第 7 期,第 10—17 页;姜涛:《贪污受贿犯罪的法定刑应当区分》,载《政治与法律》2016 年第 10 期,第 38—51 页。

② 参见周永坤:《规则权威与政治道德权衡——药家鑫案量刑评与思》,载《甘肃社会科学》2012 年第 3 期,第 142—145 页;汪明亮:《论定罪量刑的社会学模式》,载《现代法学》2009 年第 5 期,第 78—90 页。

域腐败现象的需要，也不利于规范科研领域的正常秩序。因此，针对此类案件的量刑模式应实现由政策模式向法理模式的转变。关于这一主张的进一步理由是：一是法理模式有利于实现惩治套取科研项目经费犯罪的刑罚目的。政策模式强调一般预防，强调报应原则，对犯罪人施加刑罚是为了满足社会的报应情感，只强调刑罚的功利性特征；而法理模式强调刑罚的目的是特殊预防与报应的统一，同时强调刑罚的公正性与功利性。针对套取科研项目经费犯罪而言，其犯罪的社会危害性可以通过犯罪数额直观地反映出来，因此对其采取刑罚应以套取科研项目经费数额为基准，并综合考虑科研完成程度、科研贡献、身份特征、退赃退赔、自首、立功、坦白等情节因素，否则极易导致罪刑失衡问题。二是法理模式有利于规范套取科研项目经费犯罪之量刑情节的适用。政策模式将案件的社会特征纳入量刑事实范围之内，认为法官裁判规则是可变化的，由于案件各方的社会特征不同，案件的量刑结果也是不同的，即案件的社会结构不同会导致不公正的定罪与量刑结果。而法理模式强调责任主义原则，量刑时以责任为基础，在量刑时保持着责任内容、责任程度与刑罚量的适当比例或均衡关系，这有利于限缩套取科研项目经费犯罪案件量刑情节适用的随意性，并规范各种量刑情节的适用，最终实现此类案件在量刑上的均衡与规范，确保司法公正与正义的实现。

（二）量刑规则的统一：以犯罪数额架设罪刑阶梯

最高人民法院、最高人民检察院《关于办理贪污贿赂刑事案件适用法律若干问题的解释》（法释〔2016〕9号）在全国范围内对贪污罪定罪量刑的数额标准进行了规范与统一，既增强了司法的可操作性，也维护了司法的统一与公平，有效防止了量刑裁判中的偏误问题。[①]如前所述，套取科研项目经费犯罪案件的量刑裁判因忽略了数额要素的危险

① 参见赵秉志：《略谈最新司法解释中贪污受贿犯罪的定罪量刑标准》，载《人民法院报》2016年4月19日，第3版。

性评价，缺乏明确统一的刑罚幅度标准，导致法官自由裁量权过大，使我国不同地域有关套取科研项目经费犯罪案件的量刑结果陷入差异过大的困局。

为此，欲平衡和统一套取科研项目经费犯罪案件的量刑标准，首要的问题就是以犯罪数额为基准刑架设罪刑阶梯，其进一步理由是：第一，满足惩治科研腐败的需要。众所周知，腐败犯罪受社会公众的关注度较高，借学术之名圈钱的科研腐败现象更令民众深恶痛绝，因此，从严惩治腐败犯罪是我国刑事政策的应然选择。然而，有效惩治腐败的首要前提是需明晰此类案件量刑上的阶层标准，亦即确保同类案件能得到类似的处罚结果。倘若“同案不能同判”，则违反了刑法的罪责刑相适应原则，不利于科研秩序的规范与正常运转。如上述提及的浙江省陈某旭案和北京市宋某强案，在犯罪情节类似的前提下，前者的犯罪数额是后者的 13 倍之多，但前者比后者的刑期更短；又如北京市张某新案与辽宁省赵某至案①，两者贪污科研项目经费的数额差不多，但后者刑期却是前者的一半左右，虽然赵案有自首等量刑情节，但仍不足以达到同案同判的程度。为此，主张数额作为基准刑，有利于避免法官夸大情节因素的作用，从而作出不公正的量刑判决，确保定罪量刑活动符合刑法的罪责刑相适应原则。第二，与其他贪污腐败犯罪的惩治保持协调。与其他犯罪相比，数额因素对贪污腐败犯罪的定罪量刑影响要大，因为贪污腐败犯罪是利用职务上的便利实施的，从某种意义上说属于较为单纯的财产性犯罪。②从最高人民法院、最高人民检察院《关于办理贪污贿赂刑事案件适用法律若干问题的解释》（法释〔2016〕9 号）的相关规定也可以看出，我国贪污犯罪主要采用

---

① 参见北京市第一中级人民法院（2014）一中刑终字第 3611 号刑事裁定书；辽宁省大连市中级人民法院（2015）大刑二终字第 298 号刑事裁定书。

② 参见陈兴良：《贪污贿赂犯罪司法解释：刑法教义学的阐释》，载《法学》2016 年第 5 期，第 65—78 页。

“数额为主、情节为辅”的量刑模式，情节功能只是发挥补强数额的作用，升格法定刑等功能[①]，司法实践中，关于贪污腐败类犯罪基本上也都是根据犯罪数额来确定刑罚区间及裁量基准刑的。[②]因此，套取科研项目经费犯罪案件的量刑裁判中也应体现出数额与刑期之间的关联性，以达到贪污犯罪量刑的规范性与统一性。最后，有利于实现量刑的公正。公正的刑罚，必然符合罪当其罚、宽严相济的原则，必然是罪刑阶梯公正合理的刑罚；反之，不公正的刑罚，则很有可能导致法官恣意使用自由裁量权，进而选择性适用数额与情节功能，产生法官滥用刑罚权力的风险。为此，针对套取科研项目经费犯罪案件的量刑模式，亟须在数额要素与情节要素之间寻求一个平衡点，其中数额因素是量刑的基准参照点，情节因素调节量刑功能，决定着具体个罪刑罚量的合理性，这是套取科研项目经费犯罪案件之量刑标准的未来规划。

那么，如何实现以数额要件架设罪刑阶梯并实现量刑上的公正呢?笔者认为，科研人员套取科研项目经费构成贪污罪的，可参照我国《刑法》第 383 条及最高人民法院、最高人民检察院作出的《关于办理贪污贿赂刑事案件适用法律若干问题的解释》(法释〔2016〕9 号)中的相关规定，根据不同的犯罪数额及其他情形在相应幅度内确定量刑基准；同时，在情节要素的考量上加入数额要素的限制，既实现了数额要素的基准刑功能，又能充分发挥情节要素的量刑作用，从而避免了法官量刑上的恣意性，从整体上来看更有利于套取科研项目经费犯罪案件量刑的均衡与统一。具体而言，关于此类案件具体的量刑步骤是：根据犯罪数额确定量刑起点，在量刑起点的基础上，根据被告人的身份特征、人格品行等体现人身危险性程

① 参见王刚：《贪污受贿罪量刑新标准的司法适用研究》，载《河北法学》2018 年第 9 期，第 78—90 页。

② 参见王刚：《我国贪污受贿罪量刑存在的问题和完善建议——以 200 份贪污受贿案件判决书的实证分析为基础》，载《湖北社会科学》2016 年第 11 期，第 121—132 页。

度的因素增加或降低刑罚量，确定基准刑；在确定基准刑的基础上，根据自首、坦白、立功、认罪态度等量刑情节，调节基准刑。综合考虑全案情况后，依法确定宣告刑。当然，在准确把握和发挥犯罪数额确定量刑起点的情况下，应同时注意避免“唯数额论”的量刑模式，一方面，应全面查清案件事实，综合考量数额要件与情节要件的基础事实，积极发挥数额要件的基准刑功能，以促进量刑公正与量刑均衡；另一方面，要警惕完全以数额为标准的“计赃论刑”量刑模式，“计赃论刑”也同样难以全面反映个罪的人身危险性及社会危害性，完全以数额为标准，难以做到兼顾个案正义，会导致新的量刑不公。①

（三）量刑理念的更新：完善犯罪情节的功能配置

与其他贪污腐败类犯罪一样，单纯以数额为标准对套取科研项目犯罪案件进行定罪量刑难以完全实现有效的惩治目的。如上文所述，套取科研项目经费犯罪是特殊的贪污类犯罪，无论是从贪污行为的社会危害性，还是从科研贪腐人员的人身危险性来讲，都要明显低于其他贪污类犯罪案件。因此，在套取科研项目经费犯罪的量刑裁判上，法官应更新量刑理念，在以具体数额为基准刑的基础上，依法加大各个量刑情节的从轻处罚功能及其调节基准刑的具体比例，以达到从轻惩处此类犯罪的刑事政策目的。为此，最高人民检察院、最高人民法院可通过出台相关的司法解释等进一步丰富套取科研项目经费案件从轻处罚情节的类型，在量刑上规范并增加情节功能调节基准刑的比例。由于身份特征和认罪态度是样本案例中规范性最差的量刑情节，本书就此两者的情节功能的完善问题进行探讨，其他情节功能不再赘述。

就身份特征而言，样本案例中被告人“行政级别越高刑期越轻”的量刑偏误问题，严重背离了我国刑法的罪责刑相适应原则。因此，需要法官

① 参见傅建跃、刘婷：《贪污受贿犯罪入罪数额标准的设定——对最新贪污贿赂犯罪司法解释规定的质疑》，载《法治研究》2016 年第 6 期，第 97—107 页。

在此类案件的量刑上，不仅要关注已然之罪的责任刑要素，更要关注科研被告人的人身危险性、主观恶性等情况，加大预防刑要素的考量程度，即对于一般科研人员套取科研项目经费的犯罪行为，应贯彻从轻惩处的刑罚理念。[①]根据“犯罪场”理论，科研人员套取科研项目经费行为的根源在于科研项目经费管理体制机制的弱化。[②]由于科研活动自身的特殊性及管理体制的缺陷，一般科研人员在套取科研项目经费时也不具有违法性认识错误的可避免性，因而可阻却责任，相较于具有行政级别的被告人来说，其人身危险性显然要低得多。所以，在套取科研项目经费犯罪案件的量刑问题上，应严格区分不同身份特征的科研人员，针对一般科研人员套取科研项目经费的行为，只要没有徇私舞弊、中饱私囊或者没有造成严重后果，就不应作为犯罪处理。退一步来说，即使作为犯罪处理，也应减轻处罚或免予刑事处罚。

对于认罪态度的情节功能而言，在审判实践中，法官应具化被告人“认罪态度”的认定标准。有学者曾经提出一个关于量刑的结构方程模型。[③]参照此模型，我们可以筛选出认罪态度的各个影响因子，并加以整合且分层量化，然后根据其对认罪态度产生的贡献度赋予一定的域值区间，从而构建认罪态度的结构方程模型。具体到套取科研项目经费犯罪案件来说，可以根据结构方程的输出结果，分别赋予被告人如实供述、悔罪态度、积极退赃、积极赔偿、缴纳罚金、协助破案、投案过程等要素一定的比例，然后根据比例确定被告人的认罪态度程度，这样做既可以合理规避法官根据感性的认识来判定被告人的认罪态度，又能避免被告人因为行使无罪辩护权而将其认定为“拒不认罪”的不利法律后果。

---

① 参见汪恭政：《网络交易平台诈骗犯罪量刑机制的实证研究》，载《中国刑事法杂志》2018 年第 2 期，第 29—51 页。

② 参见卢建平、王晓雪：《论科研腐败的惩治与预防》，载《刑法论丛》2015 年第 4 卷，第 1—16 页。

③ 参见李安：《刑事裁判思维模式研究》，中国法制出版社 2007 年版，第 262 页。

总而言之，本书并不是批判《刑法修正案（九）》有关贪污受贿犯罪中数额与情节并重之量刑标准的调整，更不是支持“计赃量刑”的量刑机制，而是基于套取科研项目经费犯罪案件之罪刑失衡的问题导向下，主张在“数额 + 情节”之量刑标准的基础上，以犯罪数额架设罪刑阶梯，规范套取科研项目经费犯罪案件的量刑机制。申言之，科研人员套取科研项目经费行为属于科研领域内“特殊”的贪利性犯罪，其深层次根源是科研项目经费管理中科研权力与科研权利之间存在无法协调的张力所致。因而，套取科研项目经费犯罪案件中犯罪嫌疑人、被告人的人身危险性及其罪行的社会危害性皆要低于其他贪污腐败类案件（尤其是官员贪污受贿类案件）。于此，在套取科研项目经费犯罪案件的量刑上，应加大各量刑情节的从轻处罚功能及调节基准刑的比例，贯彻从宽惩处的刑罚理念。此外，对于不同级别的科研人员进行刑事制裁时也应区分情况区别对待，亦即相较于具有一定行政级别的科研人员来说，普通教师或一般科研人员由于不具有违法性认识错误，对于他们套取科研项目经费的犯罪行为，应进一步加大从宽处罚的幅度，从而使套取科研项目经费犯罪案件与其他贪污腐败类犯罪的量刑标准走向“有差别的统一”。

第三节　科研项目经费管理法治化的程序保障

为有效实现科研项目经费管理中科研权力与科研权利的兼顾与平衡，最大限度地推进科研项目经费管理的法治化进程，除了对科研项目经费管理的法律责任进行阶层化改造以及重新解释与厘定套取科研项目经费行为的入罪与量刑标准外，亦应当以一种程序性的思维，对科研项目经费的使用与支出程序、科研责任追究程序、权利救济程序作出相应的完善，从而为科研秩序的健康发展提供程序性支撑。

一、规范科研项目经费的使用与支出程序

科研项目经费的使用与支出行为涉及科研项目预算编制、经费拨付、报销流程以及绩效评价等过程，从当前我国科研项目经费的管理体制机制来看，国家过于侧重科研项目预算编制与报销的程序性构建，以及实行“一次核定、分批拨付”的经费拨付机制等，而忽视了科研人员使用与支出科研项目经费过程中的程序性规范，体现出浓厚的权力管控式思维。据此，欲实现科研权力与科研权利平衡的法权结构，应当侧重于规范科研项目经费使用与支出的程序性保障，从而为科研路线自主决策权及经费自由支配权的实现提供保障机制。①

其一，明确科研预算的调整权限与程序。依据现行的科研预算编制办法，科研主管部门是依据各课题组在立项时编制的预算将科研项目经费划拨至课题组所在的项目依托单位，项目依托单位再根据相关的经费管理办法及预算编制对项目经费的支出情况进行监督。从预算管理的角度来看，在预算编制阶段，为了使未来的经费支出遵循预算编制科目的内容，科研人员可能会虚报预算，夸大支出，进而造成预算与实际科研支出存在不相符的情形。②此外，在项目的执行过程中，基于科研之不确定性的规律，往往在科研活动过程中存在一些无法预料的、未在预算科目中的必要的支出费用，但过于刚性的预算制度使得这一部分费用无法得到合理报销。③据此，应当明确科研预算的调整权限与程序，使科研项目预算制度遵循科研规律。一是以项目周期为基础进行预算编制，使得预算制度能根据不同的研究阶段特点作出相应的调整。二是推行网上预算调整

① 参见蒋悟真：《科研项目经费治理入法的机遇、难点与模式》，载《法学杂志》2020 年第 7 期，第 44 页。

② 参见张岚：《关于完善高校科研经费预算管理体系的思考》，载《中国科学基金》2014 年第 1 期，第 41 页。

③ 参见邓欣：《“放管服”背景下高校科研预算管理改革探析》，载《现代商贸工业》2019 年第 21 期，第 120 页。

审签，科研人员根据科研需要可以灵活调整预算科目，然后通过网上进行预算调整审签，从而提高预算调整的灵活度和效率。三是在预算的执行过程中，可以探索实行“打包制”服务，即在经费总额控制的前提下，允许科研人员根据自己的研究需要机动支出科研项目经费，从根源上破除科研预算制度僵化的弊端与不足，解放科研生产力。

其二，改革科研项目经费的拨付机制。从我国科研项目经费的拨付实践来看，一般是采取“一次核定、分批拨付”的方式，这有可能会导致科研项目经费拨付不及时，压缩了科研实施周期，进而造成有些科研人员为完成科研任务而不得不先行垫付相关费用，最终使用假发票来套取实际支出的费用，这也是目前科研领域刑事案件高发的重要诱因之一。据此，应当完善科研项目经费的预算拨款制度，及时下拨科研项目经费，将预算执行与下年度预算编制、预算调剂相挂钩，以提升预算执行的及时性和保证科研项目经费的快速到位。①

其三，规范科研项目经费的报销流程。当前我国科研项目经费的报销流程过于烦琐复杂，且以发票为报销的唯一凭证，造成科研人员不得不花大量的精力来处理费用报销问题，甚至有时为了符合财务报销要求，科研人员不得不按照非科研的要求来安排经费支出。因此，应当扩大现行报销凭证的范围，将电子凭证等也纳入财务报销的范围。同时，扩大科研项目经费报销的科目范围，针对实践中一些无法反映在预算科目之中但真实支出的费用，只需科研人员提供经费使用说明和相关的支付凭证，那么就应当纳入财务报销的范围。②此外，还需简化科研项目经费的报销流程，减少财务报销的材料要求，去掉繁复冗杂的形式主义审查，抓住财务审查的关键信息，财务部门可以通过技术更新实现科研项目经费报销的

---

① 参见张驰：《财政科研结余经费的类型化治理》，载《政法论丛》2018 年第 4 期，第 96 页。

② 参见董妍：《人文社会科学课题经费管理制度之反思》，载《科技进步与对策》2016 年第 10 期，第 101—104 页。

信息化和数字化联动管理，并定期将所使用的科研项目经费进行信息公开，使之透明化和公开化，从而更高效地推进科研项目的顺利开展。

二、建立阶层化的科研责任追究程序

前已述及，针对科研项目经费管理中刑事制裁机制过度扩张的弊端，国家应当构建阶层化的科研责任追究机制，即建立“以民事行政法律规制为主、刑事制裁作为最后手段”的法律制裁体系。然而，对套取科研项目经费行为进行阶层化的责任追究，亦需要相应的程序性配套机制，即需要明确套取科研项目经费的民事责任、行政责任与刑事责任的追责程序。根据科研项目经费管理体制与法律责任的相关规定，司法机关对套取科研项目经费的科研人员追究法律责任时，应当遵循如下程序性规定：

其一，就套取科研项目经费行为的民事责任追究程序而言，欲建立完善高效的科研责任民事追责机制，不仅需要厘清相关的民事制裁措施，更要制定切实可行的实施程序，进而为司法实践提供明确的依据。从制裁措施来看，依据《合同法》与相关民事法律的规定，根据科研人员套取科研项目经费行为的情节轻重与后果，可以对其实施支付违约金、返还科研项目经费、解除科研合同等民事上的制裁措施。从制裁程序来看，需要从制裁主体、追责程序和责任承担方式来进行完善。一则，从制裁主体来看，制裁主体应当是科研行政主管部门或教育行政主管部门，因为根据我国的科研管理体制，这两个部门是科研项目经费治理的管理机构，它们享有管理与监督科研预算和经费支出的权力，因而由这两个部门来实施科研人员支付违约金、返还科研项目经费、解除科研合同等民事制裁措施，体制更顺，效果更佳。二则，从追责程序来看，可以由科研行政主管部门或教育行政主管部门组成调查小组（或委托科研学术共同体）对项目依托单位、课题组成员、科研人员、有关第三方公司或人员进行调查取证，获取有关科研人员套取科研项目经费的证据材料，在证据确实、充分的情况下，可以直接按照科研合同约定，要求套取科研项目经费的科研人员及相关单位、人员支付违约金、或退还科研项目经费、或解除科研合同等。[①]三则，从责任承担方式来看，由于项目依托单位是科研项目经费管理与使用的枢纽和重要联结点，对外负有落实相关科研政策的职责，对内负有管理与监督项目经费使用与支出的职责。因此，倘若项目依托单位认真履行了相应的职责，则只需对套取科研项目经费的科研人员追究民事责任；如若项目依托单位因故意或重大过失而导致科研人员套取科研项目经费，则应当与相关科研人员一并承担连带责任，科研行政主管部门或教育行政主管部门有权要求项目依托单位与套取科研项目经费的科研人员一起赔偿损失。[②]

其二，就套取科研项目经费行为的行政责任追究程序而言，同样需要厘清相关的行政制裁措施以及切实可行的实施程序。从制裁措施来看，依据行政处罚法及相关行政法律的规定，根据科研人员套取科研项目经费行为的情节轻重，可以适用警告、通报批评、罚款、没收违法所得、限制申请科研项目或从事学术活动、剥夺专业技术职务、记过、降职、解聘、辞退或开除等措施。[③]从制裁程序来看，同样需要从制裁主体、追责程序和责任承担方式来进行完善。具言之：一是从制裁主体来看，由于科研人员隶属于科研行政主管部门或教育行政主管部门，因而，与民事制裁一样，同样由这两个部门对套取科研项目经费的科研人员实施行政制裁措施。二是从制裁程序来看，先由科研行政主管部门或教育行政主管部门对套取科研项目经费的行为进行初步审查，对于涉嫌存在套取行为的情形，可以成立相应的调查小组（或委托科研学术共同体）进一步获取相关的证据，在证据确实、充分的情况下，可以由调查小组（或科研学术共同体）形

①③ 参见张如：《科研经费违规使用的法律责任》，载《学术界》2016年第5期，第127页。

② 参见蒋悟真：《科研项目经费规范化治理的法理元素考察》，载《政治与法律》2019年第9期，第26页。

成相应的处理意见报请科研行政主管部门或教育行政主管部门，然后由其作出行政处罚的决定；当然，对于存有争议的案件或处以较重行政处罚的案件，应当举行听证会，邀请相关领域的专家、法律专家或其他实务界人员参加，充分听取他们的意见以及行政处罚对象的陈述与申辩，在此基础上作出是否给予行政处罚或给予何种程度处罚的决定。[①]三是从责任承担方式来看，与民事制裁一样，倘若项目依托单位因故意或重大过失而导致科研人员套取科研项目经费，则科研行政主管部门或教育行政主管部门有权根据实际情况对项目依托单位、相关科研人员一并作出行政处罚的决定；如若项目依托单位认真履行了相应的职责，则只需对套取科研项目经费的科研人员作出行政处罚的决定。需要说明的是，科研行政主管部门或教育行政主管部门对套取科研项目经费的科研人员及其项目依托单位同时实施行政处罚与民事追责并不冲突，其可以同时要求相关科研人员及其项目依托单位承担行政责任和民事责任。

其三，就套取科研项目经费行为的刑事责任追究程序而言，刑事责任追究作为最严厉的惩处手段的刑罚，其使用更应当审慎、克制[②]，即刑法作为法律体系中的保障法与最后法，决定了其无须对于所有违法行为均以刑罚为之。[③]已如前述，对套取科研项目经费的科研人员追究刑事法律责任的前提必须是套取科研经费数额巨大、情节恶劣且具有一定行政职务级别的科研人员。如果司法机关将一些本可以通过民事途径或行政处理的科研案件升格为刑事案件进行处理，则不仅违背了刑法谦抑精神，也形成了对科研秩序的不正当干预。因此，在程序层面上，应当构建职务违法与职务犯罪的责任分流机制，以抑制刑法适用的冲动。亦即通过明确

① 参见王艺、宋文静、马琳：《科研不端行为行政与民事制裁的衔接界限及规制》，载《山西省政法管理干部学院学报》2017 年第 4 期，第 4 页。

② 参见简爱：《一个标签理论的现实化进路：刑法歉抑性的司法适用》，载《法制与社会发展》2017 年第 3 期，第 22 页。

③ 参见许福生：《刑事政策学》，中国民主法制出版社 2006 年版，第 71 页。

职务违法和职务犯罪的二元结构，来实现对刑事责任追究的合理阻隔。具言之，可以从主观、客观两个方面来进行考量，如科研人员套取科研项目经费的主观动机是占为己有，还是因为科研路线更改而不得已通过套取手段获得经费，科研人员套取科研项目经费是否存在情势变更或受到国家政策的影响，科研人员在从事科研活动中是否存在突破现有制度但有利于实现创新预期成果，还是以科技创新为名实为骗取、套取、挥霍国家科研项目投资的行为等，这些都需要在界定违法与犯罪的行为模式的时候进行考虑。需要指出的是，对于套取科研项目经费数额较大但情节较轻、具有一定行政职务级别的科研人员，可以将其认定为独立的职务违法行为，对其追究与职务违法相应的政务责任①，确保政务责任与刑事责任的独立适用，以真正合理地遏制刑事责任的过度扩张。②

三、完善科研人员权利的司法救济机制

古罗马法谚云，“凡有权利必有救济，无救济的权利不是权利”。当权利受到国家机关限制或剥夺的时候，更应得到救济，因为在强大的国家机器面前，公民个人权利保障的能力更为有限。③亦即救济权作为公民权利保障的重要组成部分，科研人员救济权的缺失必然会影响到科研项目经费管理法治化体系的构建。易言之，当国家对套取科研项目经费的科研人员追究责任时，应当赋予其相应的救济权利。但遗憾的是，对于科研人员的司法救济权，只有少数规范性文件仅就科研人员对不予受理或不予资助的决定有异议时的救济机制作出了零星的规定。如我国《国家自然

① 根据《公职人员政务处分法》的相关规定，可以对相应的人员予以警告、记过或者记大过处理；情节较重的，予以降级或者撤职；情节严重的，予以开除处分。

② 参见王旭：《论套取高校科研经费治理的〈国家监察法〉适用》，载《法学杂志》2020 年第 7 期，第 54 页。

③ 童伟华：《谨慎对待“捕诉合一”》，载《东方法学》2018 年第 6 期，第 120 页。

科学基金条例》第 18 条规定："申请人对基金管理机构作出的不予受理或者不予资助的决定不服的，可以自收到通知之日起 15 日内，向基金管理机构提出书面复审请求。基金管理机构对申请人提出的复审请求，应当自收到之日起 60 日内完成审查。认为原决定符合本条例规定的，予以维持，并书面通知申请人；认为原决定不符合本条例规定的，撤销原决定，重新对申请人的基金资助项目申请组织评审专家进行评审、作出决定，并书面通知申请人和依托单位。"然而，对于相关部门就套取科研项目经费行为进行法律追责的救济机制，基本上没有作出相应的程序性规定，致使科研人员的权利落地举步维艰。为了真正使科研人员的权利救济机制得以实现，需要根据科研项目经费管理的特征及其科研规律，分别完善科研权利的内部救济和外部救济机制。

一方面，从科研项目经费管理的内部救济机制来看，其自发性、专业性可以为科研权利的行使提供及时的保障。具言之：一是在相关法律文本中对科研权力主体的法律责任予以明确，尤其是对于科研主管部门、项目依托单位、科研学术共同体以及其他相关机构未落实、更新科研管理政策的行为，应纳入科研责任追究的事由之中，通过建立科研权力部门的责任机制来落实科研权利的保障。①二是健全科研项目经费管理的信息公开机制，通过信息公开来完善科研人员的内部救济机制，即通过科研项目经费管理的信息公开，可以及时发现科研项目经费管理与使用中的问题，以及对套取科研项目经费的科研人员进行追责的具体情况，以便科研人员能根据具体情形进行相应的权利救济。因此，应当使用 OA、ERP、PRFS 等科研管理系统对科研项目经费的管理与使用进行全程公开化、信息化②，建立便

① 参见蒋悟真：《科研项目经费管理改革的法治化路径》，载《中国法学》2020 年第 3 期，第 199 页。

② *See* Diana Hicks, *Performance-based university research funding systems*, Research Policy, Vol.41:251, pp.251—261(2012).

于科研人员管理与使用的科研项目经费管理系统，通过建立科研项目经费的流程管理与留痕机制来落实科研人员的权利救济。[①]

另一方面，从科研项目经费管理的外部救济机制来看，需要依据科研人员在接受科研主管部门在科研经费管理过程中所出现的权益受损情形，采取相应的权利救济方式。具体来说，可以从科研仲裁制度，听证制度，行政复议、复核和申诉制度等方面来构建与完善科研人员权利的外部救济机制。

其一，建立科研领域的仲裁制度。从我国目前的仲裁制度来看，主要有经济仲裁、劳动仲裁、人事仲裁等，就科研人员、项目依托单位与科研主管部门之间的法律关系而言，科研人员通过科研合同与项目依托单位、科研主管部门确立了受法律保护的关系。因而，如若出现因科研项目经费的管理与使用而产生的纠纷，实质上是属于平等主体之间的民事纠纷，据此，可以在科研管理领域设立科研仲裁委员会，由其依据相应的法律法规对相关的科研争议作出裁决，并作为科研诉讼的前置程序。具言之：在人员结构上，科研仲裁委员会主任可以由科研主管部门的主要负责人担任，仲裁员可以由相关领域专家、法学专家、教育管理专家等人员组成[②]；在仲裁方式上，可以实行和解、调解与裁决相结合的方式，即达成和解的，允许申请人撤回仲裁；相关当事人在仲裁庭调解下达到协议的，允许撤回仲裁或以调解书方式结案；当事人不能达成和解、调解的，应当裁决结案。当然，有关科研领域的仲裁应当实现开庭审理的方式，这样有利于事实真相的查清与公正裁决，从而更好地保障科研人员的合法权益。[③]

---

① 参见狄小华：《突破科研经费管理困境的法治路径》，载《社会科学辑刊》2020 年第 5 期，第 84 页。

② 参见钱春芸：《高校学生事务管理中学生权益保护的行政救济》，载《黑龙江高教研究》2013 年第 10 期，第 68 页。

③ 参见王吉林：《我国高等教育仲裁制度的建构研究》，载《法学杂志》2011 年第 5 期，第 4 页。

其二，构建科研领域的听证制度。听证制度源于普通法上的自然正义原则，旨在为受不利决定影响之当事人提供申辩机会。在现代社会，不少国家在立法的过程中也采取听证会等形式听取公众意见，听证制度由此成为现代公共治理中支撑公共权力运行合法性的重要程序装置。①在科研项目经费管理领域中，听证制度亦可以为持有不同意见的科研人员提供表达意见的机会，使套取科研项目经费的科研人员在被调查和被追责时具有面对面反驳、辩护和发表意见的机会，这能够促进司法机关能更为全面地查清事实，并提出合理的处理方案，从而将科研人员与科研主管部门的科研纠纷解决在处分决定之前，避免可能发生的后续问题，以提高科研责任追究程序的透明性和公开性。具体而言，在构建科研责任追究的听证制度时，需要完善如下三个方面的问题：一是听证程序的启动与申请，应当赋予科研人员申请启动听证审查的权利，即科研人员不服科研主管部门的处理决定，有权申请启动听证审查程序，司法机关在收到申请后应在 3 日内进行审查，以决定是否启动听证会。二是听证的具体操作程序，应当构建司法机关、科研主管部门、科研人员的等腰三角关系，即司法机关处于等腰三角形结构的顶点，科研主管部门、科研人员位于结构的两侧，由司法机关居中主持，并明确科研纠纷的主要矛盾点，并控制好听审节奏，坚持直接言词原则进行听证并作出最终的决定。②三是听证的回应制度，即司法部门在最终作出决定时，应当充分听取双方及其他人员的意见，在公布结果时，应当同时说明对听证意见的处理情况及其理由，进而实现利益各方的相互妥协与最大均衡，最大限度地使最终的决定趋于公平公正，从而最大限度地保障科研人员的正当权益。③

---

① 参见许传玺、成协中：《公共听证的理想与现实——以北京市的制度实践为例》，载《政法论坛》2012 年第 3 期，第 95 页。

② 参见周新：《审查逮捕听证程序研究》，载《中外法学》2019 年第 4 期，第 1043 页。

③ 参见成洁、赵晖：《我国公共听证制度的困境与突围》，载《江海学刊》2014 年第 2 期，第 214 页。

其三，完善科研领域的行政复议和申诉制度。行政复议制度作为争议解决机制的一种重要方式，适合于解决大量的、普遍的行政争议，其具有方便、灵活、高效的优势。对于因套取科研项目经费而受到追责的科研人员而言，若其合法权益受到科研主管部门或其他教育行政部门的侵害，具有要求行政复议机关提供保护的权利。具体来说，当受到追责的科研人员对科研主管部门或其他教育行政部门的处理决定不服的，可以向作出该决定部门的上一级机关申请行政复议，行政复议机关应当自受理申请之日起六十日内作出行政复议决定。如若行政相对人不服行政复议决定的，应当具有诉诸司法救济的权利，即可以向法院提起行政诉讼。①当然，如若受到追责的科研人员不服科研主管部门或其他教育行政部门的处理决定，也可以直接选择向法院提起申诉。鉴于我国目前的行政复议制度属于行政式的救济方式，行政复议机关与被申请人是一一对应的上下级关系，不可避免地产生行政复议程序封闭、缺乏利害关系人参与社会监督、公信力差等问题。②因此，未来可以探索建立以诉权为核心的司法化审查制度。亦即对于不服科研主管部门或其他教育行政部门处理决定的，科研人员可以直接向法院提起申诉，法官在科研人员、科研主管部门或其他教育行政部门等同时参与下举行公开听证，听取各方的意见，再就处罚理由、处罚决定合法性等问题，作出权威的裁决。这就保证了科研主管部门或其他教育行政部门对相关科研人员进行责任追究的合法性受到法院的审查与控制，使得科研人员的权利实现得到了司法保障，从而为科研领域秩序的健康发展提供程序性支撑。

---

① 参见刘莘、刘红星：《行政纠纷解决机制研究》，载《行政法学研究》2016 年第 4 期，第 14 页。

② 参见赵德关：《新时期行政复议制度的定位与展望》，载《行政法学研究》2016 年第 5 期，第 76—77 页。

结 语

科研项目经费管理的法治化是深化我国科技领域“放管服”改革的核心之举，其实质是通过设置合理的法权结构，平衡科研权力与科研权利之间的关系，从而提升科研绩效，激发科研人员从事科研的热情与活力。[①]中华人民共和国成立以来，针对科研项目经费的管理与使用，国家出台了一系列的规范性文件，如中共中央、国务院的《关于加强技术创新，发展高科技，实现产业化的决定》（中发〔1999〕14 号），教育部、财政部的《关于进一步加强高校科研项目经费管理的若干意见》（教财〔2005〕11 号），国务院办公厅的《关于改进和加强中央财政科技经费管理的若干意见》（国办发〔2006〕56 号）等，从这些文件所蕴含的精神来看，我国科研项目经费的管理体制将科研项目经费的公共财产属性置于治理的优先地位，从而将国家科研项目的经费与行政管理的经费作同等对待，进而造成科研人员使用与使出科研项目经费的困难与刑事风险巨大。针对这一困境，近些年来国家又出台了一系列旨在释放科研活力的改革性文件，如中共中央办公厅、国务院办公厅《关于进一步完善中央财政科研项目资金管理等政策的若干意见》（中办发〔2016〕50 号）、国务院《关于优化科研管理提升科研

① 参见蒋悟真：《科研项目经费管理改革的法治化路径》，载《中国法学》2020 年第 3 期，第 205 页。

绩效若干措施的通知》(国发〔2018〕25号)、中共教育部党组《关于抓好赋予科研管理更大自主权有关文件贯彻落实工作的通知》(教党函〔2019〕37号)等规范性文件,这些法律文本的出台昭示着立法者通过强调科研人员的权利保护来实现科研项目经费管理与使用的激励政策,进而提升科研的绩效与释放科研活力。总体而言,近些年来国家所出台的一系列规范性文件在一定程度上消解了科研权力管控的模式,更加强调了对科研人员的权利保障,这无疑是一种巨大的突破。然而,当前关于科研项目经费管理的改革在本质上仍然是一种"政策之治",并未从根本上对科研路线自主决策权、科研项目经费自由支配权、科研人员救济权等权利进行制度改革,从而导致科研项目经费的管理体制与运行机制仍然存在着一系列的困境与难题,即科研项目经费管理中的科研权力依然过于扩张、科研项目经费管理中的科研权利保护目的仍然缺失、科研项目经费管理中的法律责任追究仍旧过于笼统等,这不仅导致现行科研项目经费管理的运行机制不顺畅,而且也加剧了科研人员管理与使用项目经费的刑事风险,不利于科研秩序的有效规范。

因而,有必要对我国套取科研项目经费行为的刑事治理实践进行实证考察,探索其实践规律,以期完善我国科研项目经费管理的法治化路径提供依据。笔者对54份有关科研人员套取科研项目经费的刑事裁判文书进行梳理与总结后,发现基本上所有套取科研项目经费的被告人都以贪污罪定罪处理,在量刑上比高官贪腐人员要轻,最高刑期为13年,无判处无期徒刑和死刑人员。具体而言,在涉案主体上,套取科研项目经费犯罪的主体呈现"三高"特征,即部门负责人占比高、中青年骨干占比高、非犯罪认知占比高;在涉案手段上,套取科研项目经费的作案手段呈现"三虚"特征,即编造"虚假合同"、编制"虚假账目"、开具"虚假发票";在涉案项目上,呈现"三多"特点,即工医项目多、纵向项目多、重大项目多。针对这些特点,有必要继续深入探究我国科研项目经费管理中法律治理的问题，从套取科研项目经费行为的定罪逻辑与量刑实践两个层面入手进行分析与阐述。第一个层面，从套取科研项目经费行为的定罪逻辑来看：其一，科研项目经费属于公款，科研人员套取科研项目经费使国有资产受到了重大损失。然而，事实上横向项目经费不属于公款，对科研人员套取横向项目科研项目经费的行为，不应认定为犯罪行为。其二，涉案的科研人员均为国家工作人员，符合贪污罪的主体身份。然而，一般科研人员从事科研工作只是属于对事物规律的探索性活动，它属于公民的基本权利的范畴，与公务活动没有任何的关系。其三，科研人员存在着套取科研项目经费的职务便利。然而，一般科研人员在管理与使用科研项目经费时并不承担对公共财产的保证人义务，其管理和使用科研项目经费的行为与公共事务管理职权无关，谈不上利用了“职务上的便利”。第二个层面，从套取科研项目经费行为的量刑实践来看，犯罪数额与刑期之间并不存在显著的关联关系，即犯罪数额决定裁量基准刑的基础作用并没有发挥出来，导致此类案件的判决出现罪刑失衡问题。同时，从量刑结果上来看，一般科研人员与担任一定职务的科研人员在量刑上并无显著性的差异，存在不妥之处。亦即，具有一定行政级别的科研人员犯罪，在立法上应属于从重评价的对象，以及一般科研人员避免违法性认识错误的可能性较小，其罪行较轻，因而，如若在司法实践中与一般科研人员同等评价或更加从宽处理，这显然违背了刑法中的罪责刑相适应原则。此外，在办理套取科研项目经费案件时，办案人员对于认罪态度较好的被告人更倾向于作出从轻的处罚，而对于保持沉默或拒绝认罪等“认罪态度不好”的被告人，会产生从重处理的惩罚效果，这构成了对被告人辩护权的不当限制，违背了立法的本意和精神。

针对上述套取科研项目经费的法律治理实践与问题，有必要将研究推向纵深，进一步解析我国科研项目经费管理体制机制改革中所面临的法治化难题，以及对科研项目经费管理法治化难题之影响后果进行分析，在此基础上，对我国科研项目经费管理的法治化难题进行深度探究与检视，以回应实践中的疑难问题。具言之：其一，套取科研项目经费行为的刑法应对过于"扩张"，从样本案例来看，大部分科研人员都从事了一定的科研活动，只是采取了违规的方式不当获取了科研项目经费，且占比36.4％的科研人员涉案数额较低，并未造成严重的后果，但是司法机关还是对其追究了刑事责任，反映出科研管理领域中刑事制裁机能的不断扩张化。其二，套取科研项目经费行为的刑事制裁存在"误区"，具体表现为：一是未区别对待不同的科研主体身份，即司法机关不但对担任行政职务的科研人员及课题组负责人进行定罪并判处了刑罚，而且也对一般科研人员作出入罪处理，即司法机关对科研人员定罪量刑时没有体现出区分情况、慎重对待的原则。二是未区别对待不同的科研项目类型，即笔者选取的裁判文书中的66名科研人员中有8名人员因为套取横向项目经费而受到刑事追责，这说明了实践中司法机关对套取横向项目经费的科研人员动用刑事制裁的手段，造成刑法不合理地介入本属于民法规制的领域。三是未区别对待不同的科研项目经费数额，即相当一部分科研人员涉案数额较低，并没有造成严重的后果，但司法机关还是对这部分科研人员动用了刑事制裁的手段，反映出科研管理领域中刑事制裁机能的不断扩张化。究其原因，主要是科研路线自主决策权受到科研项目预算编制权的制约、科研项目经费自由支配权受到科研项目经费监督权的制约，以及科研项目经费管理中的刑事法律制裁过于扩张，从而导致刑事法律单边规制科研领域的功能产生异化。

事实上，针对套取科研项目经费行为动用刑法的手段进行制裁必须保持在合理的限度之内，否则就会带来科研项目经费管理的法律治理体系偏离正常的轨道，进而带来一系列的风险与危害。具体言之：一是使科研项目经费管理的权力属性异化。针对科研人员套取科研项目经费行为的刑法应对过于"扩张"，易使科研项目经费管理的服务、指导、监督权力属性容易异化为行政管控权，进而给科研项目经费的管理与使用问题带来了更大的损害。二是致使科研项目经费管理的权利保护机制虚置。将科研人员套取科研项目经费行为的性质认定置于适用以刑法为中心的科研责任追究模式，则必然导致司法机关以贪污罪为解释视域进行评价，致使科研人员管理与使用科研项目经费的刑事风险增大，从而造成科研项目路线自主决策权、科研项目经费自由支配权等科研权利保护机制虚置化。三是造成套取科研项目经费案件的实体错误风险增大。司法机关适用以刑法为中心的追责模式，造成办案机关以职务侦查为起点，并在程序上"一条道走到底"，最终对套取科研项目经费的科研人员进行刑事追责，由此导致司法机关对于科研人员套取科研项目经费、科研人员套取横向项目经费、科研人员套取小数额项目经费等情形都进行了定罪处罚，致使套取科研项目经费案件的实体错误风险增大。

"求因才能评判"，之所以会出现上述情形，主要是因为科研路线自主决策权受到科研项目预算编制权的制约、科研项目经费自由支配权受到科研项目经费监督权的制约以及"轻事前预防、重事后治理"的科研项目经费管理体制机制，使得刑事法律单边规制科研领域的功能产生异化。据此，需要对科研项目经费管理中的科研权力与科研权利、科研权利保护与科研责任追究机制之间的关系进行制度审视，寻求科研项目经费管理法治化难题的制度根源。具体言之：一是现行的科研项目经费管理体制机制，未能实现科研人员的权利保护目的，从而导致科研主管部门的权力与科研人员的权利、科研项目依托单位的权力与科研人员的权利无法协调一致，进而造成科研权利保护目的指向流于形式。二是科研容错权的保障机制、科研责任的多元追究机制、科研领域犯罪圈的划定机制、科研救济权的保障机制与科研权利保护目的无法对合趋同，由此造成科研人员所享有的科研权利名不副实，致使科研项目经费管理的法治化改革难以实现预期目的。

欲推进科研项目经费管理的法治化改革，需解决好科研项目经费管理中科研权力与科研权利之间的冲突与权衡、以及建构多元化的法律责任追究机制等问题。鉴于此，笔者对科研项目经费管理中的科研权力配置、科研权利构成以及法律责任类型展开了探讨与分析，结果发现：一是我国科研项目经费管理的科研权力主要可以分解为科研项目预算编制权与科研项目经费监督权。从科研项目预算编制权来看，主要存在科研预算科目设置不合理、科研预算科目调整"僵硬化"等问题。因而应根据不同的科研项目类型，科学合理地设置科研预算科目，同时探索以"包干制"代替严格的科研预算编制制度；同时规范科研预算科目的调整机制，将科研预算科目调整的"审批制"更改为"备案制"，以构建真正符合科研规律的科研预算编制模式。从科研项目经费监督权来看，主要存在监督权"各自为政"，以及监督部门对不同类型的科研项目经费采取了"一刀切"的监管模式等问题，因而有必要进一步对科研项目经费的监督权限进行规范，并根据不同的项目类型采取不同的监督模式，引入柔性化的监督手段，以实现从权威性监督迈向合作性监督的转变。二是我国科研项目经费管理中的科研权利构成主要可以分解为科研路线自主决策权和科研项目经费自由支配权。从科研路线自主决策权来看，主要问题是由于我国长期秉承僵化的科研预算规范化治理进路，造成科研人员使用项目经费时不是按照科研项目真正所需进行花销，而只是按照已编制好的"预算科目"被动"编造"预算，从而导致科研人员通过变相使用科研项目经费以弥补科研项目经费支出漏洞的目的。因而应通过赋予科研项目负责人决定科研路线的自主权、建立科研人员更改科研路线的"备案"机制以及完善科研信用—责任的评价机制等措施，强调科研人员自主决策科研路线的权利。从科研项目经费自由支配权来看，由于科研项目经费管理规定过于刻板以及管控权力过于扩张，导致科研人员在获得科研资助时，因不合理的制度导致科研项目经费自由支配权受限，严重削弱了科研自由权保障的本源基础，因而可通过简化科研预算流程、落实科研产出绩效的奖励权、明晰科研成果的归属权以及提升科研管理机构的服务质效，对科研项目经费自由支配权的改革内容进行细化与操作化，以此实现对科研权利的具象化保障。三是科研项目经费管理中的法律责任类型主要可以分解为民事法律责任、行政法律责任和刑事法律责任。从科研的性质来看，整个科研活动的过程均是围绕着对科技服务合同或技术服务合同的履行或遵循而来，科研人员所有的权利与义务也均来源于科技服务合同或技术服务合同的明确规定。因此，即便科研人员违规使用了科研项目经费，我们也不能将其视为侵吞国有资产，因为科研项目经费使用的正当与否，仅牵涉有无违反科技服务合同或技术服务合同的相关规定，应当受我国《合同法》的规制，承担民事上的违约责任。当然，由于纵向科研计划项目合同同时具有私法契约与行政合同的双重属性。因此，从行政法的法律关系来看，若行政合同的一方当事人出现违约行为，则可能会在违反合同法的同时构成行政法意义上的违法行为，如科研人员不按科研计划合同规定使用科研项目经费即是如此。因此，在这种情况下，为维护社会公共利益，科研主管部门可以将科研项目经费违规使用行为认定为行政违法行为。而刑事法律制裁作为最严厉的一种制裁措施，决定了其适用的前提条件必须是具有一定行政级别、套取纵向项目经费数额多以及主观恶性深的人员。

基于上述科研权力配置、科研权利构成以及法律责任类型的逻辑分析，笔者进一步对科研项目经费管理中科研权力与科研权利之间的关系以及多元法律责任追究机制的打造进行了逻辑展开。其一，从宪法学的视域来看，权力与权利之间存在着一些共通关系，如它们均来自授权性的法律规范，都是法律所授予的；当然，它们各自又有着不同的含义，且存在着互斥的关系，即权利与权力不可混为一谈。据此，正确理解权利与权力之间的关系对科研项目经费管理的法治化具有重要的意义。申言之，现行的科研项目经费管理无法合理协调好科研权力与科研权利之间的关系，导致科研项目经费管理法律治理关系的失衡，因而强调对科研权利的保护，在保障科研自由与科研权利的基础上，实现科研权利与科研权力的平衡与兼顾，进而建立动态平衡的法权结构，可以保证科技创新体制机制的健康发展。具言之，一是要避免科研项目经费管理中的科研权力过于扩张，通过转变科研项目经费的管理理念，实现科研权力的重心由“管制”转向“服务”，同时需要避免科研项目经费的公共财产属性走向过度保护的极端，弱化对科研项目经费之公共财产属性的保护。二是要强调科研项目经费管理中科研权利保护的重要性，即强调对科研权利的保护既是为了遵循科研规律，又是为了回归科研自治的本质。亦即只有将科研权利所包含的各项具体的权利落实到具体的制度层面上，依赖于具体的制度设计来实现对科研权利内容的确认以及科研人员的明确赋权，才能有效保障科研人员合理行使本应享有的各项科研权利。其二，针对实践中科研项目经费管理法律治理中的法律责任追究机制存在着制度设计过于简单、刑事追责过于严厉以及追责主体较为单一等多重难题，应当建构以科研权利保护目的为本位的多元法律责任追究机制，在追究套取科研项目经费的科研人员之刑事责任前，设置民事处理、行政处罚等追责程序，是科研项目经费管理法治化改革的本质要义。其理由是，以科研权利保护目的为本位的多元法律责任追究机制既符合比例原则和宽刑相济刑事政策的要求，又有助于实现规范科研领域秩序的目的。

在考察科研项目经费管理的法律文本与实践、法治难题及制度检视的基础上，并基于前述理论逻辑的指导下，我们进一步对科研项目经费管理法治化的实质与目标进行考察与分析，希冀为科研项目经费管理法治化的体系建构提供前置理念。首先，从宪法层面对科研项目经费管理的法治化进行体系解释。一是我国宪法将学术研究的自由视为公民的一种基本权利进行干预和保障，这为我们从基本权利保护的角度审视科研权利问题提供了依据，即国家具有鼓励和帮助公民进行学术研究的义务，以及国家义务的对象是“有益于人民的创造性工作”。因而，保护公民的科研权利、为公民更好地从事科学研究活动保驾护航应当成为科研项目经费管理法治化改革的主要理念。二是宪法把科研自由作为公民的基本权利，从立法目的来看，是为了鼓励公民从事科研活动。因而，科研人员的科研权利属于特殊的自由权是因科研自身的特殊性而存在的，并不是特权，据此，必须正确对待科研权利的社会权属性，在价值选择上把科研权利置于比公共财产保护更优先的位置。其次，在体系解释的基础上，笔者认为，在具体设定科研项目经费管理法治化的权能时应当遵循好两项原则，即对公权力的设置坚持权力谦抑的原则和在保障权利的问题上坚持权利本位原则。通过权力谦抑与权利本位来平衡科研权力与科研权利的关系，并据此衍生出科研项目经费管理法治化的两个功能——惩罚功能与激励功能。一是惩罚功能，即通过合理设定具体责任来对套取科研项目经费行为予以惩罚和规制；二是激励功能，即通过建立相应的科研项目经费的激励制度来促进科研活动的良性发展。最后，基于上述分析，欲合理实现激发科研人员创新活力的目标，我国科研项目经费管理法治化的目标主要体现在构建科研自由的保障机制、建立科研绩效的激励机制、完善科研宽容的维护机制及健全科研责任的追究机制四个方面。详言之：第一，在明晰科研自由权利之应有内容的基础上，构建以信任为前提的科研自由的保障机制，这就需要对科研权利(力)进行优化设置，细化各科研主体的职责，同时厘清科研各方主体的法律责任。第二，建立激励规则营造良好的科学氛围，可通过建立科学的科研绩效评价体系、通过赋权的形式激发科研人员科研创新活力、完善科研绩效评价结果的应用机制等措施来完善科研报酬的绩效激励机制，进而发挥科研激励的效应。第三，从实体与程序两个方面来完善科研宽容的维护机制，即明确科研宽容的实体认定标准，建立健全科研创新失败项目的容错机制；细化科研宽容认定的操作程序，构建科学、规范的科研宽容认定程序，以此构建鼓励探索、宽容失败的科研环境，确立“创新—宽容”的科研激励范式。第四，健全科研责任的追究机制，强调诚信机制与惩罚机制的内在统一与协调，通过确立科研项目经费管理的诚信机制、强调多元化的科研责任追究机制以及赋予科研人员一定的救济权，实现诚信机制与惩罚机制的内在统一，真正发挥诚信与惩罚相统一的规范作用。

科研项目经费管理法治化的最终目标是让科研项目经费的管理和使用回归科学研究的本质。据此，科研项目经费管理的法治化不仅仅是厘清科研权力与科研权利的关系问题，更是一个需要从理念、实体与程序等具体层面进行体系建构的问题。具体而言：首先，革新科研项目经费管理法治化的理念。其一，应当将科研权力与科研权利的合致性、科研权利保护目的与法律责任追究机制的合致性作为科研项目经费管理法治化的价值导向，从根源上减少科研项目经费管理中的法律治理困境。其二，应积极地将比例原则贯穿于科研项目经费管理的法律治理之中，用比例原则来指导科研项目经费的规范化治理。亦即科研项目经费管理的法律治理应当协调好科研权力与科研权利之间的比例关系；同时，国家对科研人员套取科研项目经费进行制裁时，应当考虑除刑事措施之外的其他措施是否也可以达到规范科研秩序的目的。其次，对科研项目经费管理的法治化进行实体规范。其一，应当构建以“以民事行政法律规制为主、刑事制裁作为最后手段”的多元法律追责机制。一般而言，对于套取科研项目经费行为可以采取支付违约金、返还科研项目经费、解除科研合同等民事追责的方式；当然，对于科研人员套取纵向项目经费的行为，亦可以使用警告、罚款、剥夺技术职务、责令改正违规行为、撤销科研项目和限制再次申报科研项目等行政制裁措施。而刑事法律制裁作为最严厉的一种制裁措施，决定了科研人员套取科研项目经费的行为应当以追究刑事法律责任为最后的、不得已的手段。亦即对科研人员套取科研项目经费行为进行刑事追责的前提条件必须是套取科研项目经费数额巨大且造成较大的社会危害性，以及情节特别恶劣、人身危险性较高的具有一定行政级别的科研人员或课题组负责人。其二，司法机关在审理套取科研项目经费案件时，应当从涉案主体、涉案项目和涉案数额上区分套取科研项目经费行为罪与非罪的界限。在此基础上，确立套取科研项目经费行为入罪化的三维适用标准，将科研人员的主体特征、套取的经费性质及数额、科研贡献及套取情节等因素纳入考量之中，确保套取科研项目经费行为入罪具有合法性和正当性。一是对套取科研项目经费行为进行定罪处罚的主体前提是具有一定行政级别的科研人员；二是在确定主体身份的基础上，重点考察科研人员套取纵向项目经费的数额是否巨大；三是基于前述考量的基础上，根据科研人员的尽职情况、科研成果完成程度、科研贡献及套取情节等情形，最终作出是否入罪的认定。其三，司法机关在审理套取科研项目经费犯罪案件时，亦应当与其他贪污腐败类案件（尤其是官员贪污受贿类犯罪）的量刑机制有所区分，以切实保障套取科研项目经费犯罪案件被告人的合法权益。一是实现量刑模式的转变，由政策模式转向法理模式，以此规范各种量刑情节的适用，实现此类案件量刑的均衡与规范。二是以犯罪数额为基准刑架设罪刑阶梯，即根据犯罪数额确定量刑起点，在量刑起点的基础上，根据被告人的身份特征、人格品行等体现人身危险性程度的因素增加或降低刑罚量，确定基准刑；在确定基准刑的基础上，根据自首、坦白、立功、认罪态度等量刑情节，调节基准刑；然后综合考虑全案情况，依法确定宣告刑。三是在以具体数额为基准刑的基础上，依法加大各个量刑情节的从轻处罚功能及其调节基准刑的具体比例，以达到从轻惩处此类犯罪的刑事政策目的。再次，建构科研项目经费管理法治化的程序保障机制，为科研秩序的健康发展提供程序性支撑。一是通过明确科研预算的调整权限与程序、改革科研项目经费的拨付机制、规范科研项目经费的报销流程等措施规范科研项目经费的使用与支出程序，从而为科研路线自主决策权及经费自由支配权的实现提供保障机制。二是明确套取科研项目经费的民事责任、行政责任与刑事责任的追责程序,通过制定切实可行的实施程序,进而为司法实践提供明确的依据。如在刑事追责程序中,通过建立职务违法与职务犯罪的责任分流机制,来确保政务责任与刑事责任的独立适用,从而真正合理地遏制刑事责任的过度扩张。三是完善科研人员权利的司法救济机制。在内部救济机制上,通过明确科研权力主体的法律责任、健全科研项目经费管理的信息公开机制等措施来落实科研人员的内部权利救济;在外部救济机制上,通过建立科研领域的仲裁制度、构建科研领域的听证制度、完善科研领域的行政复议和申诉制度等措施来确保科研人员的权利实现得到了司法保障,从而使得科研项目经费管理的法治化真正回归科学研究的本质要求,进一步激发科研人员的积极性与创造活力,保证科技创新治理体制机制的健康发展,助力创新型国家建设。

参考文献

一、中文文献

（一）书籍

[1] [美]爱德华·希尔斯:《学术的秩序——当代大学论文集》,李家永译,商务印书馆 2007 年版。

[2] [美]伯纳德·巴伯:《科学与社会秩序》,顾昕等译,生活·读书·新知三联书店 1991 年版。

[3] [意]贝卡利亚:《论犯罪与刑罚》,黄风译,中国法制出版社 2002 年版。

[4] [加]本森:《合同法理论》,易继明译,北京大学出版社 2004 年版。

[5] 陈瑞华:《刑事证据法学(第二版)》,北京大学出版社 2014 年版。

[6] 陈瑞华:《刑事诉讼的前沿问题(第五版)》,中国人民大学出版社 2016 年版。

[7] 程燎原、王人博:《权利论》,广西师范大学出版社 2014 年版。

[8] 董阳、陈锐:《财政性科研项目经费性质及其监管机制研究》,经济管理出版社 2019 年版。

[9] [美]E.博登海默:《法理学:法律哲学与法律方法》,邓正来译,中国政法大学出版社 2004 年版。

[10] 菅从进:《权利制约权力论》,山东人民出版社 2008 年版。

[11] 金耀基:《大学之理念(增订版)》,生活·读书·新知三联书店 2008 年版。

[12] [德]康德:《法的形而上学原理——权利的科学》,沈叔平译,商务印书馆 1991 年版。

[13] [美]理查德·拉克曼:《国家与权力》,郦青等译,上海人民出版社 2021 年版。

[14] 李安:《刑事裁判思维模式研究》,中国法制出版社 2007 年版。

[15] [美]罗伯特·K.默顿:《社会理论和社会结构》,唐少杰等译,译林出版社 2015 年版。

[16] [德]毛雷尔:《行政法学总论》,高家伟译,法律出版社 2000 年版。

[17] [法]孟德斯鸠:《论法的精神》,孙立坚等译,陕西人民出版社 2001 年版。

[18] [德]尼克拉斯·卢曼:《信任:一个社会复杂性的简化机制》,瞿铁鹏、李强译,上海人民出版社 2005 年版。

[19] [美]庞德:《通过法律的社会控制》,沈宗灵译,商务印书馆 2016 年版。

[20] [美]R.K.默顿:《科学社会学——理论与经验研究(上册)》,鲁旭东、林聚仁译,商务印书馆 2011 年版。

[21] [日]松原芳博:《刑法总论重要问题》,王昭武译,中国政法大学出版 2014 年版。

[22] 童之伟:《法权与宪政》,山东人民出版社 2001 年版。

[23] 许福生:《刑事政策学》,中国民主法制出版社 2006 年版。

[24] 徐英军等:《科研行为之法律责任论》,郑州大学出版社 2018 年版。

[25] [英]约翰·密尔:《论自由》,许宝骙译,商务印书馆 2007 年版。

[26] 王泽鉴:《民法总则》,北京大学出版社 2009 年版。

[27] 张文显:《法哲学通论》,辽宁人民出版社 2009 年版。

[28] 张明楷:《刑法格言的展开(第 3 版)》,北京大学出版社 2013 年版。

[29] 主要国家科研诚信制度与管理比较研究课题组:《国外科研诚信制度与管理》,科学技术文献出版社 2014 年版。

[30] 张千帆:《宪法学》,法律出版社 2014 年版。

(二) 期刊论文

[1] [美]爱德华·希尔斯:《论学术自由》,林杰译,载《北京大学教育评论》2005 年第 1 期。

[2] 陈磊、石磊:《身份差异与量刑歧视:流动人口犯罪缓刑适用问题研究》,载《法律适用》2013 年第 1 期。

[3] 成洁、赵晖:《我国公共听证制度的困境与突围》,载《江海学刊》2014 年第 2 期。

[4] 蔡宝刚:《权利制约权力何以可能的法理解答》,载《求是学刊》2019 年第 5 期。

[5] 蔡宏伟:《"法律责任"概念之澄清》,载《法制与社会发展》2020 年第 6 期。

[6] 陈毅:《化解科层行政管制与现代公共治理之间的张力:以问题意识为导向》,载《行政论坛》2015 年第 6 期。

[7] 陈兴良:《贪污贿赂犯罪司法解释:刑法教义学的阐释》,载《法学》2016 年第 5 期。

[8] 丁建洋:《学术取向:日本"科研费"制度演进与运行的基本逻辑——日本大学高层次科学创新能力形成的一个视角》,载《清华大学教育研究》2014 年第 1 期。

[9] 邓欣:《"放管服"背景下高校科研预算管理改革探析》,载《现代商贸工业》2019 年第 21 期。

［10］董才生：《信任本质与类型的社会学阐释》，载《河北师范大学学报（哲学社会科学版）》2004 年第 1 期。

［11］董妍：《人文社会科学课题经费管理制度之反思》，载《科技进步与对策》2016 年第 10 期。

［12］杜启顺：《网络虚拟财产权利救济方式探微——以民事责任体系为论证进路》，载《北京行政学院学报》2017 年第 4 期。

［13］杜岩岩、李漫红：《英国大学科研项目经费成本管理制度的改革与借鉴》，载《教育科学》2017 年第 1 期。

［14］狄小华：《突破科研项目经费管理困境的法治路径》，载《社会科学辑刊》2020 年第 5 期。

［15］封安波：《“拒不认罪、从重处罚”的证据裁判主义审视》，载《法律科学》2017 年第 4 期。

［16］丰霏：《科研权利视阈下的科研项目经费使用制度变革》，载《法学论坛》2020 年第 6 期。

［17］付子堂：《法律的行为激励功能论析》，载《法律科学》1999 年第 6 期。

［18］傅建跃、刘婷：《贪污受贿犯罪入罪数额标准的设定——对最新贪污贿赂犯罪司法解释规定的质疑》，载《法治研究》2016 年第 6 期。

［19］高政：《宽容的概念分析与教育启示》，载《清华大学教育研究》2014 年第 4 期。

［20］郭海清：《“拒不认罪”不应成为“从重处罚的理由”》，载《法学》2011 年第 12 期。

［21］郭创拓：《科研宽容制度改革法治化的困境及其破解之道》，载《法学论坛》2020 年第 6 期。

［22］郭烁：《取保候审适用的影响性因素实证研究》，《政法论坛》2017 年第 5 期。

［23］何炼红、陈吉灿：《中国版“拜杜法案”的失灵与高校知识产权转化的出路》，载《知识产权》2013 年第 3 期。

［24］何挺：《刑事司法实证研究：以数据及其运用为中心的探讨》，载《中国法学》2016 年第 4 期。

［25］何荣功：《预防刑法的扩张及其限度》，载《法学研究》2017 年第 4 期。

［26］贺小军：《认罪态度对量刑的影响实证研究——以 A 省 B 市为例》，载《政治与法律》2015 年第 12 期。

［27］洪浩、朱良：《论监察委留置权：权力属性、运行原则及程序衔接》，载《甘肃政法学院学报》2019 年第 2 期。

［28］胡甲刚、陶军：《大学教师学术权利的内涵解析》，载《国家教育行政学院学报》2019 年第 4 期。

［29］胡明：《科研项目经费预算改革的困境及其法治出路》，载《政治与法律》2019 年第 9 期。

[30] 黄素芳:《关于德国科研及科研项目经费管理体制的思考》,载《经济师》2013 年第 1 期。

[31] 简爱:《一个标签理论的现实化进路:刑法歉抑性的司法适用》,载《法制与社会发展》2017 年第 3 期。

[32] 姜涛:《追寻理性的罪刑模式:把比例原则植入刑法理论》,载《法律科学》2013 年第 1 期。

[33] 姜涛:《贪污受贿犯罪的法定刑应当区分》,载《政治与法律》2016 年第 10 期。

[34] 姜涛:《科研人员的刑法定位:从宪法教义学视域的思考》,载《中国法学》2017 年第 1 期。

[35] 姜涛:《从定罪免刑到免刑免罪:论刑罚对犯罪认定的制约》,载《政治与法律》2019 年第 4 期。

[36] 蒋悟真、郭创拓:《迈向科研自由的科研项目经费治理入法问题探讨》,载《政法论丛》2018 年第 4 期。

[37] 蒋悟真:《纵向科研项目经费管理的法律治理》,载《法商研究》2018 年第 5 期。

[38] 蒋悟真:《科研管理政策改革释放的法治信号解读——以〈关于优化科研管理提升科研绩效若干措施的通知〉为例》,载《法学》2018 年第 10 期。

[39] 蒋悟真:《科研项目经费规范化治理的法理元素考察》,载《政治与法律》2019 年第 9 期。

[40] 蒋悟真:《科研项目经费管理改革的法治化路径》,载《中国法学》2020 年第 3 期。

[41] 蒋悟真:《科研项目经费治理入法的机遇、难点与模式》,载《法学杂志》2020 年第 7 期。

[42] 李剑鸣:《自律的学术共同体与合理的学术评价》,载《清华大学学报(哲学社会科学版)》2014 年第 4 期。

[43] 李炜:《贪污贿赂犯罪死刑制度争议问题研究》,载《河北法学》2012 年第 6 期。

[44] 李荣:《影响刑事法官判决因素的实证考察》,载《法学杂志》2007 年第 6 期。

[45] 李祥、熊枫:《论高校科研项目经费法律治理及其限度——兼与〈科研项目经费违规使用的法律责任〉一文商榷》,载《学术界》2016 年第 11 期。

[46] 梁庆寅:《学术共同体的基本特征》,载《开放时代》2016 年第 4 期。

[47] 林拓、袁锦贵、范楠楠:《在规范管理中释放科研生产力:经费管理的国际比较》,《华东师范大学学报(教育科学版)》2016 年第 4 期。

[48] 刘科:《套取国家财政拨款科研项目经费行为定罪中的疑难问题研究》,载《法学杂志》2015 年第 7 期。

[49] 刘权:《行政判决中比例原则的适用》,载《中国法学》2019 年第 3 期。

[50] 刘娅:《英国部分公立科研机构经费管理研究》,载《世界科技研究与发展》

2008 年第 1 期。

[51] 刘娅、王玲:《日本公共科研体系经费机制研究》,载《科技进步与对策》2010 年第 4 期。

[52] 刘莘、刘红星:《行政纠纷解决机制研究》,载《行政法学研究》2016 年第 4 期。

[53] 柳经纬:《从权利救济看我国法律体系的缺陷》,载《比较法研究》2014 年第 5 期。

[54] 卢建平、王晓雪:《论科研腐败的惩治与预防》,载《刑法论丛》2015 年第 4 卷。

[55] 卢建平、朱贺:《酌定量刑情节法定化的路径选择及评析》,载《政治与法律》2016 年第 3 期。

[56] 芦苇、牛芳:《国家创新系统视野中的科学共同体》,载《中共太原市委党校学报》2008 年第 3 期。

[57] 梅扬:《比例原则的适用范围与限度》,载《法学研究》2020 年第 2 期。

[58] 门中敬:《比例原则的宪法地位与规范依据——以宪法意义上的宽容理念为分析视角》,载《法学论坛》2014 年第 5 期。

[59] 彭卫民:《我国台湾学术研究成果奖励办法的盱衡与启示》,载《社会科学管理与评论》2013 年第 2 期。

[60] 裴炜:《比例原则视域下电子侦查取证程序性规则构建》,载《环球法律评论》2017 年第 1 期。

[61] 钱春芸:《高校学生事务管理中学生权益保护的行政救济》,载《黑龙江高教研究》2013 年第 10 期。

[62] 屈学武:《中国刑法上的免责机制反思——从违法性认识错误切入》,载《法治研究》2018 年第 1 期。

[63] 任剑涛:《财政监督与政府执行力——对〈利马宣言〉的扩展性解读》,载《中国行政管理》2011 年第 6 期。

[64] 单民:《职务身份对量刑公正的消极影响与制度化解》,载《人民检察》2014 年第 3 期。

[65] 尚华:《事实认定模式与我国刑事防错机制的完善》,载《环球法律评论》2017 年第 3 期。

[66] 沈德咏:《论疑罪从无》,载《中国法学》2013 年第 5 期。

[67] 石连海、朱玉成:《大学行政权力与学术权力的边界与互动关系》,载《高等教育研究》2019 年第 11 期。

[68] 苏青:《我国刑法中社会危害性概念之界定》,载《中国刑事法杂志》2012 年第 7 期。

[69] 孙超然:《论贪污罪、受贿罪中的"情节"——以高官贪腐案中裁判考量因素的实证分析为切入点》,载《政治与法律》2015 年第 10 期。

[70] 孙国祥:《套取并占有科研项目经费的刑法性质研究》,载《法学论坛》2016 年第 2 期。

[71] 谭启平、朱涛:《论国家科技计划项目合同的私法属性及制度构建》,载《现代法学》2013 年第 2 期。

[72] 童伟华:《谨慎对待"捕诉合一"》,载《东方法学》2018 年第 6 期。

[73] 汪恭政:《网络交易平台诈骗犯罪量刑机制的实证研究》,载《中国刑事法杂志》2018 年第 2 期。

[74] 汪明亮:《论定罪量刑的社会学模式》,载《现代法学》2009 年第 5 期。

[75] 王刚:《我国贪污受贿罪量刑存在的问题和完善建议——以 200 份贪污受贿案件判决书的实证分析为基础》,载《湖北社会科学》2016 年第 11 期。

[76] 王刚:《贪污受贿罪量刑新标准的司法适用研究》,载《河北法学》2018 年第 9 期。

[77] 王吉林:《我国高等教育仲裁制度的建构研究》,载《法学杂志》2011 年第 5 期。

[78] 王剑波:《行政级别、身份性质与我国受贿罪的量刑差异》,载《政法论坛》2018 年第 1 期。

[79] 王静、王志远:《刑事违法性认识中"法"的涵义辨析》,载《广东社会科学》2017 年第 3 期。

[80] 王旭:《论套取高校科研项目经费治理的〈国家监察法〉适用》,载《法学杂志》2020 年第 7 期。

[81] 王艺、宋文静、马琳:《科研不端行为行政与民事制裁的衔接界限及规制》,载《山西省政法管理干部学院学报》2017 年第 4 期。

[82] 吴丁玲、胡仁东:《大学组织内部治理中行政权力的制度设计——兼论学术权力与行政权力的关系》,载《江苏高教》2018 年第 9 期。

[83] 吴江:《科研领域权力寻租亟待破除》,载《光明日报》2015 年 7 月 7 日第 16 版。

[84] 吴玉章:《法律权力的含义和属性》,载《中国法学》2020 年第 6 期。

[85] 谢海定:《作为法律权利的学术自由权》,载《中国法学》2005 年第 6 期。

[86] 谢凌凌:《大学学术权力行政化及其治理——基于权力要素的视角》,载《高等教育研究》2015 年第 3 期。

[87] 夏伟:《宽严相济刑事政策视野下贿赂犯罪的处罚边界》,载《河南大学学报(社会科学版)》2018 年第 4 期。

[88] 肖中华:《科研人员套取国家科研项目经费不应认定为贪污罪》,载《法治研究》2014 年第 9 期。

[89] 谢郁:《科研项目经费制度的法理反思:规范基础与信任关系》,载《法学杂志》2020 年第 7 期。

[90] 许传玺、成协中:《公共听证的理想与现实——以北京市的制度实践为例》,载《政法论坛》2012 年第 3 期。

[91] 严海良:《学术自由的道德解读》,载《西南民族大学学报》2005 年第 12 期。

[92] 杨云霞:《话语“权利”抑或“权力”:辨析与再认识》,载《人民论坛·学术前沿》2021 年第 6 期,第 94—102 页。

[93] 叶继元:《美国社会科学研究经费的管理及其启示》,载《甘肃社会科学》2011 年第 4 期。

[94] 于改之、吕小红:《比例原则的刑法适用及其展开》,载《现代法学》2018 年第 4 期。

[95] 湛中乐、黄宇骁:《国家科研项目经费制度的宪法学释义》,载《政治与法律》2019 年第 9 期。

[96] 张驰:《财政科研结余经费的类型化治理》,载《政法论丛》2018 年第 4 期。

[97] 张岚:《关于完善高校科研项目经费预算管理体系的思考》,载《中国科学基金》2014 年第 1 期。

[98] 张玲玲、裴兆斌、胡宏涛:《违法性认识论》,载《南京社会科学》2018 年第 2 期。

[99] 张如:《科研经费违规使用的法律责任》,载《学术界》2016 年第 5 期。

[100] 张明楷:《新刑法与法益侵害说》,载《法学研究》2000 年第 1 期。

[101] 张明楷:《论犯罪后的态度对量刑的影响》,载《法学杂志》2015 年第 2 期。

[102] 张明楷:《贪污贿赂罪的司法与立法发展方向》,载《政法论坛》2017 年第 1 期。

[103] 张明楷:《阶层论的司法运用》,载《清华法学》2017 年第 5 期。

[104] 张明楷:《法益保护与比例原则》,载《中国社会科学》2017 年第 7 期。

[105] 张文显:《法治与国家治理现代化》,载《中国法学》2014 年第 4 期。

[106] 张文显:《法治化是国家治理现代化的必由之路》,载《法制与社会发展》2014 年第 5 期。

[107] 张训:《论量刑歧视》,载《浙江社会科学》2011 年第 2 期。

[108] 张远煌、操宏均:《治理语境下刑法对市场经济秩序的非理性规制及其克服——以企业家犯罪实证考察为视角》,载《山东大学学报(哲学社会科学版)》2015 年第 5 期。

[109] 赵秉志:《社会危害性理论之当代中国命运》,载《法学家》2011 年第 6 期。

[110] 赵德关:《新时期行政复议制度的定位与展望》,载《行政法学研究》2016 年第 5 期。

[111] 赵清华、王敬华:《德国联邦政府科研项目经费配置与管理的特点》,载《全球科技经济瞭望》2018 年第 4 期。

[112] 郑曦:《刑事诉讼中程序惯性的反思与规制》,载《中国法学》2021 年第 3 期。

[113] 郑毅:《高校科研项目经费管理与学术自由的保障研究——以〈中央和国家机关差旅费管理办法〉第 25 条为切入点》,载《当代法学》2015 年第 3 期。

[114] 周刚志:《学术研究自由权的宪法比较分析》,载《法学评论》2017 年第 2 期。

[115] 周海源:《从政府职责到科研权利:科技法虚置化的成因与出路》,载《华中

科技大学学报(社会科学版)》2016 年第 6 期。

[116] 周新:《审查逮捕听证程序研究》,载《中外法学》2019 年第 4 期。

[117] 周永坤:《规则权威与政治道德权衡——药家鑫案量刑评与思》,载《甘肃社会科学》2012 年第 3 期。

[118] 朱海伦、张缨、宋伟:《英国科研项目经费统筹监管的经验与启示:以 AASG 为例》,载《科技管理研究》2018 年第 6 期。

[119] 朱涛:《科技计划项目合同制度研究》,载《科学管理研究》2012 年第 2 期。

[120] 朱涛:《科研人员“贪污”课题经费的民法解析——以科技计划项合同属性为基础》,载《北方法学》2018 年第 1 期。

[121] 庄乾龙:《罪刑法定视野下刑法的扩张与克制——以〈刑法修正案(九)〉为视角的分析》,载《东方法学》2016 年第 3 期。

(三) 其他论文

[1] 胡蕊:《德国是这样监督科研项目经费的》,载《中国会计报》2015 年 8 月 14 日,第 009 版。

[2] 刘东杰:《现代治理要求权力与权利的平衡》,载《学习时报》2014 年 12 月 1 日,第 004 版。

[3] 林小春:《美国怎样防范科研项目经费腐败》,载《中国纪检监察报》2014 年 11 月 9 日,第 004 版。

[4] 谈琳:《解决科研“人头费”问题不妨从科学分类着手》,载《科技日报》2016 年 4 月 19 日,第 007 版。

[5] 徐岱:《李宁套取科研项目经费行为的刑事司法认定》,载《人民法院报》2020 年 1 月 4 日,第 002 版。

[6] 杨小军:《科研项目经费管理要尊重科研规律》,载《检察日报》2014 年 5 月 14 日,第 007 版。

[7] 赵秉志:《略谈最新司法解释中贪污受贿犯罪的定罪量刑标准》,载《人民法院报》2016 年 4 月 19 日,第 003 版。

(四) 网络文献

[1] 国家统计局:《中华人民共和国 2019 年国民经济和社会发展统计公报》,载国家统计局网,http://www.stats.gov.cn/tjsj/zxfb/202002/t20200228_1728913.html,2021 年 4 月 10 日访问。

[2] 国家统计局:《中华人民共和国 2020 年国民经济和社会发展统计公报》,载国家统计局网,http://www.stats.gov.cn/tjsj/zxfb/202102/t20210227_1814154.html,2021 年 4 月 10 日访问。

[3] 韩天琪:《科研经费:放管之间如何平衡》,载科学网,http://news.sciencenet.cn/sbhtmlnews/2016/6/313032.shtm,2021 年 2 月 25 日访问。

[4] 科技部纪检组监察局:《科技部:加强科研项目经费监管,倒查违规用人》,载

中央纪委监察部网，https://www.ccdi.gov.cn/yaowen/201402/t20140224_130949.html，2021 年 3 月 13 日访问。

[5] 李克强：《2019 年政府工作报告全文》，载中国政府网，http://www.gov.cn/zhuanti/2019qglh/2019Lhzfgzbg/index.htm，2021 年 1 月 25 日访问。

[6] 匿名：《原浙江大学副校长褚健贪污 1.3 亿，只坐 4 年牢，案件背后引人沉思》，载搜狐网，http://www.sohu.com/a/232671397_99988005.shtml，2020 年 10 月 6 日访问。

[7] 李微敖：《北京检方撤诉清华大学付林教授案》，载凤凰网，http://finance.ifeng.com/a/20180921/16518904_0.shtml，2021 年 1 月 7 日访问。

[8] 任一林、万鹏：《关于科技创新和发展，读懂习近平强调的这三个要点》，载中国共产党新闻网，http://theory.people.com.cn/n1/2020/0918/c40531-31866102.html，2021 年 4 月 17 日访问。

[9] 孙满桃、巩银凯：《"最年轻院士"李宁贪污案宣判：被判 12 年罚金 300 万元》，载光明网，http://legal.gmw.cn/2020-01/03/content_33454929.htm，2020 年 12 月 8 日访问。

[10] 魏少璞：《李克强谈科技创新：要让科研人员心无旁骛去搞研究，厚积才能薄发》，载环球网，https://lianghui.huanqiu.com/article/42GQBAUPAXd，2021 年 4 月 17 日访问。

[11] 姚树洁：《贪腐成本与官阶成反比》，载新浪网，http://blog.sina.com.cn/s/blog_66ccfca60101e73q.html?tj=2，2020 年 10 月 20 日访问。

二、外文文献

[1] Adam Lindgreen, C. Anthony Di Benedetto & Camilla Verdich, et al., *How to write really good research funding applications*, Industrial Marketing Management, Vol.77:232, pp.232—239(2019).

[2] Aldo Geuna, *The Changing Rationale for European University Research Funding: Are There Negative Unintended Consequences?*, Journal of Economic Issues, Vol.35:607, pp.607—632(2001).

[3] Aldo Geuna & Ben R. Martin, *University Research Evaluation and Funding: An International Comparison*, Minerva, Vol.41:277, pp.277—304(2003).

[4] Alessandro Muscio, Davide Quaglione & Giovanna Vallanti, *Does government funding complement or substitute private research funding to universities?*, Research Policy, Vol.42:63, pp.63—75(2013).

[5] Barry Bozeman & Jan Youtie, *Socio-economic impacts and public value of government-funded research: Lessons from four US National Science Foundation initiatives*, Research Policy, Vol.46:1387, pp.1387—1398(2017).

[6] Diana Hicks & J. Sylvan Katz, *Equity and Excellence in Research Funding*, Minerva, Vol.49:137, pp.137—151(2011).

[7] Diana Hicks, *Performance-based university research funding systems*, Research Policy, Vol.41:251, pp.251—261(2012).

[8] Eris Ashby, *University: British, Indian, African, A Study in the Ecology of Higher Education*, Cambridge: Harvard University Press, 1966, p.290.

[9] H.L.A. Hart, *Essays on Bentham-Jurisprudence and Political Theory*, Clarendon Press, 2001, pp.166—194.

[10] Kaare Aagaard & Jesper W. Schneider, *Research funding and national academic performance: Examination of a Danish success story*, Science and Public Policy, Vol.43:518, pp.518—531(2016).

[11] Kaare Aagaard, Alexander Kladakis & Mathias W. Nielsen, *Concentration or dispersal of research funding?*, Quantitative Science Studies, Vol.1:117, pp.117—149(2020).

[12] Minzhe Du, Bing Wang & Ning Zhang, *National research funding and energy efficiency: Evidence from the National Science Foundation of China*, Energy Policy, Vol.120:335, pp.335—346(2018).

[13] National Science Foundation, *Chapter IX-Reconsideration/Suspension and Termination/Disputes/Research Misconduct*, at https://www.nsf.gov/pubs/2002/nsf02151/gpm9.jsp(Last visited on May 25, 2021).

[14] Omotayo Olugbenga Aina, *Application of Motiation Theories in the Construction Industry*, LOSR Journal of Business and Management, Vol.16:1, pp.1—6(2014).

[15] Otto Auranen & Mika Nieminen, *University research funding and publication performance—An international comparison*, Research Policy, Vol.39:822, pp.822—834(2010).

[16] Pernelle A Smits & Jean-Louis Denis, *How research funding agencies support science integration into policy and practice: An international overview*, Smits and Denis Implementation Science, Vol.9:1, pp.1—12(2014).

[17] Stephen A. Gallo, Joanne H. Sullivan & Scott R. Glisson, *The Influence of Peer Reviewer Expertise on the Evaluation of Research Funding Applications*, at https://doi.org/10.1371/journal.pone.0165147(Last visited on March 13, 2021).

[18] Stephen Gardbaum, *Positive and Horizontal Rights: Proportionality's Next Frontier or a Bridge Too Far?* In Vicki C. Jackson & Mark Tushnet eds., Proportionality: New Frontiers, New Challenges. New York: Cambridge University Press, 2017.

[19] Thomas M. Rabovsky & William Curtis Ellis, *Higher Education and Con-*

gressional Influence on Administrative Decisions: An Examination of NSF and NIH Research Grant Funding to Four-Year Universities, Social Science Quarterly, Vol.95:740, pp.740—759(2014).

[20] Toshio Yamagishi & Midori Yamagishi, *Trust and Commitment in the United States and Japan*, Motivation and Emotion, Vol.18:129, pp.129—166(1994).

图书在版编目(CIP)数据

科研项目经费管理制度法治化研究/徐暾著.—上
海:上海人民出版社,2022
ISBN 978-7-208-17555-6

Ⅰ.①科… Ⅱ.①徐… Ⅲ.①科技经费-财务管理-
法律-研究-中国 Ⅳ.①D922.164

中国版本图书馆 CIP 数据核字(2021)第 278892 号

责任编辑 冯 静
封面设计 一本好书

科研项目经费管理制度法治化研究
徐 暾 著

出　　版 上海人民出版社
(201101 上海市闵行区号景路 159 弄 C 座)
发　　行 上海人民出版社发行中心
印　　刷 常熟市新骅印刷有限公司
开　　本 720×1000 1/16
印　　张 15.5
插　　页 2
字　　数 193,000
版　　次 2022 年 2 月第 1 版
印　　次 2022 年 2 月第 1 次印刷
ISBN 978-7-208-17555-6/D・3901
定　　价 68.00 元